普通高等院校经济管理类"十四五"应用型精品教材

【物流系列】

物流技术与装备

第 2 版

刘翠翠 吴霞 编著

LOGISTICS TECHNOLOGY
AND EQUIPMENT

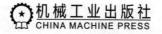

机械工业出版社

CHINA MACHINE PRESS

本书将物流技术与物流装备紧密结合，学生可以了解并掌握物流技术与物流装备概述、物流运输技术与装备、仓储技术与装备、装卸搬运技术与装备、物流分拣技术与装备、物流包装及流通加工技术与装备、集装单元化技术与装备、物流信息技术与装备、物流技术与装备仿真实验等方面的理论和实践，能够具备灵活运用物流技术与物流装备基本理论和实践的能力。物流技术与装备作为生产力要素，对于发展现代物流，改善物流状况，促进现代化大生产、大流通，增强物流系统能力，具有十分重要的作用。

本书可作为普通高等院校物流管理、工商管理、工业工程以及相关专业的教材，也可作为企业管理人员及从事物流技术与装备管理工作的专业人员的参考用书。

图书在版编目（CIP）数据

物流技术与装备 / 刘翠翠，吴霞编著 . —2 版 . —北京：机械工业出版社，2024.3（2025.5 重印）
普通高等院校经济管理类"十四五"应用型精品教材 . 物流系列
ISBN 978-7-111-75290-5

Ⅰ.①物⋯　Ⅱ.①刘⋯ ②吴⋯　Ⅲ.①物流技术 – 高等学校 – 教材 ②物流 – 机械
设备 – 高等学校 – 教材　Ⅳ.① F253.9

中国国家版本馆 CIP 数据核字（2024）第 050342 号

机械工业出版社（北京市百万庄大街 22 号　邮政编码 100037）
策划编辑：施琳琳　　　　　　责任编辑：施琳琳
责任校对：甘慧彤　张　薇　责任印制：郜　敏
三河市骏杰印刷有限公司印刷
2025 年 5 月第 2 版第 3 次印刷
185mm × 260mm · 17.5 印张 · 400 千字
标准书号：ISBN 978-7-111-75290-5
定价：59.00 元

电话服务　　　　　　　　网络服务
客服电话：010-88361066　机　工　官　网：www.cmpbook.com
　　　　　010-88379833　机　工　官　博：weibo.com/cmp1952
　　　　　010-68326294　金　书　网：www.golden-book.com
封底无防伪标均为盗版　机工教育服务网：www.cmpedu.com

PREFACE 前言

党的二十大报告明确提出"没有坚实的物质技术基础，就不可能全面建成社会主义现代化强国"。现代物流技术是推动物流发展、提高物流运作效率的重要基础和保证，随着智能时代的到来，物流产业的装备及技术更是与时俱进、层出不穷、不断完善。在物流向自动化、智能化高度发展的今天，物流技术与装备已经成为现代物流体系的重要基础，是实现高效物流作业的基本保障和物流技术进步的重要体现。为助力人类生活水平的提升，物流技术与装备也成为本科物流专业教育的一门主干专业课。

本书自 2019 年首次出版以来，始终致力于推广和传授现代物流技术，为进一步落实好党的二十大报告提出的"全面建设社会主义现代化国家"的首要任务，这次修订在借鉴国内外物流技术与装备理论和最新研究成果的基础上，以理论实践应用为出发点，总结了学生及任课老师的反馈意见，做了一定程度的改进和完善，主要表现在以下几个方面。

（1）部分章节的内容有调整，在原有的基础上进一步修订，对数据进行更新，使内容更严谨且与时俱进。

（2）将原书中的老旧案例进行更换，根据课程的特点，通过物流行业领域涌现的新技术及新装备案例进行引导，以增强学生学习的趣味性。

（3）增加线上和线下混合式教学的素材，在修订教材中增加了二维码形式的课程素材，以拓展学生上课时观看视频的渠道，从而解决有限学时导致的课程深度和广度不足的问题，使课程更具有高阶性和挑战性。

（4）增加思政教育内容，例如在第2章物流运输技术与装备中，增加《辉煌中国》的中国桥、中国车、中国港、中国路、中国网的讲解。在第4章装卸搬运技术与装备中增加《大国重器》的内容，让学生为祖国的强大感到自豪，更深爱我们的祖国。

全书共9章，前8章是理论课时，第9章是实践课时。本书由珠海科技学院刘翠翠和武汉华夏理工学院吴霞共同编著，刘翠翠负责前8章的修订，完成思政内容及二维码形式的课程素材的制作，并对第4章、第7章的案例及第8章的"8.5全球定位系统"的内容进行了拓展；吴霞负责第1章、第3章、第5章等的案例及第9章的操作视频的制作。在编写过程中编者得到了机械工业出版社编辑们的多方面指导和帮助，在此特别感谢！此外，本书在编写过程中参阅了国内外许多同行的学术研究成果，谨向这些文献的编著者、专家、学者们致以诚挚感谢！

本书在案例选取上参考了物流沙龙、物流时代周刊、中国物流与采购联合会、物流技术、物流指闻等多个微信公众号的内容，使素材兼具时代性和先进性，极大丰富了本书的内容。视频素材源自中央电视台节目官网、LogTV的前沿知识以及编者的自行录制，在此感谢共享素材的官网及微信公众号的工作人员，也感谢物流沙龙及LogTV的创办人潘永刚先生对本书选材的无私支持。

编者

2024年2月

本课程是物流管理专业一门重要的专业课。本课程的教学能使学生在理论联系实际的基础上，比较系统地掌握物流技术与物流装备的基本思想、基本理论、基础知识和基本方法；使学生掌握并应用相关工具为所学专业服务，提高学生的科学研究和实际工作能力。

知识目标

本课程将物流技术与物流装备紧密结合，学生可以了解并掌握物流技术与物流装备概述、物流运输技术与装备、仓储技术与装备、装卸搬运技术与装备、物流分拣技术及其装备、物流包装与流通加工技术及其装备、集装单元化技术及其装备、物流信息技术及其装备、现代物流技术装备的发展、物流技术装备的综合应用等方面的理论，能够具备灵活运用物流技术与装备的基本理论和实践的能力。物流技术与装备作为生产力要素，对于发展现代物流，改善物流状况，促进现代化大生产、大流通，增强物流系统能力，具有十分重要的作用。

能力目标

本课程重点关注提升学生的组织协调能力、物流技术分析和应用能力，运用多种手段培养和提升学生在物流实践等方面的能力；注重培养学生综合运用所学知识分析和解决问题的能力，提高学生的职业竞争力。

素质目标

本课程增加了思政内容，积极拓展以爱国主义为核心的民族精神和以改革创新为核心的时代精神，培养践行社会主义核心价值观的高层次应用型人才。

教学方式及手段建议

教学方式可以根据课程的性质进行调整。尽管本课程以讲授式教学为主，但对传统的单方面教师讲授进行了革新，辅以以下几种方式的教学。

启发式教学：抓住学生的注意力，提高学生的学习兴趣，积极调动学生发现问题、提出问题、思考问题、分析问题、回答问题、解决问题的积极性。在前8章章前都有导入案例，启发学生思考、寻疑，在教学资料中也备有相应的教学视频。

研讨性教学：调动学生参与的积极性，树立团队精神，掌握学习方法，增强知识记忆，提高应用技能。在部分章节后设置案例分析题，进行课程内容的研讨。

答疑式教学：教师不仅对学生在学习过程中提出的问题给予辅导答疑，而且对学生的学习成果分人、分组地进行评阅和集中讲评。在讲评中，教师应肯定成绩、指出问题，并提出解决问题的思路和办法，引导学生进一步完成或完善学习成果。

线上线下混合教学：线上视频可以让学生通过扫码学习，线下加强教学的实践性环节，突出应用性，在本书第9章配有实验课程的相关案例，期望学生成为"善策划、懂物流、会应用"的专业物流人才。

教学课时分配及建议（供参考）

教学课时分配及建议如表0-1所示。

表 0-1　课时分配及建议

章号	讲课内容（含理论、实践）	学时	
		理论	实践
第1章	绪论	4	
第2章	物流运输技术与装备	10	
第3章	仓储技术与装备	6	
第4章	装卸搬运技术与装备	4	
第5章	物流分拣技术与装备	4	
第6章	物流包装及流通加工技术与装备	6	
第7章	集装单元化技术与装备	2	
第8章	物流信息技术与装备	4	
第9章	物流技术与装备仿真实验		8
课时总计		40	8

CONTENTS 目录

第1章

绪　论

|学习目标|

1. 掌握物流技术与装备的基本概念，物流技术与装备的分类标准和主要类型。
2. 掌握物流技术，能够根据实际作业需求选定物流技术与装备类型。
3. 了解物流技术与装备的作用及发展趋势。

|导入案例|

我国智能物流装备产业链、市场现状及未来发展趋势分析

从 20 世纪 70 年代后期开始，我国的物流设备得到了很大的发展，各类物流设备的数量在不断增加，其技术性能也逐步向现代化迈进。随着计算机网络技术在物流活动中的应用，各种先进的物流设备系统层出不穷，我国已经有了对大型装卸设备和自动化物流系统进行开发的能力。

随着物流行业、货物运输行业、仓储业以及邮政业的发展，我国物流装备制造业的发展也越来越快，尤其是智能化的物流设备。智能物流是指物品从供给方向需求方进行智能移动的过程，具体包括智能包装、智能装卸以及信息的智能获取、智能仓储、智能运输、智能配送、加工和处理等基本活动。它可以对物流状态进行实时展示，对物流过程进行全程监控，保证物流可以按时送达顾客，是经济、可靠、高效、环境友好的物流系统。

在智能物流装备的上游，分别是智能物流装备行业和物流软件行业。其中：智能物流装

备是指能够实现自动化仓储、分拣、运输、配送等功能的硬件装备；物流软件是指基于现代信息技术和互联网技术，为企业提供仓储、配送等一体化解决方案的软件产品。它们分别为物流提供硬件装备 [立体货架、输送机、分拣机、自动导引车（AGV）、堆垛机、穿梭车、叉车等] 和相应的物流信息软件系统（WMS、WCS 系统等）。智能物流装备的中游是智能物流系统集成商。智能物流系统集成商主要根据各行业应用特点，使用多种设备和软件，设计建造智能化仓储物流系统。它以行业的应用特点为依据，利用多种设备和软件，设计建造了由出入库输送系统、信息识别系统、自动控制系统、计算机监控系统、计算机管理系统以及其他辅助设备组成的智能化仓储物流系统。根据其功能要求，智能物流系统集成商将各应用系统进行综合集成，组成一个具有一定功能的、整体的、具有自适应性和柔性的智能化仓储物流系统。

仓储物流的智能化升级，将推动硬件和系统集成的发展，这就需要更高的技术水平，包括设备及软件，以及在中间的系统集成。其下游的产业链条应该比较宽泛，如烟草、医药和汽车等。智能物流装备市场与下游应用行业的景气程度有着非常紧密的联系，下游应用行业之间的景气程度存在很大的差异。因此，在近期选择一个需求旺盛的下游行业，将有利于企业在智能物流装备的快速发展期迅速发展壮大，完成技术、经验和资金的积累。

最近几年，全球智能物流市场的规模一直处于快速增长的状态。2016 年，全球智能物流行业的市场规模约为 382 亿美元；2020 年，全球智能物流行业的市场规模已经增长为 559.07 亿美元，年化复合增长率为 10%。在今后的一段时间里，智能物流行业依然会保持一个良好的发展势头，预计在 2026 年，全球智能物流行业的市场规模将会达到 1 129.83 亿美元。

随着我国电商、快递物流和工业制造等产业的快速发展，以及机械制造和传感器定位等技术的不断成熟，智能物流设备被广泛地运用到我国的各个商务领域，其市场规模在过去 10 年中得到了快速的发展。2021 年，我国的智能物流设备市场规模达到了 654.3 亿元，同比增长 20.79%。未来，随着我国物流智能化水平和工业智能化水平的不断提高，智能物流设备市场规模有望在 2024 年达到 1 067.6 亿元。

资料来源：2022 年中国智能物流装备产业链、市场现状及未来发展趋势分析，https://baijiahao.baidu.com/s?id=1753465599421192343。

思考分析：

1. 案例中提到了哪些物流装备？
2. 我国物流装备与技术发展前景如何？

1.1　物流技术与装备基础

1.1.1　物流技术的概念与分类

2021 年发布的国家标准《物流术语》将物流技术（logistics technology）定义为：物流

活动中所采用的自然科学与社会科学方面的理论、方法，以及设施、设备、装置与工艺的总称。

物流技术是企业在物流活动中采用的一切技术手段和方法、知识、经验、技能的总和，包括物流活动中使用的各种机械装备和工具，以及由科学理论知识和实践经验发展而成的各种方法、技能与作业程序等。物流技术旨在有效地实现物流活动，提高物流效率。它与生产技术相比，具有"提供无形服务""条件复杂多样""软技术先行"的特征。同时，严格地说，物流技术不是一种独立的新技术，它综合应用了其他学科的技术成果，并根据自身体系的需要对其他学科技术进行发展和创新。因此，物流技术一方面通过自身体系的革新和创新，不断提高物流作业效率，另一方面又不断汲取其他学科的最新研究成果，促进自身技术水平的提高。

物流技术包含流通技术或物资输送（含静止）技术，与生产技术有所不同。生产技术是为社会生产某种产品，为社会提供有形物质的技术，直接与科学技术动向相适应；物流技术是把生产出的物资进行移送、存储，为社会提供无形服务的技术，间接、被动地适应多样化需求。也就是说，物流技术的作用是将各种物资从生产者一方转移给消费者一方。物流技术和生产技术的区别如表 1-1 所示。

表 1-1　物流技术和生产技术的区别

物流技术	生产技术
为社会提供无形服务	为社会提供有形物质
间接、被动地适应多样化需求	直接与科学技术动向相适应

物流技术是以科学知识和实践经验为依据而创造的物流活动手段，是人们在进行物流活动时使用的各种物质手段、作业流程、工艺技巧、劳动经验和工作方法的总称。物流技术可以表现为抽象的概念，如规划设计、图样、说明、物流预测、计算机程序，也可以表现为实物形态，如在运输、装卸、存储、包装、流通加工、配送及信息交互处理等物流活动中使用的工具、仪器和装备及其他物资装备。

现代物流技术除了自身功能技术之外，更多的是对社会科学和自然科学各领域技术创新成果的综合与集成，如物流信息与网络技术、物流管理技术、物流标识技术、物流仓储技术、电子数据交换技术和卫星跟踪定位技术等。

1. 按技术形态分类

按技术形态分类，物流技术可以分为物流硬技术和物流软技术。

物流硬技术是指在物流活动中使用的各种工具、装备、设施等，如各种运输车辆，各种装卸装备、搬运装备，各种仓库、车站、港口、货场等设施，各种包装装备、自动识别和分拣装备，以及服务于物流活动的电子计算机、通信装备等。物流软技术是指在物流活动中使用的各种方法、技能和作业程序等。这里所说的方法主要是指物流规划、物流预测、物流设计、物流作业调度、物流信息处理中所使用的运筹学方法、系统工程方法和其他现代管理方法，它们是以提高物流系统整体效益为中心的技术方法。

2. 按应用范围分类

按应用范围分类，物流技术可以分为运输技术、仓储技术、保管技术、装卸搬运技术、包装技术、集装技术、分拣技术、流通加工技术、计量技术，以及物流系统规划和管理技术等。

3. 按采用的技术分类

现代化的物流需要现代物流技术的支撑。现代物流技术是为满足现代物流的需求而采用的技术，主要包括物流自动化技术、物流信息化技术、物流系统规划与优化技术、现代物流管理技术等。

4. 按物流功能环节分类

物流功能是通过物流技术来实现的，每项物流活动都必须有相应的物流技术做支撑。因此，按物流功能环节，物流技术分类如下。

（1）运输技术。运输技术包括运输工具、设施及其操作技能、运输管理技术等。我国的主要运输方式有公路运输、铁路运输、水路运输、航空运输和管道运输五种。

（2）仓储技术。仓储的基本功能包括物品保管功能、调节供需功能、调节运输功能、实现配送功能和节约功能等。仓储技术包括仓储装备、设施及其操作技能，以及仓储作业程序、物品保管技术、库存管理方法等。

（3）装卸搬运技术。装卸搬运技术包括装卸、搬运装备及其操作、维修技能，以及装卸作业科学管理、合理调度方法等。

按装备的主要用途或结构特征分类，装卸搬运装备分为起重装备、连续输送装备、装卸搬运车辆、专用装卸搬运装备等。其中专用装卸搬运装备包括托盘装卸搬运装备、集装箱装卸搬运装备、船舶装卸搬运装备和分拣装备等。

（4）分拣配送技术。配送是一种新型的流通体制，又是一种现代物流方式。商业连锁配送经营是目前最成功的商业模式之一。面向主机厂的零配件 JIT 配送是支撑全球汽车产业的核心。电子商务的瓶颈是商品实物配送，因此近年来配送成为实业界的一个主要投资热点。

（5）包装与流通加工技术。物流包装作为包装业的重要构成部分，已经成为当前包装行业的主要发展方向之一，同时，包装在物流业中也占有重要的地位。流通加工一般仅是简单的、初级的加工，进行流通加工的目的主要是提高原材料的利用率、方便用户、提高加工效率、提高运输效率、增加附加值、提高收益。

（6）信息处理技术。物流信息技术通过切入物流企业的业务流程来实现对物流企业各生产要素的合理组合与高效利用，降低经营成本，直接产生显著的经营效益。它有效地把各种零散数据变为商业智慧，赋予了物流企业新型的生产要素——信息，大大提高了物流企业的业务预测和管理能力。

1.1.2 物流技术与装备的概念、分类和构成

1. 物流技术与装备的概念

物流技术与装备是现代物流的主要技术支撑要素，在整个物流活动中，对提高物流能力与效率、降低物流成本和保证物流服务质量等方面起到了非常重要的作用。随着技术的进步，尤其是自动控制技术、信息技术和系统集成技术在物流装备中的应用，现代物流装备已经迈入了自动化、智能化、柔性化的崭新阶段。

物流活动由包装、装卸搬运、运输、存储、配送、流通加工等环节构成，物流活动的实现需要相应的劳动手段，而这种劳动手段就是物流机械装备。

物流技术与装备是进行各项物流活动所需的机械装备、器具等可供长期使用，并在使用时基本保持原有实物形态的物质资料，包括建筑物、装卸台等物流基础设施。

物流机械装备作为物流技术与装备的主体，是现代企业的主要作业工具之一，是合理组织批量生产和机械化流水作业的基础，是企业组织物流活动的物质技术基础。

随着人们对物流技术与装备重要性的认识的逐渐提高，物流技术与装备的发展水平已经成为企业生产力水平与物流现代化程度的标志。在现代化的物流管理系统中，从信息的自动采集、处理到最后发布已经完全可以实现智能化：依靠功能完善的高水平的监控软件可以实现对物流各环节的自动监控，依靠先进的专家系统可以对物流系统的运行情况进行及时诊断，对系统优化提出合理建议。因此，物流技术与装备是表现物流系统水平的主要标志。物流技术与装备作为生产力要素，对发展现代物流，改善物流现状，促进现代化的大生产、大流通，增强物流系统能力，显然具有十分重要的作用。

2. 物流装备的分类

物流装备的分类方法有很多，可以按不同的标志，从不同的角度进行合理划分。目前，物流装备包括物流设施与设备。

物流设施是组织物流系统运行的基础物质条件，包括物流站、物流场、物流中心、物流仓库、物流线路、建筑、公路、铁路和港口等。

任何一项生产经营活动都必须有一定的活动空间，物流装备就是物流活动的空间，它贯穿了物流的全过程，涉及物流的各个作业环节，主要有物流基础性设施、物流功能性设施和物流设备三大类。

（1）物流基础性设施。这类设施多为公共设施，是宏观物流的基础，主要由政府或机构投资建设。其特点是战略地位高、辐射范围大，具体包括以下几类。

1）物流网络结构中的节点，包括大型交通枢纽，如铁路枢纽、公路枢纽、航空枢纽港和水路枢纽港，也包括国家级战略物流储备中心、辐射性强的物流基地等。

2）物流网络结构中的线路，包括铁路、公路、航线、航道和管道等。

3）物流基础信息平台，为企业提供物流基础信息服务，如交通状况信息、交通组织与管理信息、城市商务及经济地理信息等，用于共享物流信息，提供物流宏观管理决策支持。

（2）物流功能性设施。这类设施既包括企业自有的，又包括第三方物流企业拥有的，是提供物流功能性服务的基本手段。

1）以存放货物为主要职能的节点，如储备仓库、营业仓库、中转仓库和货栈等，货物在这种节点上停滞的时间较长。

2）以组织物资在系统中实现移动为主要职能的节点，如流通仓库、流通中心、配送中心和流通加工点等。

3）物流系统中的载体，包括货运车辆、货运列车、货运船舶、货运飞机和管道等。

（3）物流设备。物流设备是指用于存储、装卸、搬运、运输、包装、流通加工、配送、信息采集与处理等物流活动的工具。

3. 物流装备的构成

物流装备的构成包括以下几个方面。

（1）物流仓储机械。物流仓储机械主要用于各种配送中心、仓库存取货物，主要有货架、堆垛机、室内搬运车、出入库输送装备、分拣装备、提升机、自动导引车（AGV）、搬运机器人以及计算机管理和监控系统。这些装备可以组成自动化、半自动化、机械化的商业仓库，完成对物料的堆垛、存取、分拣等作业。

（2）起重机械。起重机械主要用于将重物提升、降落、移动、放置于需要的位置。起重机械是生产过程中不可缺少的物料搬运装备，包括千斤顶、电动葫芦起重机、桥式起重机、臂架起重机、装卸桥等。

（3）输送机械。输送机械是按照规定路线连续或间歇地运送散状物料或成件物品的搬运装备，是现代物料搬运系统的重要组成部分。它主要包括带式输送机、斗式提升机、埋刮板输送机、悬挂输送机、架空索道。

（4）流通加工机械。流通加工机械是完成流通加工作业的专用机械装备，主要有切割机械与包装机械两大类。切割机械有金属、木材、玻璃、塑料等原材料切割机械；包装机械有充填机械、罐装机械、捆扎机械、裹包机械、贴标机械、封口机械、清洗机械、真空包装机械、多功能包装机械等。

（5）集装单元器具。集装单元器具主要包括集装箱、托盘和其他集装单元器具。

（6）工业搬运车辆。工业搬运车辆主要指在工厂、码头应用极为广泛的叉车、跨运车、牵引车等搬运装备。

（7）物流工具。物流工具是物流系统运行的物质条件，包括包装工具、维护保养工具和办公装备等。

（8）信息技术及网络。信息技术及网络是掌握和传递物流信息的手段，根据所需信息水平不同，包括通信装备及线路、传真装备、计算机及网络装备等。

（9）组织及管理。组织及管理是物流技术装备的"软件"，起着连接、调运、运筹、协调和指挥其他各要素以保障物流系统目的实现的作用。

4.物流技术装备体系

（1）集装技术装备。集装技术装备主要有托盘、集装箱和其他集装技术装备。应用集装技术装备对货物进行组合包装后，可以提高货物的活性，使货物随时都处于准备流动的状态，便于达到存储、装卸、搬运、运输、包装一体化，实现物流作业机械化、标准化。

（2）运输技术装备。运输技术装备是指用于较长距离运输货物的装备。根据运输方式不同，运输技术装备可分为货运车辆、货运列车、货运船舶、货运飞机、管道运输技术装备等。

（3）装卸搬运技术装备。装卸搬运技术装备是指用于升降、装卸搬运物料和短距离运输的机械装备。主要用于升降、装卸搬运的装备有桥式起重机、龙门起重机、电动葫芦起重机等，主要用于短距离运输的机械装备有叉车、自动导引车、牵引车、连续输送机等。

（4）仓储技术装备。仓储技术装备是指主要应用于各类仓库、配送中心进行货物存取、存储的各种机械装备和器具，有货架、堆垛机、自动导引车、搬运机器人、分拣装备、提升机、货物出入库辅助装备、装卸搬运装备等。

（5）分拣技术装备。分拣技术装备就是在分拣作业中将用户订的货物从保管处取出，按用户需求分类集中、处理放置的装备。分拣、配货是配送中心的主要职能和核心工序。随着计算机技术的发展，各种电子导引分拣系统纷纷出现，各种全自动的分类分拣装备也在烟草、医药、电子等行业中被普遍应用。

（6）包装技术装备。物品从生产地到使用地的过程中，需要进行包装、分割、计量、分拣、贴标签、拴标签、组装等简单作业。包装的目的是保护产品、方便存储与运输及促进销售等。用于对产品进行包装的机械装备称为包装机械。常见的包装机械有充填机械、灌装机械、捆扎机械、裹包机械、贴标机械、清洗机械、干燥机械、杀菌机械、集装机械等。

（7）物流信息技术装备。物流信息技术装备是应用于物流系统中的信息技术与装备的总称，主要包括基于各种通信方式的移动通信手段及装备、全球定位系统（GPS）技术装备、地理信息系统（GIS）技术装备、计算机网络技术装备、自动化立体仓库管理技术装备、智能标签进口装备、条码及射频技术装备、信息交换技术装备等。

1.2　物流技术与装备的选配

1.2.1　选配技术与装备的基本要求

使用现代物流技术与装备可使物流效率得到不断提高。在进行物流技术与装备的选配时，必须考虑物流系统的目标，即付出低成本。物流技术与装备并不是越先进越好、数量越多越好，而是必须根据物流系统的经营目标，合理地选择与之相配的物流设施与设备，并通过管好、用好物流装备，使其充分发挥效能，保证快速、及时、准确、经济地实现物流作业和物流活动。

1. 合理确定物流技术与装备的自动化程度

首先要从系统的角度将物流装备看成物流系统的一个子系统，根据物流系统的总体目标，合理确定物流装备系统的自动化程度。根据自动化程度的不同，物流装备系统可分为机械化系统、半自动化系统和自动化系统。

（1）机械化系统。机械化系统是指在物流系统的各环节中，广泛采用各种机械设备与设施代替人力的各种操作来完成物流作业的装备系统。

（2）半自动化系统。半自动化系统是指在物流系统的各环节中，主要的物流作业实现了自动化，还有一些辅助作业需要靠人力来完成的装备系统。

（3）自动化系统。自动化系统是指在物流系统的各环节中，所有的物流作业都由自动化装备来实现，由控制系统统一控制，整个物流系统能够按照物流作业指令自动运行的系统。

2. 合理选用物流技术与装备

合理选用物流技术与装备是指所选用的物流设施与设备要充分发挥其性能，在选用时，既要考虑满足设施与设备的技术先进性，又要考虑其购置和使用的经济性，同时还要考虑其环保性，不能对环境造成危害。在具体选择和配置时，一定要考虑系统的整体优化问题。单个设备与设施的性能最优，不一定使整个系统的性能最优。因此，要根据确定的设施与设备系统类型，合理地选择各种具体设备与设施的类型、技术性能参数和型号规格。

3. 充分考虑物流技术与装备之间的合理配套

合理配套是指在选择和配置物流设施与设备时，要充分考虑各物流环节之间所用设施与设备的协调配套问题，保证物流系统各环节的作业顺畅有序地进行。

4. 物流技术与装备应具有较强的适应性

在物流系统中，采用的物流机械装备应能满足各种物流环境、物流作业和实际应用的需求，使用方便，符合人机工程学等学科的要求。

5. 尽量选用标准化的器具和装备

选用标准化的器具和装备有利于实现装卸、搬运、储存等环节的机械化、自动化作业，有利于各环节的有效衔接，减少器具和装备的购置与管理费用。

6. 装备的配置应充分利用和节约空间

装备的选用应有利于现有空间的有效合理利用，在满足性能要求的前提下，外形尺寸及占用的作业空间应尽量小。

1.2.2 物流技术与装备选配的原则

物流技术与装备一般投资较大，使用周期较长，特别是一些基础性设施，如自动化立体仓库从设计到建设再到投入使用最少也要半年以上，费用从几百万元到几千万元不等。因此，在配置和选择物流设施与设备时，一定要进行科学决策和统一规划，正确地配置和选择物流设施与设备，为物流作业选择最优的技术与设备，使有限的投资发挥最大的经济效益。总的来说，选择和配置物流设施与设备应遵循技术先进性、经济合理性、生产可行性及标准化四大原则。

1. 技术先进性原则

技术先进性原则是指选择与配置物流装备能反映当前科学技术的先进成果，在主要技术性能、自动化程度、结构优化、环境保护、操作条件和现代新技术的应用等方面具有技术上的先进性，并在时效性方面满足技术发展的要求。物流装备的技术先进性是实现物流现代化所必备的技术基础。但先进性是以物流作业适用为前提，以获得最大经济效益为目的的，绝不是不顾现实条件和脱离物流作业的实际需要而片面追求技术上的先进。

2. 经济合理性原则

经济合理性原则不是指一次购置和建造费用低，而是指在物流设施与设备的寿命周期内的整体成本低，特别是长期使用和维护费用低。任何先进的物流装备的使用都受到经济条件的制约，低成本是衡量机械装备技术可行性的重要标志和依据之一。在多数情况下，物流装备的技术先进性与低成本可能会发生矛盾。但在满足使用的前提下应对技术先进与经济上的耗费进行全面考虑和权衡，做出合理的判断，这就需要进一步做好成本分析。只有全面考察物流装备的价格和运行成本，选择整个寿命周期费用低的物流装备，才能取得良好的经济效益。

物流技术与装备配置的经济合理性原则主要体现在：合理采用现代化物流机械系统，合理选用适合的物流机械装备和合理配置物流机械装备。

（1）合理采用现代化物流机械系统。现代化物流机械系统可以较大幅度地改善劳动条件，减轻劳动强度，提高作业的安全性、效率和效益。在进行物流系统的整体规划时，必须首先从系统的角度把物流机械系统及其装备看成物流系统的一个子系统，然后根据物流系统的规划目标及实际情况，确定一个可行的物流机械装备配置方案。通常而言，对于子系统作业量很大，尤其是承担重大货物运输、启动频繁、节拍短促而有规律的作业，适宜采用物流机械系统。对于要求高效率、高精度的作业，或者工作环境会影响工人的健康、工作场所存在危险的作业，适宜采用自动化系统。

（2）合理选用适合的物流机械装备。合理选用适合的物流机械装备是指所选的装备在使用过程中能充分地发挥其性能，不造成装备的功能性浪费。在选择物流机械装备时，既要考虑装备所含技术的先进性，又要考虑装备购置和使用的经济性。另外，随着人们对生存环境的重视程度不断加深，在选择装备时还必须考虑装备的环保性，不能对环境造成破坏。在选择和配置相关的装备时，一定要注意系统的整体优化问题，即使单个装备的性能最优，整个系统的性能也不一定能达到最优。因此，一定要根据所确定的机械系统类型，合理地选择装备的类型和具体型号，使整个系统的作业效率达到最高，而运行成本最低，这是人们希望达到的理想目标。

（3）合理配置物流机械装备。合理配置物流机械装备是指不仅要对各物流环节本身用的机械装备进行合理配置，而且要对各物流环节之间的物流机械装备进行合理配置，每个环节自身的装备配置只能保证自身环节的作业功能及效率的实现，而只有各环节之间选用的装备配置合理，才能使整个物流系统的功能及运行效率达到最优。

3. 生产可行性原则

生产可行性原则包括系统性、适用性、可靠性、安全性、一机多用性和环保性等多个方面。

（1）系统性。系统性是指在物流装备配置、选择中用系统论的观点和方法，对物流装备运行涉及的各个环节进行系统分析，把各个物流装备与物流系统总目标之间、物流装备之间、物流装备与操作人员之间、物流装备与作业任务之间等相互关联的部分有机地结合起来，发挥各个环节的机能，使物流装备的配置、选择最佳，发挥最大的效能，从而使物流系统整体效益达到最优。

（2）适用性。适用性是指物流装备满足使用要求的能力，包括适应性和实用性，在选择和配置物流装备时，应充分注意与物流作业的实际需要和发展规划相适应；应符合货物的特征、货运量的需要；应适应不同的工作条件和多种作业性能要求，操作使用灵活方便。因此，首先应根据物流作业的特点找到必要功能，再选择相应的物流装备。这样选择出的物流装备才具有针对性，才能充分发挥其功能。

（3）可靠性。可靠性是指物流装备在规定的使用时间和条件下完成规定功能的能力。它是物流装备的一项基本性能指标，是物流装备所具有的功能在时间上稳定和持续的体现。如果物流装备的可靠性不高，无法保持稳定的物流作业能力，也就失去了其基本功能。物流装备的可靠性与物流装备的经济性是密切相关的。从经济上看，物流装备的可靠性高就可以减少或避免因发生故障而造成的停机损失与产生的维修费用。但可靠性并非越高越好，这是因为提高物流装备的可靠性需要在物流装备研发制造中投入更多的资金。因此，应全面权衡提高可靠性所需的费用开支与物流装备不可靠造成的费用损失，从而确定最佳的可靠性。

（4）安全性。安全性是指物流装备在使用过程中保证人身和货物安全以及环境免遭危害的能力。它主要包括装备的自动控制性能、自动保护性能以及对错误操作的防护和警示装置等。在配置与选择物流装备时，应充分考虑物流装备的安全性，防止发生人身安全事故，保证物流作业顺利进行。

（5）一机多用性。一机多用性是指物流装备具备多种功能，能适应多种作业的能力。配置用途单一的物流设备，既不方便使用，又不利于管理。选择和配置一机多用的物流装备，可以实现一机同时适宜多种作业环境的连续作业，有利于减少作业环节，提高作业效率，并减少物流装备的台数，便于物流装备的管理，从而充分发挥物流装备的潜能，确保以最少的投入获得最大的效益。如叉车因具有装卸和搬运两种功能，所以其应用极为广泛。

（6）环保性。环保性是指物流装备的噪声与振动和有害物质排放等对周围环境的影响程度。在选择装备时必须要求其噪声、振动频率和有害物质排放等均控制在国家和地区标准的规定范围内。

4. 标准化原则

实现物流技术与物流装备应用的标准化，可以降低购买成本和管理费用，提高物流作业的机械化水平，改善劳动条件，提高物流效率和经济效益。选用标准化的集装装备，有利于装卸、搬运、运输、仓储等作业的一体化和对物流技术与物流装备的充分利用；有利于国内外物流的接轨，提高物流运行效率，降低物流运行成本。此外，选用标准化的集装单元装备，可以有效防止货物在物流过程中出现货物损失，节省包装费用，减少库房的使用量，缩短货物的周转期。

1.3 物流装备的管理与使用

1.3.1 物流装备的管理概述

1. 物流装备管理的概念

物流装备管理是以物流装备系统为研究对象，以装备寿命周期费用最经济和装备综合效率最高为目标，动员全员参加的一种综合管理。其目的是延长装备使用寿命周期，充分发挥装备效能，从而获得最佳投资效果。它应用一系列理论与方法，通过一系列技术、经济措施，对物流装备的物质运动和价值运动进行从规划、设计、制造、选型、购置、安装、使用和维护修理直至报废的全过程的科学管理。物流装备管理的主要任务如表 1-2 所示。

表 1-2 物流装备管理的主要任务

主要任务	具体任务
延长装备使用寿命，充分发挥装备性能，从而获得最佳投资效果	1. 制定企业物流装备综合管理规划 2. 正确选购物流装备 3. 用好、修好、管好物流装备 4. 对现有物流装备进行挖潜、改造和更新 5. 保证国内外引进装备的正常运转 6. 做好自制装备的综合管理 7. 做好装备管理和维修人员的培训工作 8. 追求装备寿命周期费用最优化

2. 物流装备管理的主要内容

物流装备管理是对物流机械装备进行全过程管理，它是从规划和选购或自行设计制造装备开始，到装备在物流系统中使用、维护、修理直到报废退出物流系统的全过程管理。物流装备管理贯穿于物流机械装备运动的全过程之中，主要内容如表 1-3 所示。

表 1-3 物流装备管理的主要内容

类别	具体内容	要求
技术管理	装备的规划、选购、自制与安装调试；装备的合理使用和维护保养管理；装备的计划检修；装备的状态监测与技术诊断；装备安全技术管理和事故处理；装备备件管理；装备的技术资料管理；装备技术改造；装备技术档案管理等	遵循物流机械装备的运动特性与技术状况的变化规律，科学地组织好物流机械装备管理各项内容中的技术工作，不断提高机械装备的技术素质，保证其良好状况，使之充分发挥效能，完成生产作业任务，为企业创造良好的经济效益
经济管理	装备投资效益分析；资金筹措和使用；装备移交验收、分类编号、登记卡片和台账管理；库存保管、调拨调动、年终清查等资产管理；折旧的提取与管理；费用的收支核算；装备更新等	遵循价值规律和寿命周期费用变化规律，对物流机械装备管理的各项内容进行经济论证、经济核算、经济分析和成本控制等活动，开展多种形式的增收节支和经营，使企业取得最佳经济效益投资
组织管理	人员教育和培训；装备管理制度和规范的制定；装备使用的监督、检查和评比等	遵循物流机械使用与磨损的客观规律，运用行政手段，科学地把物流机械装备技术管理和经济管理结合起来，全面完成物流机械装备管理任务

3. 物流装备管理的特点

物流装备管理是以提高装备综合效益和实现装备寿命周期费用最小为目标的一种装备管理模式。它具有以下特点。

（1）物流装备管理是一种全过程的系统管理。它强调对物流装备的寿命周期（设计、制造、使用、报废）进行管理，物流装备的前期管理与后期管理密不可分，二者同等重要，绝不可偏袒任何一方。

（2）物流装备管理是一种全方位的综合管理。它强调物流装备管理工作有技术、经济和组织三个方面的内容，三者有机联系、相互影响。在物流装备管理工作中要充分考虑三者的平衡。

（3）物流装备管理是一种全员参与的群众性管理。它强调物流装备管理不只是装备使用和管理部门的事情，企业中的所有与装备有关的部门和人员都应参与其中。

4. 物流装备管理的意义

在生产的主体由人力渐渐向装备转移的今天，物流装备管理的好坏对企业的影响极大。

（1）物流装备管理直接影响企业管理的各个方面。在现代化的企业里，企业的交货期和生产监控等各方面的工作无不与物流装备管理密切相关。

（2）物流装备管理直接关系到企业产品的产量和质量。

（3）物流装备管理水平的高低直接影响着产品制造成本的高低。

（4）物流装备管理关系到安全生产和环境保护。

（5）物流装备管理影响着企业生产资金的合理使用。在工业企业中，物流备品备件占用的资金往往占到企业全部生产资金的 50% ~ 60% 或更多。

1.3.2 物流装备的评价

企业创建、扩建或装备更新时均需添置新的装备。对大部分企业来说，自行研制的装备不是很多，所以当添置新的物流装备时，很多情况下要从市场购置。这就要求企业对需要购置的装备从技术性和经济性方面进行选择与评价，以购置到符合要求、性能良好、质量可靠又经济的装备。

1. 物流装备的技术性评价

选择和评价装备的第一步往往是进行一次使用或技术上的仔细考察，以确定装备在技术上是否可行。在评价一台装备的技术规格时，应该认真考量下列因素。

（1）生产能力。在选择一台装备时，其生产能力应能满足生产现状对它的要求，并在可预见的将来也是可以胜任的。

（2）可靠性。可靠性是指物流装备在规定条件下和规定时间内完成规定功能的能力。谁也不希望购置一台老出故障的装备，因为这不仅会造成损失，而且会耽误交货期限，尤其是在生产连续性越来越强、市场竞争越来越激烈的今天。因此，购置一台安全可靠的装备是评价好的物流装备时使用的一个重要的考量因素。

（3）可维修性。可维修性是指物流装备易于（便于）维修的特性。尽管现在已出现了许多无须维修的装备，但对绝大多数的装备来说，出故障总是难以避免的。因此，在选择装备时，可维修性就应作为一个重要的评价因素，在其他因素基本一致的情况下，无疑应选择结构合理，易于检查、维护和修理的装备。

（4）互换性。在可能的情况下，新购置的装备在备件供应、维护和操作等方面应与企业现有装备互有关联，尽量相同或相似，以节约人员培训、增添辅助装备等的费用。

（5）安全性。尽管当前市场上已很少有不安全的物流装备在售，但由于装备的安全性在企业的生产、人员的安全等方面关系重大，因此在选择物流装备时应慎重评估。

（6）配套性。在装备日益复杂、精密的今天，许多物流装备只有在配套完善的辅助装备的情况下才能充分发挥作用。因此在选择装备时，往往要把辅助装备的配套情况及其利用率作为决定性因素予以考虑，尤其对于应用日益广泛的数控装备，如果缺乏配套的"软件"，这些装备的作用是很难发挥的。

（7）可操作性。装备的日趋复杂、精密并不意味着操作也日趋复杂。过分复杂的操作往往会造成操作人员的疲劳以及失误和人员培训费用的增加，所以应选择操作容易、简便的装备。

（8）易于安装。这一点往往容易被忽略。在选配装备前，应对装备的安装地点进行考察。对于一些大型装备，还需考察运输路线，以选择适合安装、易于安装的装备。

（9）节能性。装备的节能性包含两方面的含义：一是指对原材料消耗的节省，二是指对能源消耗的节省。节能不仅是降低产品成本的需要，也是我们的基本国策。

（10）对现行组织的影响。选配装备，尤其是选配更为先进、精密和复杂的装备时，应充分考虑其对现行生产组织的影响。例如，当购置了数控机床或加工中心时，无疑会给现行的工艺准备、生产计划和现场监控人员的组织等方面带来影响，这些均应在装备购进之前予以充分评估。

（11）交货。这需要考虑供货厂家的信誉及交货期。购置信誉好和交货期有保证的厂家的装备总是让人更放心。

（12）备件的供应。当装备由于磨损或发生故障而需要维修和更换零部件时，备件是否齐备就会成为能否尽快恢复生产的重要因素。因此，在选购装备时应充分考虑备件的供应情况，尤其对于进口装备更需如此。

（13）售后服务。选择装备供应厂家时应考察它们提供安装、调试、人员培训及维修服务的条件，有着良好售后服务条件的装备在运行时就会有充分保证。

（14）法律及环保。选配装备时要遵守国家和地方政府的有关法令与政策，同时要注意与环境的协调性，不要购置那种与政策和自然环境不相容的装备。

2. 物流装备的经济性评价

一台装备在技术上先进并不意味着就一定值得购置，我们还需考察它在经济上是否合理。我们需要的是技术先进又经济合理的装备。经济性评价的方法有投资回收期法、现值法、内部收益率（IRR）法和不确定性评价法等。

1.3.3　物流装备的合理使用概述

1. 物流装备故障的概念

物流装备故障，一般是指物流装备失去或降低其规定功能的事件或现象，具体表现为装备的某些零件失去原有的精度或性能，使装备不能正常运行，技术性能降低，从而导致装备中断生产或运行效率降低而影响生产。

装备在使用的过程中，由于摩擦、外力、引力及化学反应的作用，其零件总会逐渐磨损、腐蚀、断裂，从而导致故障，进而造成停机。因此，加强装备保养维修，及时掌握零件磨损情况，在零件进入剧烈磨损阶段前进行修理更换，就可防止因故障停机而造成的经济损失。

2. 物流装备故障的分类

物流装备故障可按照技术性原因分为四大类：磨损性故障、腐蚀性故障、断裂性故障及老化性故障。

（1）磨损性故障。磨损性故障是指由于装备中的运动部件磨损，在某一时刻超过极限值所引起的故障。磨损是指机械在工作过程中，做相互运动的对偶表面，在摩擦作用下发生尺寸、形状和表面质量变化的现象。按其形成机理又分为黏附磨损、表面疲劳磨损、腐蚀磨损和微振磨损四种类型。

（2）腐蚀性故障。腐蚀性故障按腐蚀机理不同，可分为化学腐蚀、电化学腐蚀和物理腐蚀三类。

1）化学腐蚀：金属和周围介质直接发生化学反应造成的腐蚀。反应过程中没有电流产生。

2）电化学腐蚀：金属与电解质溶液发生电化学反应造成的腐蚀。反应过程中有电流产生。

3）物理腐蚀：金属与熔融盐、可溶性碱和液态金属相接触，使金属某一区域不断熔解，另一区域不断形成的物质转移现象。

（3）断裂性故障。断裂性故障可分为脆性断裂、疲劳断裂、应力腐蚀断裂和塑性断裂等。

1）脆性断裂：可由于材料性质不均匀或加工工艺处理不当引起（如在锻、铸、焊、磨、热处理等工艺中处理不当，就容易产生脆性断裂），也可由恶劣环境引起。例如，如果运行温度过低，材料的机械性能就会降低（主要是指冲击韧性降低），因此低温容器在20℃以下必须选用冲击值大于一定值的材料。再如，放射线辐射也能引起材料脆化，从而引起脆性断裂，因此在辐射值高的环境下，应选用合适的材料。

2）疲劳断裂：由于热疲劳（如高温疲劳等）、机械疲劳（分为弯曲疲劳、扭转疲劳、接触疲劳和复合载荷疲劳等）以及复杂环境下的疲劳等各种综合因素共同作用引起的断裂。

3）应力腐蚀断裂：一个有热应力、焊接应力、残余应力或其他外加拉应力的装备，如果在其运行环境中同时存在与金属材料相匹配的腐蚀介质，那么材料将产生裂纹，并以显著速度发展。

4）塑性断裂：由过载断裂和撞击断裂引起的一种断裂。

（4）老化性故障。老化性故障是上述因素综合作用于装备，使其性能老化引起的故障。

3. 物流装备故障的阶段

随着时间的变化，任何装备从投入使用到报废，其故障发生的过程大致分三个阶段：早期故障期、偶发故障期和耗损故障期。

（1）早期故障期也称磨合期，该时期的故障率通常是由于设计、制造及装配等问题引起的。随着运行时间的增加，各机件逐渐进入最佳配合状态，故障率也逐渐降至最低值。

（2）偶然故障期也称随机故障期、偶发故障期，这一时期的故障是由于使用不当、操作疏忽、润滑不良、维护欠佳、材料隐患和工艺缺陷等偶然原因所致，没有一种特定的失效机理主导作用，因而故障是随机的。

（3）严重故障期也称耗损故障期，是由于机械装备长期使用后，零部件因磨损、疲劳，其强度和配合质量迅速下降而引起的，其损坏属于老化性质。

实践证明，大多数装备的故障率是时间的函数，典型故障曲线称为浴盆曲线（bathtub curve，又叫失效率曲线）。如图 1-1 所示，浴盆曲线的两头高、中间低，具有明显的阶段性，像是一个浴盆。它可划分为三个阶段：早期故障期、偶然故障期、严重故障期。浴盆曲线表明产品从投入到报废为止的整个生命周期内，其可靠性的变化呈现一定的规律。如果取产品的故障率作为产品的可靠性特征值，它是以使用时间为横坐标，以故障率为纵坐标的一条曲线。

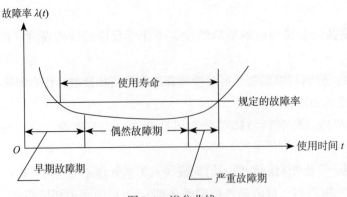

图 1-1 浴盆曲线

（1）第一个阶段。第一个阶段是早期故障期，它表明产品在开始使用时，故障率很高，但随着产品工作时间的增加，故障率迅速降低，这一阶段失效的原因大多是设计、原材料和制造过程中的缺陷。

为了缩短这一阶段的时间，产品应在投入运行前进行试运转，以便及早发现、修正和排除故障，或通过试验进行筛选，剔除不合格品。

（2）第二个阶段。第二个阶段是偶然故障期，也称随机故障期、偶发故障期，这一阶段的特点是故障率较低，且较稳定，往往可近似看作常数，产品可靠性指标所描述的就是这个时期，这一时期是产品的良好使用阶段。发生偶然故障的主要原因是质量缺陷、材料弱点、环境和使用不当等因素。

（3）第三个阶段。第三个阶段是严重故障期，该阶段的故障率随时间的延长而急速增加，主要是磨损、疲劳、老化和耗损等原因造成的。

4. 物流装备故障的征兆

（1）功能异常。功能异常是指装备的运作状况突然出现异常现象，这种征兆比较明显，所以容易察觉。

（2）异常响声、异常振动。异常响声是指装备在运转过中出现的非正常声响，是装备故障的"报警器"；异常振动是指装备运转过程中出现的剧烈振动。

（3）跑冒滴漏。装备的润滑油、齿轮油、动力转向系统油液和制动液等出现渗漏，压缩空气等出现渗漏现象，有时可以明显地听到漏气的声音，还包括循环冷却水等渗漏。

（4）有特殊气味。当电动机过热、润滑油串缸燃烧时，会散发出一种特殊的气味；当电路短路、搭铁导线等绝缘材料烧毁时会有焦煳味；橡胶等材料发出烧焦味。

以上各种故障征兆是装备提供给操作人员和维修人员的故障信号，可以帮助他们及早发现事故苗头，防患于未然。

5. 物流装备的合理使用

物流装备只有在使用中才能发挥其作为生产力要素的作用，而装备使用的合理与否又直接影响装备的使用寿命长短、精度优劣和性能好坏，从而影响其生产产品的数量、质量和企业的经济效益。因此，对装备的合理使用，就成了实现装备综合管理的一个极其重要的方面。

目前许多企业都创造了有效使用装备的方法并规定了制度，综合来看，合理、正确使用装备应从三个方面着手：一是提高物流装备的利用程度；二是保证物流装备的工作精度；三是建立健全合理使用物流装备的规章制度。

（1）提高物流装备的利用程度。物流装备管理的根本目标在于使装备在其寿命周期内发挥最大的效益，因此如何提高物流装备的利用程度就成了物流装备管理中的重要问题。一般来说，提高物流装备的利用程度主要有三方面的含义。

1）提高物流装备的利用广度。它是指充分利用装备可能的工作时间，不能让装备长期闲置。装备长期闲置不用，不仅会导致装备的经济磨损（若再保管不善，还会造成物理磨损），使装备价值不断降低，给企业造成直接的经济损失，还会延长装备的使用期限，影响装备的更新速度，阻碍企业劳动生产率的提高。

2）提高物流装备的利用强度。要想充分利用装备能力，只注意装备的利用广度是远远不够的。我们的目标是要让物流装备在使用寿命周期内尽可能多地生产出合格产品，因此还存在一个利用强度的问题，即所谓的提高机器生产率的问题。

3）提高物流装备利用的合理性。要使物流装备做到物尽其用，首先要使物流装备用得其所。一些企业的物流装备常常存在着大量不合理利用的现象，如大装备干小活，精装备干粗活，月初空闲，月末突击。这些对物流装备的不合理利用使物流装备的效能不能充分发挥，造成了物流装备能力的浪费。

（2）保证物流装备的工作精度。物流装备的能力表现在两个方面：一方面表现为数量上的机器生产率，另一方面表现为质量上的加工精密度。这两者有所区别，前者影响加工对象的数量，后者影响加工对象的质量。同时这两者又有联系，只求数量不求质量，或过分追求质量而不计数量，都是不可取的。

（3）建立健全合理使用物流装备的规章制度。物流装备的合理使用是物流装备管理工作的重要内容，也是与企业工人关系密切的一项工作。要实现物流装备的合理使用，除了前述的提高物流装备的利用程度、保证物流装备的工作精度以外，建立健全相应的规章制度并使之得到遵守、执行也是一个极其重要，且难度最大的方面。企业应对操作物流装备的工人进行思想教育，使他们认识到合理正确使用装备的重要性，并要求他们认真执行正确使用装备的各项基本要求、规章和相应的物流装备操作规程。经过多年探索，我国的工业企业总结了一系列卓有成效的合理使用物流装备的规章制度，如凭证操作、定人定机、交接班制、四项要求（整齐、清洁、润滑、安全）、五项纪律、"三好"（管好装备、用好装备、修好装备）和"四会"（会使用、会检查、会维护、会排除故障）等，如能结合企业实际、认真执行好相应的规章制度，无疑会对装备的合理使用和综合管理产生巨大的作用。

1.3.4 物流装备的维护、保养与修理

1. 物流装备的维护与保养

正确使用与维护物流装备是装备管理工作的首要环节，是由操作工人与专业人员根据装备的技术资料及参数要求和保养细则对装备进行的一系列的维护工作，也是物流装备自身运作的客观要求。

（1）物流装备的维护。物流装备的维护一般包括预防维护、预知维护和事后维护。

1）预防维护是为了降低装备失效或功能退化的概率，按预定的时间间隔或规定的标准对装备进行的维护。随着更多的维护成本的投入，物流装备系统的运行绝对可靠，其特点是维护成本高，系统可靠性高。

2）预知维护是指在对物流装备系统状态的准确掌握和预判的基础上，科学确定维护时机，最大限度节约维护成本，其特点是管理要求高，维护成本低。

3）事后维护是最低的管理要求，损坏后维修即可。其特点是维护成本和系统可靠性都是最低的。

（2）物流装备的保养。我国工业企业现行的物流装备维护保养制度分为三级：日常保养、一级保养和二级保养。

1）日常保养：由操作者负责，班前班后需由操作工人认真检查，擦拭装备各处或注油保养，保证装备经常保持润滑、清洁。班中装备发生故障，要及时排除，并认真做好交接班记录。

2）一级保养：以操作工人为主、维修工人辅助按计划对装备进行的定期维护。其内容为：对装备进行局部拆卸、检查和清洗；疏通油路，更换不合格的毡垫、密封；调整装备各部位配合间隙，紧固装备各个部位，电气部分由维修电工负责。装备每运转 600 h，要进行一次一级保养。一级保养简称"一保"。根据不同装备及运行条件定期进行。

3）二级保养：以维修工人为主、操作工人参加为辅的定期维修。其内容为：对装备进行部分解体，擦洗装备，调整精度，拆检、更换和修复少量易损件，局部恢复精度，润滑系统清洗，换油，电仪系统检查修理，并进行调整、紧固，刮研轻微损的部件，保持装备完好及正常运行。装备每运转 3 000 h，要进行一次二级保养。

2. 物流装备的修理

装备修理是指修复由于日常的或不正常的原因而造成的装备损坏和精度劣化。通过修理更换磨损、老化和腐蚀的零部件，可以使装备性能得到恢复。装备的修理和维护保养是装备维修的不同方面，二者由于工作内容与作用的区别，是不能相互替代的，因此应把二者同时做好，以便相互配合、相互补充。

（1）物流装备修理的种类。根据修理范围大小、修理间隔期长短和修理费用多少，装备修理可分为小修理、中修理和大修理三类。

1）小修理。小修理通常只需修复、更换部分磨损较快和使用期限等于或小于修理间隔

期的零件，调整装备的局部结构，以保证装备能正常运转到计划修理时间。

小修理的特点是：修理次数多，工作量小，每次修理时间短，修理费用计入生产费用。小修理一般在生产现场由车间专职维修工人执行。

2）中修理。中修理对装备进行部分解体、修理或更换部分主要零件与基准件，或修理使用期限等于或小于修理间隔期的零件；同时要检查整个机械系统，紧固所有机件，消除扩大的间隙，校正装备的基准，以保证机器装备能恢复和达到应有的标准与技术要求。

中修理的特点是：修理次数较多，工作量不是很大，每次修理时间较短，修理费用计入生产费用。中修理的大部分项目由车间的专职维修工在生产车间现场进行，个别要求高的项目可由机修车间承担，修理后要组织检查验收并办理送修单位和承修单位的交接手续。

3）大修理。大修理是指通过更换活动恢复其主要零部件，恢复装备原有精度、性能和生产效率而进行的全面修理。

大修理的特点是：修理次数少，工作量大，每次修理时间较长，修理费用由大修理基金支付。装备大修后，质量管理部门与装备管理部门应组织使用和承修单位有关人员共同检查验收，合格后由送修单位与承修单位办理交接手续。

（2）物流装备修理的方法。常用的装备修理的方法主要有以下几种。

1）标准修理法，又称强制修理法，是指根据装备零件的使用寿命，预先编制具体的修理计划，明确规定装备的修理日期、类别和内容。当装备运转到规定的期限时，不管其技术状况好坏、任务轻重，都必须按照规定的作业范围和要求进行修理。此方法有利于做好修理前准备工作，有效保证装备的正常运转，但有时会造成过度修理，增加了修理费用。

2）定期修理法，是指根据零件的使用寿命、生产类型、工件条件和有关定额资料，事先规定出各类计划修理的固定顺序、计划修理间隔期及修理工作量。在修理前通常根据装备状态来确定修理内容。此方法有利于做好修理前准备工作，有利于采用先进的修理技术，减少修理费用。

3）检查后修理法，是指根据装备零部件的磨损资料，事先只规定检查次数和时间，而每次修理的具体期限、类别和内容均由检查后的结果来决定。这种方法简单易行，但由于修理计划性较差，检查时有可能由于对装备状况的主观判断误差引起零件的过度磨损或故障。

1.3.5　物流装备的更新与改造

1. 物流装备的更新

物流装备的更新是指对在技术上或经济上不宜继续使用的装备，用新的装备更换或用先进的技术对原有装备进行局部改造。或者说是用结构先进、技术完善、效率高和耗能少的新装备来代替物质上无法继续使用或经济上不宜继续使用的陈旧装备。

（1）物流装备更新的原因。物流装备更新的主要原因是磨损。物流装备的磨损分为两类。

1）有形磨损（或称物质磨损），即装备物理上的磨损，主要有使用磨损与自然磨损。

2）无形磨损（或称精神磨损），即因技术进步、劳动生产率提高而引起的价值损耗。

（2）物流装备更新的分析。物流装备更新是消除物流装备有形磨损和无形磨损的一种重要手段，更新时应该对物流装备的寿命进行技术经济分析。

1）物流装备的物质寿命（或称自然寿命），是指从物流装备开始投入使用，到它因物质磨损而老化、损坏，直至报废为止所经历的时间。

2）物流装备的技术寿命，是指物流装备从开始投入使用，直至因技术进步而出现了更先进、更经济的新型装备，从而使现有装备在物质寿命尚未结束前就被淘汰所经历的时间。

3）物流装备的经济寿命，是指物流装备从开始投入使用到因继续使用不经济而提前更新所经历的时间。

在做出物流装备的改造、更新决策时，不能只考虑装备的物质寿命，同时还要考虑装备的经济寿命和技术寿命。

（3）物流装备更新的形式。由于对物流装备更新的要求不同，在实际工作中可以采用不同的物流装备更新形式。

1）物流装备的原型更新（或称简单更新），是指当物流装备已磨损到不能继续使用的程度时，以相同的物流装备进行替换。

2）物流装备的技术改造（或称现代化改造），是指采用先进技术改变现有装备的结构或通过为旧装备装上自动上下料、自动测量和自动控制等装置，改善现有物流装备的性能，使之达到或局部达到新装备的技术水平。

3）物流装备的技术更新，是指以技术上更加先进、经济上更加合理的新装备，换下工艺落后、技术陈旧的老装备。

（4）物流装备更新的内容。物流装备更新的内容主要分为两大类。

1）物流装备的现代化改装（物流装备改造）。它是对由于新技术出现，在经济上不宜继续使用的装备进行局部的更新，即对装备的无形磨损的局部补偿。

2）物流装备更换。它是物流装备更新的重要形式，分为原型更新和技术更新。

①原型更新（简单更新），是指用结构相同的新装备更换因严重有形磨损而在技术上不宜继续使用的旧装备。这种更换主要解决装备的损坏问题，不具有技术进步的性质。

②技术更新，是指用技术上更先进的物流装备更换技术陈旧的物流装备。它不仅能恢复原有物流装备的性能，还可以使物流装备具有更先进的技术水平，具有技术进步的性质。

2. 物流装备的改造

装备改造是指把科学技术新成果应用于企业的现有装备，通过对装备进行局部革新、改造，以改善装备性能，提高生产效率和装备的现代化水平。

（1）装备改造的内容。装备改造的具体内容如下。

1）提高装备自动化程度，实现数控化、联动化。

2）提高装备功率、速度和工艺性能。

3）提高装备零部件的可靠性、维修性。

4）将通用装备改装成高效、专用的装备。

5）实现加工对象的自动控制。

6）改进润滑、冷却系统。

7）改进安全、保护装置及环境污染系统。

8）降低装备对原材料及能源的消耗。

9）使零部件通用化、系列化和标准化。

（2）装备改造的形式。装备改造的具体形式如下。

1）装备的改装，是指为了满足增加产量或加工要求，对装备的容量、功率、体积的加大和形状的改变。例如将装备以小拼大、以短接长和多机串联等。改装能够充分利用现有条件，减少新装备的购置，节省投资。

2）装备的技术改造（也称现代化改造），是指把科学技术的新成果应用于企业的现有装备，改变其落后的技术面貌。例如将旧机床改造为程控、数控机床，或在旧机床上增设精密的检测装置等。技术改造可提高产品质量和生产效率，降低消耗，提高经济效益。

3）购买新装备。

（3）装备改造的原则。企业在进行装备改造时，必须充分考虑改造的必要性、技术上的可行性和经济上的合理性，具体应遵循以下几点。

1）装备改造必须适应生产技术发展的需要，基于装备对产品质量、数量、成本、生产安全、能源消耗和环境保护等方面的影响程度，在能够取得实际效益的前提下，有计划、有重点和有步骤地进行。

2）必须充分考虑技术上的可行性，即装备值得改造和利用，有改善功率、提高效率的可能性。改造要经过大量试验，并严格遵照企业审批手续执行。

3）必须充分考虑经济上的合理性。改造方案要由专业技术人员进行技术经济分析，并进行可行性研究和论证。装备改造工作一般应与大修结合进行。

4）必须坚持自力更生方针，充分发动群众，总结经验，借鉴国外企业的先进技术成果，同时也要重视吸收国外领先的科学技术。

1.4 物流技术与装备的作用及发展趋势

学习指引：思想政治引导
推荐扫描左边二维码观看具体视频内容。

1.4.1 物流技术与装备在物流系统中的地位和作用

物流技术与装备是现代物流系统的主要支撑要素，担负着各项物流作业的任务，影响着物流活动的每一个环节。物流技术与装备在提高物流能力与效率，降低物流成本，保证物流服务质量等方面都起着十分重要的作用，同时也是提高物流系统总体水平及运行效率的基本保证。物流技术与装备在物流系统中的地位和作用主要体现在以下几个方面。

1. 物流技术与装备是物流系统的物质基础和重要资产

任何物流系统的正常运转都离不开物流技术装备的支持，不同的物流系统必须在不同的物流技术与装备的支持下才能正常运行。因此物流技术与物流装备是实现物流功能的技术保证。配置物流设施与设备往往需要很大的投资。现代物流设施与设备既是技术密集型的物流服务工具，也是资金密集型的社会财富，因此科学合理地配置和使用物流设施与设备是提高物流系统效率、降低物流总成本的关键技术手段，也是提高企业社会效益和经济效益的重要方法。

2. 物流技术与装备涉及物流系统的全过程

根据物流技术与物流装备的基本概念，在物流系统运营中，物流各基本功能的实现以及在实现物流功能目标的全过程中，都离不开相应的物流技术与物流装备，并且物流设施与设备配置的合理与否直接影响着整个物流系统的运营效率的高低和效果的优劣。

3. 物流技术与装备是物流服务水平的重要标志

随着国民经济的不断发展，人们对现代物流服务的要求越来越高，物流技术与装备作为现代物流服务的技术手段，已经成为衡量一个国家、地区和企业的物流服务水平的重要标志。可以说，只要具备了现代化的物流设施与设备，就具备了向社会提供高水平物流服务的能力。

4. 物流技术与装备是物流技术水平的主要标志

在现代化的物流系统中，自动化立体仓库技术在其应用中综合使用了自动控制技术、计算机技术、现代通信技术（包括计算机网络和无线射频技术等）等高新技术，使仓储作业实现了半自动化、自动化。在物流管理过程中，从信息的自动采集、处理到信息的发布完全可以实现智能化：依靠功能完善的高水平监控管理软件来实现对物流各环节的自动监控，依靠专家系统对物流系统的运行情况进行及时的诊断，对系统的优化提出合理化建议。因此物流设备与设施的现代化水平高低是物流技术水平优劣的主要标志。

5. 物流技术与装备是实现高效优质的物流服务的决定性因素

现代企业间的竞争实质是看谁能获得并完美履行订单，而其中最关键的决定因素又是如何实现优质的物流服务，即通常所说的"7R"。"7R"，即将适当的产品（right product），以适当的数量（right quantity）、适当的质量（right quality）、适当的价格（right price），在适当的时间（right time）送达适当的地点（right place），并交给适当的客户（right customer）。因此没有相应的现代物流技术与装备支持，没有装卸搬运、运输、仓储、包装、流通加工、分拣配送和信息等物流环节的协同合作，要真正达到上述"7R"的服务目标是不可能的。

6. 物流技术与装备保证系统安全运行和物流增值服务的实现

物流包装技术可以避免货物在流通过程中，特别是运输装卸过程中发生物理上的损伤及化学上的变质，降低破损率，直至实现"零破损"，是实现物流安全运行和优质服务的重要标准。通过包装和流通加工、集装容器和集装运输等物流技术，可以大幅降低货物与商品在生产加工领域和流通领域的破损率，甚至可以实现"零破损"。另外，对于易燃、易爆、易腐蚀或有放射性的危险物品，必须保证它们在流通过程中的安全，要采用特殊的物流容器、包装材料和特种运输工具，确保运输过程万无一失，不出事故。

7. 物流技术与装备使现代物流和电子商务的无缝结合成为可能

随着互联网和电子商务的出现，企业实现了与上游的供应商、下游的客户、中间环节的金融机构和政府部门的及时沟通与协调，这种"直通方式"使企业能准确、迅速、全面地了解市场需求信息，实现基于客户订单的生产模式，消费者可以直接在网上获取有关商品或服务的信息，实现网上购物。但电子商务的发展遇到了三个瓶颈：电子数据签名的法律依据尚不完善，网上支付的安全性欠佳及金融行业的运营机制尚待完善，高效快捷和准时安全的优质服务仍需提升。其中，商品配送的准时性问题尤为突出。

1.4.2 我国物流技术与装备的发展趋势

1. 我国物流技术与装备发展现状

（1）市场广阔，发展快速。从社会物流结构来看，2022 年各领域的物流需求与产业升级实现同步调整。其中，工业品物流需求对社会物流总额增长的贡献率超过 70%，新型消费模式发展较快，再生领域的物流需求快速增长。2022 年工业品物流总额超过 300 万亿元，比 2021 年增长 3.6%。从工业领域物流需求结构来看，能源行业、消费品的生产需求保持稳定，装备制造、高技术制造业的物流需求支撑依然强劲。2022 年高技术制造业物流总额同比增长 7.4%，高于工业品物流总额增速 3.8 个百分点；装备制造业物流总额同比增长 5.6%，高于工业品物流总额增速 2.0 个百分点。根据企查猫查询数据，截至 2023 年 2 月，中国物流装备制造行业存续及在业的企业共有 1 800 余家。按照注册资本分布，这些企业主要分布在 1 000 万～5 000 万的区间范围，相关企业数量约有 590 家，其余注册资产区间分布的企业数量均在 320 家及以下，中国物流装备制造行业企业注册资本在 500 万以上的企业占比为 64%。整体来看，物流装备制造行业对注册资本的要求较高，一般为 1 000 万元以上。从当前行业内代表性上市企业的物流装备产品产销量情况分析，近三年内行业内的装备产量均呈现上涨趋势，整体反映了行业供给能力随需求的增加而提升。智能装备制造行业的需求量整体也在上涨，使得智能物流装备的下游企业对物流设备的需求也逐步增加。

（2）传统物流装备竞争激烈，产业集中度提升。货运车辆、叉车、货架作为物流装备中用于运输、搬运和仓储的传统产品，在市场规模快速扩张的同时竞争加剧。我国生产这些装备的企业由于在产品种类和质量上缺乏核心技术，普遍聚焦于中低端市场，导致市场过度集中，产品同质化，销售竞争日趋激烈，甚至产生了恶性竞争，利润空间微薄。但激烈的竞争也推动了企业市场集中度的提高。东风、一汽、重汽、福田、陕汽五家商用车生产企业占据了整个重卡市场的80%以上；合力、杭叉、龙工、柳工等国内主流叉车企业占据近60%的市场份额；南京音飞、江苏六维、南京华德、上海精星、东联仓储、厦门鹏远等几大货架企业的市场占有率超过60%。集中度的提升是行业转型升级发展的关键，可以改变行业小、散、乱、差的局面，有利于行业适度竞争和建立行业自律规范，对产业的未来长期健康发展具有积极意义。

（3）企业多角度、多方位寻求创新和升级，以技术创新推动产品升级。在货运车辆领域，引进国际先进技术，快速提升我国品牌产品性能。2009年，中国重汽引进德国发动机技术，以及天然气车辆，使得国内同类产品接近国际先进水平，在2018年1～6月行业增长只有6%的情况下，依然保持12%的增长率；在叉车领域，我国内燃叉车占比仍然为77%，电瓶叉车一直是林德、永恒力、力至优等国际品牌的天下，但仓储业现代化使得市场对电瓶叉车需求量明显上升，国际品牌在取得高端客户市场和丰厚利润的同时，也推动了我国企业电瓶叉车的开发和应用。

（4）服务多元化，延伸价值链。激烈竞争下的物流装备企业也在积极探索多种经营方式，突出表现为：①对二手市场关注，使得二手市场日趋活跃；②以租赁代销售，保障高端客户使用装备的最佳生命期，减少维修损耗，保障物流运行；③重视维修保障，从配件销售等售后市场获取利润。

（5）物流系统的形成推动装备上下游集成发展。我国物流系统集成快速发展，将货架、自动化立体仓库、控制系统、输送分拣有效整合，为客户提供一体化服务。2013年，物流系统装备集成的市场需求增速超过了30%，每年自动化立体仓库建设超过300座。从自动化立体仓库的建设规模来看，目前自动化立体仓库建设规模越来越大，平均货位超过1万 m^3，高度超过20m，系统也越来越复杂，应用范围越来越广。北自所、北起院、昆船、普天、今天国际、五强科技等都是行业的精英。它们将物流装备产业链的企业连接起来，实现产业一体化、服务一体化和价值一体化；将运输和装卸作业一体化，实现运输过程中起重装备的随车使用。除此之外，为了实现运输和仓储作业的无缝连接，它们也对随车尾板、可调高度的升降平台，以及车辆底盘液压升降等技术进行了应用。

（6）借助现代物联网信息技术，推动装备智能化。移动互联技术为物流装备企业带来了新的机遇，它以现代信息技术融合传统物流装备，使行业内不断涌现出新型产品和技术。其中，较典型的技术包括以下几个方面。第一，中国重汽开发的运输车辆车队管理系统。该系统是一套集汽车远程控制、汽车运行轨迹、状态实时反馈、汽车故障远程诊断等功能于一体的车辆控制系统。它可以通过分析发动机转速、车速，帮助客户评估驾驶水平和操作技巧，从而实现降低车辆油耗的目的；通过实时监控车辆的运行数据，更好地实现车辆的控制和管理；通过对发动机运行数据的信息传递，实现车辆的远程故障诊断，帮助客户快速排除行车故障。第二，路车公司开发的车辆主动安全技术。该技术可有效提示车辆行驶路径，防范因司机疲劳驾驶和路况不清产生的危险因素。第三，永恒力叉车开发的智能高位叉车。该叉车可实现叉车行驶取货与仓储管理系统的一体化匹配，减轻仓储管理负担和叉车司机的劳动强度，通过信息手段规避存取货差错率。

2. 我国物流技术与装备发展趋势

党的二十大报告指出："坚持把发展经济的着力点放在实体经济上，推进新型工业化，加快建设制造强国、质量强国、航天强国、交通强国、网络强国、数字中国。实施产业基础再造工程和重大技术装备攻关工程，支持专精特新企业发展，推动制造业高端化、智能化、绿色化发展。"

现代物流的一个显著标志是物流技术与物流装备的现代化程度。随着用户需求和科学技术水平的不断提高，在今后的几年中，物流技术与装备的发展将呈现大型化和高速化、实用化和轻型化、专门化和通用化、自动化和智能化、成套化和系统化、信息化和绿色化等特点，特殊物流装备的发展将受到重视。随着现代物流的发展，物流装备作为其物质基础表现出以下几个方面的发展趋势。

（1）大型化和高速化。大型化是指装备的容量、规模、能力越来越大。大型化是实现物流规模效应的基本手段，可以提升物流系统功能，截至 2018 年，载重超过 400t 的运输车辆已经出现。高速化是指装备运行速度、识别速度、运算速度大大加快，物流作业效率由此提高。

（2）实用化和轻型化。物流装备应适应不同的作业要求，应好用、易维护、易操作，具有耐久性、无故障性、良好的经济性以及较高的安全性、可靠性和环保性。物流装备要考量综合效益，这既可以降低外形高度、简化结构、降低造价，同时也可以减少装备的运行成本。

（3）专门化和通用化。随着物流多样性的增加，物流装备的品种也越来越多且不断更新。物流活动的系统性、经济性、机动性和快速性，要求一些装备向专门化方向发展，而另一些装备向通用化、标准化方向发展。

物流装备专门化是提高物流效率的基础。它主要体现在两个方面：一是物流装备专门化，二是物流方式专门化。其中，物流装备专门化是指以物流工具为主体的物流对象专门化，如从客货混载到客货分载，出现了专门运输客货的飞机、轮船、汽车以及专用车辆等设备和设施。

通用化主要以集装箱运输的发展为代表。国外研制的公路、铁路两用车辆与机车，可直接实现公路、铁路运输方式的转换。公路运输用大型集装箱拖车可运载海运、空运、铁运的所有尺寸的集装箱，还有客货两用飞机、水空两用飞机以及正在研究的载客管道运输等。通用化的运输工具为物流系统供应链保持高效率运转提供了基本保证。通用化装备还可以实现物流作业的快速转换，极大地提高了物流作业效率。

（4）自动化和智能化。将机械技术和电子技术相结合，将先进的微电子技术、电力拖动技术、光缆技术、液压技术、模糊控制技术应用到机械的驱动和控制系统，实现物流装备的自动化和智能化将是今后的发展方向。例如，大型高效起重机的新一代电气控制装置将发展为全自动数字化控制系统，可使起重机具有更高的柔性，以提高单机综合自动化水平。自动化立体仓库中的送取货小车、智能式搬运车、公路运输智能交通系统的开发和应用已引起各国重视。此外，将卫星通信技术及计算机、网络等多项高新技术结合起来的物流车辆管理技术正在被逐渐应用。

（5）成套化和系统化。只有当组成物流系统的装备成套匹配时，物流系统才是最有效、最经济的。在物流装备单机自动化的基础上，通过计算机把各种物流装备组成一个集成系统，通过中央控制室的控制，与物流系统协调配合，形成不同机种的最佳匹配和组合，将会取长补短，发挥最佳效用。为此成套化和系统化物流装备具有广阔的发展前景，以后将重点发展的有工厂生产搬运自动化系统、货物配送集散系统、集装箱装卸搬运系统、货物自动分拣与搬运系统等。

（6）信息化和绿色化。人们对信息的重视程度日益提高，要求物流与信息流实现在线或离线的高度集成，使信息技术逐渐成为物流技术的核心。物流装备与信息技术紧密结合，实现高度自动化是未来发展的趋势。目前，越来越多的物流装备供应商已从单纯提供硬件装备转向提供包括控制软件在内的总物流系统，并且在越来越多的物流装备上加装计算机控制装置，从而实现对物流装备的实时监控，大大提高了工作效率。物流装备与信息技术的完美结合已成为各厂商追求的目标，也是其竞争力的体现。现场总线、无线通信、数据识别与处理、互联网等高新技术与物流装备的有效结合，已成为越来越多的物流系统的发展模式。无线数据传输装备在物流系统中发挥着越来越大的作用。运用无线数据终端技术可以把货物接收、储存、提取、补货等信息及时传递给控制系统，实现对库存的准确掌控。借助联网计算机指挥物流装备准确操作，几乎可以完全消灭差错，缩短系统的反应时间，使物流装备得到有效利用，将整体控制提升到更高效的新水平；将无线数据传输系统与客户计算机系统连接，实现共同运作，则可为客户提供实时信息，从而极大地改善客户整体运作效率，全面提高客户服务水平。

绿色化是指达到环保要求，它涉及两个方面：一是与牵引动力、制造以及辅助材料等技术发展有关；二是与使用有关。对于牵引力的发展，一是要提高牵引动力；二是要有效利用能源，减少污染物排放，使用清洁能源及新型动力。使用因素包括对各物流装备的维护、合理调度、恰当使用等。

🔘 本章小结

物流技术是指在物流活动中所采用的自然科学与社会科学方面的理论、方法，以及设施、设备、装置与工艺的总称。物流装备是现代物流的主要技术支撑要素，是组织实施物流活动的重要手段，是物流活动的基础。物流的发展离不开先进的物流装备。物流装备是在生产、流通、消费和军事等领域中，为了实现各种物资从供应地到消费地的空间转移和时间转移，并保证物资高效、快捷、准确、安全地流转和对物资有效监控所需的设施与设备。根据物流活动的不同需求，物流装备主要分为两类：一类是物流设施，另一类是物流设备。物流技术装备体系包括集装技术装备、运输技术装备、装卸搬运技术装备、仓储技术装备、分拣技术装备、包装技术装备、物流信息技术装备。现代物流装备正朝着大型化和高速化、实用化和轻型化、专门化和通用化、自动化和智能化、成套化和系统化、信息化和绿色化的方向发展。

🔅 复习思考题

一、选择题（包括单选与多选）

1. 物流信息化技术包括哪些方面？（　　　）

   A. 物流大数据　　　　B. 人工智能　　　　C. 云计算　　　　D. 手工记录

2. 物流设备的应用包括哪些方面？（　　　）

   A. 智能化货架　　　　B. 自动化分拣设备　　C. 无人机　　　　D. 人力搬运

3. 物流网络建设的目的是什么？（　　　）

   A. 提高物流运作效率　　　　　　　　B. 降低物流成本

   C. 加强物流安全保障　　　　　　　　D. 以上都是

4. 物流人才培养的重要性是什么？（　　　）

   A. 提高物流企业的竞争力　　　　　　B. 推动物流行业的发展

   C. 促进物流服务的提升　　　　　　　D. 以上都是

5. 物流技术与装备的发展对中国经济有何贡献？（　　　）

   A. 提高物流服务质量　　　　　　　　B. 促进产业结构升级

   C. 推动经济发展　　　　　　　　　　D. 以上都是

6. 配置和选择物流设施与设备应遵循（　　　）原则。

   A. 技术先进性　　　B. 经济合理性　　　C. 生产可行性　　　D. 标准化

7. 物流装备故障按技术性原因，可分为（　　　）。

   A. 磨损性故障　　　B. 腐蚀性故障　　　C. 断裂性故障　　　D. 老化性故障

8. 典型故障曲线又称为浴盆曲线（bathtub curve，失效率曲线），其形状呈两头高、中间低，具有明显的阶段性，可划分为（　　　）。

   A. 早期故障期　　　B. 偶然故障期　　　C. 严重故障期　　　D. 衰退期

9. 合理正确使用设备应从（　　　）等方面着手。

   A. 提高物流装备的利用程度　　　　　B. 保证物流装备的工作精度

   C. 建立健全合理使用物流装备的规章制度　　D. 提高效率

二、判断正误题

1. 物流技术与装备是现代物流的主要技术支撑要素，在整个物流活动中，对提高物流能力与

效率、降低物流成本和保证物流服务质量等方面有着非常重要的作用。（　　）

2.根据自动化程度的不同，物流装备系统可分为机械化系统、半自动化系统、自动化系统和智慧化系统。（　　）

3.生产可行性原则包括系统性、适用性、可靠性、安全性、一机多用性和环保性等多个方面。（　　）

4.物流装备管理是以物流装备系统为研究对象，以装备寿命周期费用最经济和装备综合效率最高为目标，动员全员参加的一种综合管理。其目的是延长装备使用寿命周期，充分发挥装备效能，从而获得最佳投资效果。（　　）

5."7R"即将适当的产品（right product），以适当的数量（right quantity）、适当的质量（right quality）、适当的价格（right price），在适当的时间（right time）送达适当的地点（right place），并交给适当的客户（right customer）。（　　）

三、简答题

1.简述物流技术的概念及分类。

2.简述物流技术与装备在物流活动中进行合理配置的原则。

3.简述物流技术与装备在物流系统中的地位和作用。

四、案例分析

中国物流技术装备创新优秀案例

滨海新区企业海油发展物流公司物流研究所（以下简称"物流研究所"）参加了由中国交通运输协会在上海主办的第五届中国智能物流技术装备大会，并荣获2022年度中国物流技术装备创新优秀案例，是中国海油唯一一家获奖案例。

该案例是海油发展物流公司在"十四五"期间聚焦港口智慧化建设方案，着力于智能基地、智能仓储、智能配送三大领域数智化建设过程中的建设经验及在服务能力、运营效率提升方面的经验成效。将自动驾驶、5G、物联网、人工智能、大数据等新技术与传统产业流程深度融合，实现信息感知、数据实时高效传输和共享。借助人工智能、北斗定位等技术手段，提升统筹优化与运输调度能力。通过建立数字模型及实施传感数据，将基地态势感知与资源释放有效结合，形成一套符合海洋石油后勤保障基地特点的数字化决策辅助系统，让基地内各数字化作业环节实现互动互联、高效协同，持续降低作业风险。

该案例实现了首例海洋石油件杂货码头自动驾驶运行模式的建立，包含了支持南海物资供应的海南马村3号智能化库房建设，完成了复杂件杂货码头智能调度、智能排程、智能园区、模拟配载等体系的搭建。这体现出物流公司在智慧化港口建设过程中，从模式创新、技术创新和流程创新多个维度进行突破。首先，模式上由"人工"向"智能"升级，由"科技"向"经营"赋能，由"传统"向"绿色"转型，切实践行"碳达峰、碳中和"的发展理念。其次，技术上以5G技术为驱动，以无人化技术为基础，助力基地的绿色低碳转型。再次，流程创新上优化了传统流程，同时打通了数据链条，实现陆海供应的数字化、智能化，将传统概念的后勤物资供应链割裂的物流、信息流等数据打通，打造集物资储运、物流、码头等综合性服务协同发展的创新型港口，为海洋石油后勤基地陆海供应链的整体提质增效提供了保障。

该案例凸显了海油发展物流公司在"十四五"期间，对内能源报国、对外服务社会的数智化供应链转型总体思路；体现了物流研究所联合各基地勇挑重担，攻坚克难，助力公司智能化港口建设的精神。

资料来源：依据津滨网资料汇编。

思考：

结合案例，你对物流技术与装备的未来发展有什么体会？

第 2 章

CHAPTER 2

物流运输技术与装备

| 学习目标 |

1. 了解公路分级与技术标准，汽车货运站的主要功能。
2. 了解铁路系统的基本构成，航空港内设施的组成。
3. 掌握货物船舶的类型及特点。
4. 掌握公路等级及高速公路的命名特点和标号意义。

| 导入案例 |

物流运输：推动大宗货物运输"公转铁""公转水"

2018 年 7 月 2 日，在国务院新闻办公室召开的国务院政策例行吹风会上，交通运输部副部长刘小明和国家发展改革委副秘书长周晓飞介绍了调整交通运输结构，提高综合运输效率的有关情况。

来自交通运输部的数据显示，改革开放以来，我国各种运输方式快速发展，服务能力大幅提升，货运总量、港口货物吞吐量、集装箱吞吐量，以及快递业务量多年位居世界首位，有力支撑了经济和社会发展。2017 年，全社会货运量达 472.4 亿 t（其中，公路、水路、铁路货运量占比分别为 78%、14.1%、7.8%），货物周转量达 19.3 万亿 t 公里（其中，公路、水路、铁路货物周转量占比分别为 48.6%、31.7%、19.6%），全国港口完成货物吞吐量 140 亿 t、集装箱吞吐量 2.4 亿标准箱，快递业务量超过 400 亿件。

运输结构呈现不同特征。京津冀及周边地区产业以重化工为主，货运强度较高，煤炭、矿石、建材等大宗货物公路中短距离运输需求较旺盛，公路在全社会货运量中占比超过 80%。长江三角洲（长三角）地区水运资源丰富，水运在货物运输中发挥着重要作用，大宗货物公路运输需求相对较低，电子产品、小商品等运输需求较高，公路在全社会货运量中占比约为 50%。汾渭平原是我国煤炭主产区，煤炭长距离运输以铁路为主，公路在全社会货运量中占比约为 60%。

交通运输部副部长刘小明表示，交通运输部将以京津冀及周边地区、长三角地区、汾渭平原为主战场，以推进大宗货物运输"公转铁""公转水"为主攻方向，实现全国铁路货运量同比 2017 年增加 11 亿 t（增长 30%）、水路货运量同比 2017 年增加 5 亿 t（增长 7.5%）、沿海港口大宗货物公路运输量减少 4.4 亿 t 的目标。

交通运输部将从 2018 年起在全国范围展开六大行动。

一是铁路运量提升行动。加快干线铁路建设和改造，提高既有铁路综合利用效率，加快铁路专用线建设，力争到 2020 年大宗货物年货运量在 150 万 t 以上的工矿企业与新建物流园区接入比例达到 80% 以上。加快铁路市场化改革，建立灵活的运价调整机制，规范铁路专用线收费，推动铁路运输企业与大客户签订运量互保协议。

二是水运系统升级行动。加快完善内河水运网络，增强长江干线航运能力，大力推进集疏港铁路建设，力争 2020 年沿海重要港区铁路进港率达 60% 以上。推动大宗物资集疏港运输向铁路和水路转移，在 2018 年年底前，将环渤海、山东、长三角地区的沿海主要港口，尤其是唐山港、黄骅港的煤炭集港改由铁路或水路运输；在 2020 年采暖季前，将沿海主要港口，尤其是唐山港、黄骅港的矿石、焦炭等大宗货物原则上主要改由铁路或水路运输。

三是公路货运治理行动。深化公路货运车辆超限超载治理，优化主要物流通道超限检测站布局，大力推进货运车型标准化，加快淘汰更新老旧货车，实施机动车排放检测与维护制度。深化"互联网＋货运"，推动道路货运行业创新发展和转型升级。

四是多式联运提速行动。加快多式联运枢纽建设，完善节点设施布局；推动联运装备改造升级，促进集装化、厢式化和标准化应用。推进集装箱铁水联运发展，鼓励铁路运输企业增加集装箱保有量，提高集装箱在铁路货运中的使用水平，提高沿海港口集装箱铁路集疏港比例。推进多式联运示范工程向更高质量、更深层次发展。开展商品车滚装运输、全程冷链运输、电商快递班列等多式联运试点。

五是信息资源整合行动。推进铁路货物在途、到达、港口装卸、船舶进出港等信息共享，在 2019 年年底前，规模以上港口与辖区铁路企业之间全面实现联运信息无障碍交换。着力打通各类信息孤岛，推动政府资源信息开放，加快建设多式联运公共信息平台。

六是城市绿色配送行动。推进城市绿色货运配送示范工程建设和城市生产生活物资公铁联运。制定新能源车辆便利通行等政策，加大新能源配送车辆推广应用力度。

刘小明表示，在推进运输结构调整工作中，着力建设京津冀及周边地区运输结构调整示范区。在该地区率先实施铁路专用线建设、铁路货运服务提升、港口大宗物资"公转铁"、工矿企业大宗物资"公转铁"、集装箱铁水联运拓展、高速公路入口称重检测、老旧柴油货车淘汰更新、城市配送新能源车推广、生产生活物资公铁联运9大工程，到2020年，具有铁路专用线的大型工矿企业铁路运输比例达80%以上，基本消除高速公路货车超限超载行为，淘汰国家第三阶段机动车污染物排放标准（简称"国Ⅲ"）及标准以下营运中重型柴油货车100万辆以上，新增和更新城市配送车辆中新能源和清洁能源车辆比例达到80%，形成若干日用品、冷链、电商快递、建筑材料运输等示范线路。

资料来源：中国物流与采购网，由中国物流与采购联合会整理央视新闻所得。信息来源网址：https://mp.weixin.qq.com/s/aS1xT88OWv6FczlXrZLR6Q。

思考分析：

1. 案例中提到了哪些物流运输方式？

2. 我国物流运输结构调整的着力点在哪儿？未来的发展趋势是什么？

运输包括客运和货运，本书主要涉及后者。货运也称货物运输，是指用设备和工具，实现将物品从一地点向另一地点的位移，其过程包括集货、分配、搬运、中转、装入、卸下、分散等一系列操作。运输是物流的核心和基础，它承担了物品在空间各个环节的位置转移，解决了供应者和需求者之间场所的分离问题，是创造空间效用的主要功能要素，具有以时间换空间的特殊功能。在运输的发展过程中，物流运输技术与装备发挥着重要的作用。按运行方式不同，物流运输技术与装备主要包括公路运输技术与装备、铁路运输技术与装备、水路运输技术与装备、航空运输技术与装备和管道运输技术与装备五大类型。运输在物流中的独特地位对运输技术与装备提出了更高的要求，要求运输设施尽可能齐全、设备安全可靠，最大可能地提高效率、降低成本。党的二十大报告也明确提出"优化基础设施布局、结构、功能和系统集成，构建现代化基础设施体系"，从而加快建设制造强国、质量强国、航天强国、交通强国等。

2020年12月22日，中华人民共和国国务院新闻办公室发布的《中国交通的可持续发展》白皮书指出：综合交通基础设施基本实现网络化。截至2019年年底，全国铁路营业里程达到13.9万km，其中高速铁路营业里程超过3.5万km；全国公路里程达到501.3万km，其中高速公路里程为15万km；拥有生产性码头泊位2.3万个，其中万吨级及以上泊位数量2 520个；内河航道通航里程12.7万km；民用航空颁证运输机场238个；全国油气长输管道总里程达到15.6万km，互联互通程度明显加强；邮路和快递服务网络总长度（单程）4 085.9万km，实现乡乡设所、村村通邮。综合立体交通网络初步形成，有力支撑了经济社会持续快速健康发展。智慧公路应用逐步深入，智慧港口、智能航运等技术广泛应用。智能投递设施遍布全国主要城市，自动化分拣覆盖主要快递企业骨干分拨中心。出台自动驾驶道路测试管理规范和封闭测试场地建设指南，颁布智能船舶规范，建立无人船海上测试场，推动无人机在快递等领域示范应用。快递分拣技术快速发展。远洋船舶、高速动车组、铁路大功率机车、海工机械等领跑全球，大型飞机、新一代智联网汽车等装备技术方兴未艾，成为中国制造业走向世界的"金名片"。

我国交通基础设施快速发展（见图 2-1），预计到 2035 年，基本建成交通强国。现代化综合交通体系基本形成，人民满意度明显提高，支撑国家现代化建设能力显著增强。拥有发达的快速网、完善的干线网、广泛的基础网，城乡区域交通协调发展达到新高度。基本形成都市区 1h 通勤、城市群 2h 通达、全国主要城市 3h 覆盖的"全国 123 出行交通圈"和国内 1 天送达、周边国家 2 天送达、全球主要城市 3 天送达的"全球 123 快货物流圈"，旅客联程运输便捷顺畅，货物多式联运高效经济。智能、平安、绿色、共享交通发展水平明显提高，城市交通拥堵基本缓解，无障碍出行服务体系基本完善。交通科技创新体系基本建成，交通关键装备先进安全，人才队伍精良，市场环境优良。基本实现交通治理现代化。

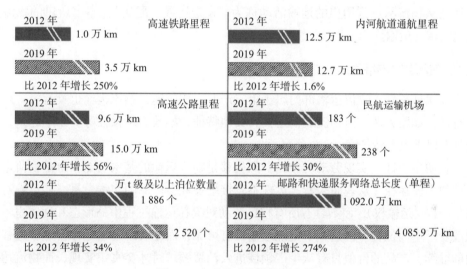

图 2-1　交通基础设施快速发展

2.1　物流运输概述

2.1.1　物流运输及其作用

运输是指通过对装备和工具的使用，将物品从一地点向另一地点运送的物流活动，其过程包括集货、分配、搬运、中转、装入、卸下、分散等一系列操作。运输是文明社会从混乱走向有序过程中重要的经济与社会活动之一，它深入人类社会生活的方方面面，运输业已成为世界上最重要的行业之一。

1. 物流运输的定义

一般而言，运输是指借助运输工具和公共运输线路及其附属设施来实现人与物空间位移的一种经济活动和社会活动。其中，实现"物"的空间位移的活动即为物流运输，它是本书讨论的对象。虽然运输过程不产生新的物质产品，但它可以将物流的空间效用和时间效用完整实现。

运输作为物流系统的重要组成部分，包括生产领域的运输和流通领域的运输。生产领域的运输活动一般是在生产企业内部进行的，因此称为厂内运输，其内容包括原材料、在制品、半成品和成品的运输。这种厂内运输有时也称为搬运，它是作为生产过程的一个组成部分，直接为物质产品的生产服务。流通领域的运输活动则是作为流通领域里的一个环节，其主要内容是对物质产品的运输，它是以社会服务为目的，完成物品从生产领域向消费领域在空间位置上的物理性转移过程。它既包括物品从生产地直接向消费地的移动，也包括物品从生产地向物流网点的移动以及由物流网点向消费者（用户）所在地的移动。其中，从生产地向消费地的移动和从生产地向物流网点的移动通常是一种长途运输。为了区别于长途运输，我们往往把从物流网点到用户的运输活动称为"发送"或"配送"。本书所讲的物流运输侧重于流通领域的运输。

2. 物流运输的特征

从产业属性来看，物流运输部门属于第三产业，相应地，物流运输也具有第三产业部门的一般特征，如服务性。但物流运输还具有其他特征，如政府干预性等。归纳起来，物流运输部门具有以下五个特征。

（1）物质生产性。实现劳动对象的空间位移是物流运输的基本功能，也是物流运输参与物质生产的主要途径。从表面来看，运输不直接增加社会产品的实物总量，如运输对劳动对象只有生产权（运输权），而不具有所有权；劳动对象在运输过程中的形态和性质也不发生变化，只改变了空间位置。但这并不是说运输可有可无，而是表示运输是社会生产过程在流通领域内的继续。产品的价值只有从生产领域进入消费领域时才会真正实现，而物流运输正是连接生产和消费领域的桥梁。

（2）公共服务性。运输业，尤其是运输基础设施，必须公平地为社会所有成员服务，必须以注重公共安全作为其重要目标，不能单纯或过分强调本企业或部门的盈利。

（3）政府干预性。由于运输业公共服务性的特点，世界各国政府对运输的价格、工具、范围等都进行了一定的干预，有些国家甚至对运输业实行高度管制。

（4）全球性。在经济、贸易、金融等全球化的今天，运输的全球化处于首要位置，而且是一切全球化的载体。

（5）生产和消费的同一性。物流运输生产和消费的同一性是指物流运输的生产过程就是对它的消费过程。换句话说：运输生产过程的开始也就意味着消费过程的开始；生产过程一结束，消费过程也就相应结束。物流运输的这种特性也决定了运输能力不能储存和调配，如果不及时消费就会被浪费。

3. 物流运输的作用

学习指引：思想政治引导
推荐扫描左边二维码观看具体视频内容。

物流运输在整个国民经济中的作用表现在以下几个方面。

（1）物流运输是生产过程在流通领域内的继续。物流运输是国民经济健康运行的重要基础，是社会再生产得以顺利进行的必要条件。马克思就曾经指出，交通运输是社会生产过程的一般条件。为了完成货物运输，就要投入人类的劳动，这其中包括活劳动和物化劳动。例如，运输工具、运输用能源以及道路、港口、码头、机场、输送管道的建设等物化劳动，以及在生产物质资料时消耗的脑力和体力等活劳动。这就是说，为了促使物质产品使用价值的最终实现，必须要有运输这种追加劳动，它表现为一种生产性劳动，是生产过程在流通领域内的继续。

我国物流运输业的生产目的是最大限度地满足国民经济发展对运输的需要，并以最低的运输费用、最高的生产效率、最佳的服务质量来达到这个目的。因此，作为一个独立的物质生产部门，物流运输业在国民经济和社会发展中处于"先行"的战略地位。只有通过物流运输业的生产活动，国家的全部经济活动和人民生活才能够正常进行。

（2）物流运输是联结产销、沟通城乡的纽带。国民经济是由工业、农业、商业、建筑业、物流运输业等部门组成的。这些部门之间既相互独立，又相互联系、相互促进和相互制约。物流运输作为一个重要的部门，是国民经济的大动脉，起着联结生产、分配、交换、消费各环节与沟通城乡、各地区和各部门的纽带与桥梁作用。马克思指出："在产品从一个生产场所运到另一个生产场所以后，接着还有完成的产品从生产领域运到消费领域。产品只有完成这个运动，才是现成的消费品。"⊖因此是物流运输这条纽带把社会再生产各环节联结成一个统一的整体，使整个社会经济活动得以正常运转和顺利进行。

（3）物流运输是社会再生产不断进行的条件。在社会物质生产过程中，生产与生产、市场与市场、生产与市场之间都需要运输来维系，运输是生产过程在流通领域内的继续，是社会生产连续进行的物质技术条件。

（4）物流运输是实现社会生产目的的基本条件。作为国民经济的物质生产部门之一，运输业不同于工业、农业、建筑业等物质生产部门，它不增加物质产品的使用价值，却能实现物质产品的价值增值。随着社会主义市场经济的发展，市场活动日趋频繁，物质产品使用价值的最终实现只有通过运输才能完成。所以，物流运输成为满足生产建设、实现社会生产目标的一个基本条件。

⊖　马克思，恩格斯. 马克思恩格斯全集：第 24 卷 [M]. 北京：人民出版社，1972.

（5）物流运输是"第三利润源"的主要构成部分。物流被称为"第三利润源"，但在物流费用中，运输费用所占的比重最高。据有关统计，在社会物流总费用中，运输费用占近50%的比重，有些产品的运输费用甚至高于生产费用。因此，降低运输费用对于降低物流费用，提高物流活动的经济效益，以及稳定商品价格，满足消费需求，提高社会经济效益都具有重要的意义。

2.1.2 运输与物流的关系

由于运输在物流中占有重要的地位，有人甚至将物流视为运输。但实际上，运输与物流之间既有区别，又有联系。

1. 运输与物流的区别

（1）两者的劳动对象不同。一般意义上的运输是指借助运输工具和公共运输线路及其附属设施来实现人与物空间位移的一种经济活动和社会活动，它既包括物品的空间位移，也包括人员的空间位移。但是物流中所指的运输仅指将物品从一地点向另一地点运送的物流活动，它不包括人员的空间位移，因此两者所指的对象范围不同。

（2）两者的工作范围不同。一般意义上的运输是指流通领域的运输，并不包括生产领域的运输。物流中的运输作为物流系统中的一个重要组成部分，不仅包括流通领域的运输，还包括生产领域的运输。

总之，物流运输是指流通领域和生产领域中货物的运输。它是以"公、铁、水、航、管"五种主要运输方式构成的物流运输体系。

2. 运输与物流的联系

（1）物流管理是运输发展到一定阶段的产物。物流和物流管理都是在现代运输经过相当程度的发展后才在我国出现的，而此时发达国家已进入完善的运输化阶段；当我国开始重视社会物流效率问题时，发达国家已进入后运输化时期。

（2）运输是达到物流目的的手段。物流服务的"7R"目标强调物流服务的本质，即将商品送达客户的手中，使商品处于一种可以被利用的状态。运输本身不是物流的目的，而是达到物流目的的手段。物流服务率等于存货服务率与配送服务率的乘积。如果存货能够随时满足订货需求，所订货物可以在规定的时间内准确地配送到客户的手中，那么客户的物流服务率为100%。显然，要达到上述物流目的，必须依靠高效的运输活动。

（3）运输在物流系统中扮演着功能性角色。物流是一个系统，运输是物流系统的功能性要素，称为子系统。物流部门通过物流系统的运输功能解决物资在生产地和消费地之间的空间、距离问题，创造出商品的空间效用，实现其价值，满足社会需要。运输与物流的关系反映了系统要素与系统整体之间的关系。运输与物流的其他功能要素（如存储、装卸、搬运、包装、流通加工、配送、信息处理等）之间存在着密切的联系，共同构成了物流系统。仅靠运输是无法实现物流系统最优化的。

（4）运输系统成为社会物流系统的一个有机组成部分。运输系统是社会经济中物流系统的组成部分，与人们是否形成了明确的物流概念无关。随着运输系统的完善，现代运输体系逐渐成为社会经济运转的良好条件，物流管理的地位也随之突出，运输业也逐渐适应了社会生产对物流的需要。随着社会化大生产的进一步发展，人类在从事物流活动和物流管理时越来越具有自觉性，运输也逐步融入社会的物流体系之中。

（5）运输与物流体系相互影响。随着物流结构的变化，运输体系不断发生新的变化并与之相匹配，运输业的进步更是从一开始就决定了物流体系的变化。作为运输业中的一次革命，集装箱运输所需的不同运输方式之间的多式联运快速发展，并紧随现代物流管理的步伐，反映出交通运输业为适应现代物流发展而产生的深刻变化。

2.2 公路运输技术与装备

公路运输是指使用公路设备与设施运送客货的一种运输方式。公路运输主要承担近距离、小批量的货运，水路运输、铁路运输难以到达地区的长途、大批量货运，以及铁路运输、水路运输优势难以发挥的短途运输。公路运输装备主要由运输车辆——汽车构成。采用汽车进行运输是现代运输的主要方式之一，它具有灵活机动、可以实现门到门运输的特点，在提供现代化物流服务方面发挥着核心作用。

2.2.1 公路运输的特点

公路运输主要有以下几个特点。

（1）机动灵活，适应性强。由于公路路网可以直通县、乡、村，密度大、分布广，因此公路运输的灵活机动性强。车辆调度、装运可随时进行，各环节之间的衔接时间较短。汽车的载重吨位有小（0.25～1t）有大（200～300t），既可以单车独立运输，也可以由若干车辆组成车队同时运输，这一点对抢险、救灾工作和军事运输具有特别重要的意义。

（2）中转环节少，可实现"门到门"直达运输。这是公路运输的最大优点。由于运输车辆除了可以沿分布较广的路网运行外，还可以离开路网深入工厂企业、农村田间、城市居民住宅等地，即可以把旅客和货物从始发地直接运送到目的地，实现"门到门"直达运输，途中中转环节较少或没有，因此适宜于中、短途运输，其货物在途时间较短，运送速度较快。

（3）掌握车辆驾驶技术较容易。与火车司机或飞机驾驶员的培训相比较，汽车驾驶技术比较容易掌握，对驾驶员的各方面素质要求相对也比较低。

（4）公路运输的投资少，经营方式简单，获得的收益很高。在各种现代运输方式中，公路运输不需要像铁路运输那样铺设铁轨、安装信号以及购买其他昂贵的固定设施，只需花费较少的费用购置汽车。若私人投资的资金有限，也可采用一人一车的经营方式，或通过租赁汽车的方式经营业务，前期投入较少，即使经营失败也不会有很大的损失。同时，经营方式简单、容易操作，取得相关执照后便可开始运营。由于原始投资回收期短，资金周转速度快，因而公路运输服务容易扩大再生产，可获得高收益。

（5）运量较小，运输成本较高。常见的公路货车载重量多在50t以下，比起铁路、水路和航空运输，单次运量要小很多。由于汽车载重量小，行驶阻力比铁路大9～14倍，消耗的燃料又是价格较高的液体汽油或柴油，因此一般来说，公路运输成本仅次于航空运输，位居第二。

（6）安全性较低，污染环境较严重。公路运输的事故发生率较高，特别是20世纪90年代以来，死于汽车交通事故的人数急剧增加，平均每年50多万人。这个数字超过了由于艾滋病、战争和结核病每年造成的死亡人数。汽车所排出的尾气和引起的噪声也严重地威胁着人类的健康，是大城市环境污染的最大污染源之一。

2.2.2 公路运输的发展趋势

（1）运输工具的大吨位化、节能化。运输工具大吨位化、节能化的发展趋势都是出于提高运输效率，降低燃油消耗，从而达到降低运输成本的最终目的。截至2015年，货运车辆平均吨位数由6.3t增加至7.5t，专用货车（含甩挂运输车辆）占比由5.1%提高至27.2%。目前，重型货车发展迅速，在运输批量大、距离远的货物时，采用车辆的载重量越大，运输生产效率就越高，运输成本便会越低，这就是运输的规模经济。与此同时，还要降低货车自身的重量，它是降低油耗、提高运输效率的重要因素。目前，国外载货汽车的载重量一般是自身重量的2～3倍，铝制挂车车厢的载重量则可以达到自身重量的6倍以上。

（2）信息通信技术移动化、网络化。在公路运输中，通信联系十分重要，移动通信为运输车辆的生产调度管理提供了良好的信息传递手段。各发达国家都十分重视移动通信的研制和应用。移动通信设备逐步向小型化、数字化、高频化、宽带化及集成化、智能化方向发展。公路运输组织管理，包括车辆调度、监控、运输工作的统计分析，汽车保修安排等十分复杂而烦琐的工作，均可采用电子计算机网络进行处理，这大大提高了物流系统的管理水平、工作效率以及物流的实时、准确程度。新技术、新设备的广泛应用，如GPS、GIS等信息技术的采用，使公路运输的信息能得到及时、准确的传递和追踪。

（3）公路运输智能化，公路运输系统的机动性、安全性。公路运输系统是由智能交通技术等技术有效地集成运用于整个地面运输管理体系而建立起的一种可以在大范围、全方位发挥作用的实时、准确、高效的综合运输和管理系统。具体在公路运输领域，该系统将汽车、驾驶员、道路及其相关的服务部门相互联结起来，并使汽车在道路上的运行功能智能化，从而使公众能够高效地使用公路交通设施和能源。具体地说，该系统将采集到的各种道路交通及服务信息经交通管理中心集中处理后，传输到公路运输系统的各个用户（驾驶员、居民、公安局、停车场、运输公司、医院、救护排障等部门），从而使出行者可实时选择交通方式和交通路线；交通管理部门可自动进行合理的交通疏导、控制和事故处理；运输部门可随时掌握车辆的运行情况、进行合理调度，从而使路网上的交通运行处于最佳状态，改善交通拥挤和堵塞，最大限度地提高路网的通行能力，提高整个公路运输系统的机动性、安全性和生产效率。对于公路交通而言，智能交通系统（ITS）将产生的效果主要包括以下几个方面。①提高公路交通的安全性。据专家估计，采用 ITS 在未来的 20 年内可降低 8% 的交通事故，每年交通事故的死亡人数可减少 30% ～ 70%，同时减少交通拥挤和堵塞，从而提高公路交通的机动性。据估计，ITS 可使现有高速公路的通行能力至少增长一倍。②提高汽车运输生产率和经济效益，并对社会经济发展的各方面产生积极的影响。③通过系统的研究、开发和普及，创造出新的市场。

（4）干线公路高等级化。社会经济的发展不仅要求有更安全、快速、舒适的公路交通设施，而且交通量的密集化、汽车数量和重量的增长，必然要求干线公路由量的增加发展到质的提高，因此干线公路高等级化成为公路运输发展的基本趋势。自 20 世纪 80 年代起，我国开始建设干线公路网和国道主干线系统；公路建设在继续扩大总体规模的同时，重点加强了质量水平的提高，高速公路及其他高等级公路迅速发展。

2.2.3　公路运输设施

1. 公路的基本构成

公路主要由路基、路面、桥涵（桥梁和涵洞）、公路隧道、公路排水系统、公路防护工程及交通服务设施等构成。路基是公路的基础，由土方或石方填高或挖低而成，经加工夯实，务求坚固平坦；路面是用多种材料分层铺筑在路基顶面，供车辆行驶的层状结构物，要求具有一定的强度、刚度、平整度和粗糙度，以便车辆在其表面能安全、迅速、舒适地行驶；桥梁是为公路跨越河流、山谷或人工建筑物而修建的构造物；涵洞是为了排泄地面水流或满足农田灌溉需要而设置的横穿路基的小型排水构造物；公路隧道是指建造在山岭、江河、海峡和城市地面下，专供车辆通过的工程构造物，按所处位置可分为山岭隧道、水底隧道和城市隧道；公路排水系统是为了排除地面水和地下水而设置的由各种排水设施组成的构造物，可实现对地面水和地下水的拦截、汇集、输送和排放；公路防护工程是指为防止降水或水流侵蚀、冲刷以及温度、湿度变化的风化作用造成路基及其边坡失稳的工程措施，它包括路基坡面防护，常用的措施有种草、栽植灌木、抹面、喷浆、圬工铺筑等，用以防治土质和风化岩石路基边坡的冲刷和碎裂与剥落，并可起到美化路容和协调自然环境的作用，在雨量集中或汇水面积较大时，还需同排水设施相配合；交通服务设施一般是指公路沿线设置的维护交通安全、路段养护管理、服务、环境保护等设施，如交通标志、交通标线、养护管理和绿化美化设施等。

2. 公路的分级

（1）公路运输技术。公路运输技术是指汽车运输技术，是借助汽车这一运载工具，沿着公路将旅客和货物运送到目的地的一种运输技术。公路运输在近距离（200 千米或 300 千米范围内）、小批量运输以及水路运输、铁路运输难以到达地区的长距离运输中有优越性。

（2）公路分级与技术标准。道路条件对车辆运用性能与运用效率的影响主要来自道路等级和道路养护质量。根据公路的使用任务、功能、交通量以及行车速度，国家标准《公路工程技术标准》（JTG B01—2014）将公路划分为两大类五个等级：两大类是指专用公路和一般公路；五个等级为高速公路、一级公路、二级公路、三级公路和四级公路，其余的称为一般公路。汽车专用公路是专门为汽车、摩托车等快速机动车行驶的公路，主要包括高速公路、一级公路和二级公路。

1）高速公路：专供汽车分向、分车道行驶，并全部控制出入的干线公路。高速公路为高级路面，具有 4 个或 4 个以上车道，设有全部立体交叉和中央分隔带，并具备完善的交通安全、管理和服务设施。高速公路的有关技术指标如表 2-1 所示。

表 2-1　高速公路技术指标一览表

车道数	8	6	4	4	4	4
路基宽度 /m	42.50	35.00	27.00/28.00	26.00	24.50	22.50
行车道宽度 /m	2×15.0	2×11.25	2×7.5	2×7.5	2×7.5	2×7.0
计算行车速度 /km·h^{-1}	120	120	120	100	80	60
停车视距 /m	210	210	210	160	110	75
昼夜交通量[①]/辆	60 000 ～ 100 000	45 000 ～ 80 000	85 000 ～ 55 000			

①按各种汽车折合成小客车的远景设计年限年平均昼夜交通量。

在现有的高速公路网络中，由北京向外辐射的首都放射线有 7 条，分别是：G1 京哈、G2 京沪、G3 京台、G4 京港澳、G5 京昆、G6 京藏、G7 京新。

南北纵向线 9 条，分别是：G11 鹤大、G15 沈海、G25 长深、G35 济广、G45 大广、G55 二广、G65 包茂、G75 兰海、G85 渝昆。

东西横向线 18 条，分别是：G10 绥满、G12 珲乌、G16 丹锡、G18 荣乌、G20 青银、G22 青兰、G30 连霍、G36 宁洛、G40 沪陕、G42 沪蓉、G50 沪渝、G56 杭瑞、G60 沪昆、G70 福银、G72 泉南、G76 厦蓉、G78 汕昆、G80 广昆。

国家高速公路编号方法如下。首都放射线的编号为 1 位数，以北京市为起点，放射线的止点为终点，以 1 号高速公路为起始，按路线的顺时针方向排列编号，编号区间为 G1 ～ G9。纵向线以北端为起点，南端为终点，按路线的纵向由东向西顺序编排，路线编号取奇数，编号区间为 G11 ～ G89。横向线以东端为起点，西端为终点，按路线的横向由北向南顺序编排，路线编号取偶数，编号区间为 G10 ～ G90。并行路线的编号采用主线编号后加英文字母 "E""W""S""N" 组合表示，分别指示该并行路线在主线的东、西、南、北方位。

纳入中国国家高速公路网的地区环线（如珠江三角洲环线），按照由北往南的顺序依次采用 G91 ～ G99 编号。其中，台湾环线编号为 G99，取九九归一之意。

2）一级公路：为连接重要的政治、经济中心，通往重点工矿区、港口、机场，专供汽车分向、分车道行驶的公路。一般能适应按各种汽车折合成小客车的远景设计年限，及年平均昼夜交通量为 15 000 ～ 30 000 辆的公路。

3）二级公路：是连接政治、经济中心或大工矿区等地的公路，或运输任务繁忙的城郊公路。一般能适应按各种汽车折合成小客车的远景设计年限，及年平均昼夜交通量为

3 000 ～ 7 500 辆的公路。

4）三级公路：为沟通县或县以上城市的公路。一般能适应按各种汽车折合成小客车的远景设计年限，及年平均昼夜交通量为 1 000 ～ 4 000 辆的公路。

5）四级公路：为沟通县、乡（镇）、村的公路。一般能适应按各种汽车折合成小客车的远景设计年限，及年平均昼夜交通量为 1 500 辆以下的公路。

当公路等级不同时，其路线的车道数、路基宽度、行车道宽度、计算行车速度、停车视距、昼夜交通量、最小平面曲线直径、最大纵坡、凸形及凹形竖曲线半径等技术指标就会不同，其中的一些技术指标对比如表 2-2 所示。

表 2-2 一～四级公路的有关技术指标

公路等级	一级	二级	三级	四级
车道数	4	2	2	1 或 2
路基宽度 /m	22.50 ～ 25.5	8.50 ～ 12.00	7.50 ～ 8.50	6.50
行车道宽度 /m	2×7.5 或 2×7.0	7.0 ～ 9.0	6.0 ～ 7.0	3.4 或 6.0
计算行车速度 /km·h⁻¹	60 ～ 100	40 ～ 80	30 ～ 60	20 ～ 40
停车视距 /m	75 ～ 160	40 ～ 110	30 ～ 75	20 ～ 40
昼夜交通量[①]/ 辆	15 000 ～ 30 000	3 000 ～ 7 500	1 000 ～ 4 000	<200 或 <1 500

①按各种汽车折合成小客车的远景设计年限的年平均昼夜交通量。

（3）高速公路的功能、特点及设施装备。高速公路具备以下 4 种功能。

1）实行交通限制，规定汽车专用。交通限制主要是指对车辆和车速的限制。凡非机动车辆和由于车速限制可能形成危险与妨碍交通的车辆均不得使用高速公路。车速限制主要是对最高和最低车速的限制，从而使高速公路上的车速差减少，超车次数减少，确保行车安全。

2）实行分隔行驶。分隔行驶包括两个方面的内容：一是对向车，用中间隔离带分离，以避免对向车辆行车干扰；二是同一行车方向设置两个或两个以上用划线办法分隔的行车道，将同向行驶的快车、慢车和超车分离，以减少同向行车间的干扰。

3）严格控制出入，实行全"封闭"。它是指对进出高速公路的车辆严格加以控制，禁止非机动车和行人上路。车辆出入的控制方法是在交叉口处设置立体交叉，使相交车流在空间上分离，通过立交的进出口来控制车辆出入。高速公路沿线还通过设置高路堤、高架桥、护栏、分隔网等"封闭"措施，使汽车与非机动车和行人分离。通过控制和"封闭"，减少行车的侧向干扰，以保证快速行驶的车辆的安全。

4）采用较高的设计标准，设置完善的交通与服务设施。高速公路路线采用较高的技术指标。高速公路沿线还设有完善的安全设施、服务设施、交通控制设施、管理设施及绿化设施。高标准的设计指标和完善的交通服务设施，为高速、安全、舒适行车，缓解驾驶员疲劳，方便旅客，保护环境提供了可靠的保证。

高速公路概括起来就是快速、经济、安全、舒适，具体表现为以下 5 点。

1）运行速度快，效益好。速度是交通运输的一个重要因素。据调查，高速公路的设计时速在 120km 以上，比普通公路高出 60% 以上。车速的提高缩短了运行时间，提高了车辆周转率，为社会和公路运输经营者带来巨大的经济效益。

2）通行能力大，运输效率高。通行能力是指单位时间内道路容许通过的车辆数，是反映道路处理交通数量多少的指标。高速公路的建设还促进了运输车辆朝大型化（重型载货汽车）、拖挂化（汽车列车）、集装箱化、柴油化和专用化（如冷藏车等专用特种车辆）方向发展，提高了运输效率。

3）减少交通事故，增强可靠性。安全性是反映运输质量的重要指标，高速公路由于采取了控制出入、交通限制、分隔行驶及汽车专用自动化控制管理系统等确保行车快速、安全的有效措施，使交通事故比一般公路大大减少。据统计，高速公路的事故率和死亡率只有一般公路的1/2以下。据推算，我国每修建100km高速公路，每年就有164人免于交通事故死亡。

4）运输成本低。高速公路技术等级高、质量好、装备齐全、运输条件好，不仅提高了车速、缩短了运行时间，还降低了行车时燃油与轮胎的消耗以及车辆磨损，减少了货损货差及事故赔偿损失，从而使运输成本大幅度降低。

5）节省用地，提高土地利用率。虽然修建高速公路用地比一般公路要多，但从用地的效率来看，实际上是节省了用地。据测算，每建100km高速公路的用地，比修建负荷同等交通量的一般公路可节省4km^2（约为6 000亩）用地。修路占用土地的损失，可以从整个公路运输的社会效益中得到补偿，并远远超过占用土地损失的经济效益。

为了保证高速公路的安全和畅通，高速公路安装了先进的通信及监控系统，可以快速、准确地监测道路交通状况，提供及时优质的交通信息服务。高速公路的设施与装备主要包括外场设施和机房设施两个方面。外场设施包括应急电话、可变情报板、车辆检测器、光缆、气象检测器、可变限速板、可变标志牌、电动道闸、可调摄像机、交通信息电台及供电设施等；机房设施包括主控台、服务器、大屏投影、监视器、计算机终端、光端机供电设施及系统管理软件等。

高速公路的设施装备主要有以下8种。

1）应急电话，每2km设置一对，通过有线或无线传输至控制中心。有线主要通过高速公路专用通信网的电缆和光缆传输，无线通过全球移动通信系统（GSM）传输。

2）可变情报板，通常设置于高速公路运输分岔口的事故多发地段前方，每20km设置一块，是调节交通量和指挥高速公路的非常重要的信息发布载体。发布的信息有：前方道路交通状况，如堵塞、拥挤、正常、施工等；雨、雾、雪及冰冻等恶劣气象条件下的警示信息；在上述道路交通情况下，到达另一条高速公路的时间及交通流向调控。正常情况下显示时间，可作时钟用。

3）车辆检测器，采用环形检测线圈和压电电缆，主要用于检测车流量、平均速度、车头间距及轴数、轴重等。

4）气象检测器，主要用于检测特殊路段的雨、雾、雪及冰冻情况，并将有关信息传输到控制中心，由控制中心通过可变情报板、交通信息电台及可变限速板发布警告和控制信息。

5）可变限速板和可变标志牌，在特殊情况用于显示限速、前方施工和事故标志信息。

6）可调摄像机，焦距、方向可调，通常设置于高速公路互通立交桥、隧道、弯道及事故多发地段等地点。

7）供电设施，主要有普通市电、太阳能电池、各类蓄电池和汽油或柴油发电机等。

8）系统管理软件，用于整个系统的数据采集、处理、计算和存储，并发布控制指令和信息。

高速公路安装上述交通管理系统后，高速公路网的安全和通行能力得到了大幅提高，交通事故造成的损失亦大幅度降低。由于高速公路设有休息区和服务区，为司乘人员提供临时休息场所和各类服务，使司乘人员获得了较好的舒适感和安全感。

2.2.4　公路运输装备

公路运输中应用最多的是运输装备，主要有汽车、挂车以及由汽车与挂车组成的汽车列车。

1. 汽车

汽车按用途可分为载客汽车、载货汽车和专用汽车三大类。

载客汽车：又分为微型轿车、轿车、微型客车、轻型客车、小型客车、大型客车和特大型客车等。

载货汽车：（1）按最大总质量分类，可分为微型货车（$G \leqslant 1\,800kg$）、轻型货车（$1\,800kg < G \leqslant 6\,000kg$）、中型货车（$6\,000kg < G \leqslant 14\,000kg$）和重型货车（$G > 14\,000kg$）；

（2）按用途及使用条件分类，可分为普通货运汽车和专用货运汽车（汽车列车、自卸式货车、厢式货车、罐式货车、冷藏式货车、特种车等）；

（3）按货厢形式分类，可分为栏板式货车、自卸式货车、厢式货车、罐式货车、平台式货车、仓栏式货车、牵引—半挂车式货车。

专用汽车：服务于专门对象或提供专门功能的汽车，一般按用途可分为作业型专用汽车和货物运输型专用汽车。其中，货物运输型专用汽车主要包括：自卸车（见图 2-2）、散粮车（见图 2-3）、厢式车（见图 2-4）、冷藏车（见图 2-5）、罐式货车（见图 2-6）、高栏板车（见图 2-7）、敞车、平板车、特种车等。

图 2-2　自卸车　　　　　图 2-3　散粮车　　　　　图 2-4　厢式车

图 2-5　冷藏车

图 2-6　罐式货车

图 2-7　高栏板车

❀ 小知识：汽车产品的型号

汽车产品型号由企业名称代号、汽车类别代号、主参数代号、产品序号、专用汽车分类代号、企业自定代号 6 部分组成：

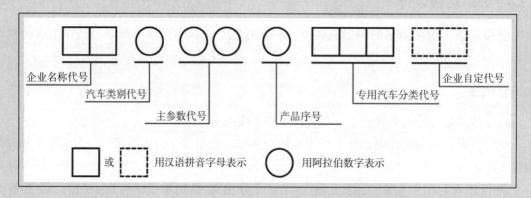

（1）企业名称代号——通常用企业名称头两个汉字的第一个拼音字母表示；

（2）汽车类别代号——1：载货车、2：越野车、3：自卸车、4：牵引车、5：专用车、6：客车、7：轿车、9：半挂及专用半挂车；

（3）主参数代号——载货车、越野车、自卸车、牵引车、专用车及半挂车以汽车总质量表示，客车以车辆的长度表示，轿车以发动机排量表示；

（4）产品序号——企业自定的产品顺序号；

（5）专用汽车分类代号——X：厢式汽车、G：罐式汽车、C：仓栅式汽车、T：特种汽车、Z：专用自卸汽车、J：起重举升汽车，第二、三格表示其用途的两个汉字的第一个拼音字母；

（6）企业自定代号——用于同一种汽车因结构稍有变化而需区别的情况。

2. 挂车

挂车是承载货物的平台或容器，本身没有动力，通过与牵引车连接后形成一个整体，应用于各种货物的运输。按牵引连接方式分为：全挂车、半挂车。按用途分为：一般用途挂车、专用挂车、特种用途挂车。

（1）挂车的主要技术参数。尺寸参数：主要包括外廓尺寸（长、宽、高）、轴距、轮距、货台尺寸和挂车的连接尺寸。质量参数：最大装载质量、整备质量、总质量、质量利用系数（挂车的装载质量与挂车的整备质量之比）。

（2）全挂车与半挂车。

全挂车：总质量由自身承受，是一种本身无动力，独立承载，要依靠其他车辆牵引行驶才能正常使用的无动力道路车辆，在与牵引车拖挂之前不需依附支腿完成支撑。

半挂车：车轴置于车辆重心（车辆均匀受载时）后面，并且装有可将水平或垂直力传递到牵引车的连接装置的挂车。

按照货台的形状与位置，半挂车主要有平板式、鹅颈式和凹梁式三种。

平板式：货台是平直的，且在车轮之上，牵引车和半挂车的搭接部分的上部空间得到充分利用，具有较大的货台面积，如图 2-8a 所示。

鹅颈式：又称阶梯式，车架呈阶梯形，货台平面在鹅颈之后，货台主平面较低，便于货物的装卸和运输，如图 2-8b 所示。

凹梁式：货台平面呈凹形，具有最低的承载平面，适于运输大型或超高装备，如图 2-8c 所示。

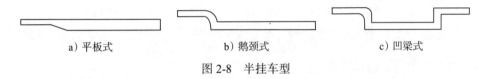

a）平板式　　　　　　　　b）鹅颈式　　　　　　　　c）凹梁式

图 2-8　半挂车型

按照半挂车的结构和用途，半挂车可以分为以下几种。

1）平板式半挂车：货台是平直的，既无顶也无侧厢板。

2）栏板式半挂车：货台四周通过栏板保护。

3）阶梯式半挂车：车架呈阶梯形，货台平面在鹅颈之后。

4）梁式半挂车：货台平面呈凹形，具有最低承载平面。

5）厢式半挂车：车身由用普通金属、车身复合材料或帘布等材料制造的全封闭厢体结构构成。

6）罐式半挂车：车身由罐体构成。

7）自卸式半挂车：车上设有液压举升装置，用于各种物料的自卸运输。

8）车辆运输半挂车：专门用于运输轿车、面包车、吉普车等车辆。

9）集装箱专用半挂车：骨架结构，专门运输国际标准集装箱。

10）仓栏式半挂车：车身由用金属材料栅栏等制造的全封闭厢体结构构成。

3. 汽车列车

汽车列车是指一辆汽车与一辆或一辆以上挂车的组合。汽车为汽车列车的驱动车节，称为主车；被主车牵引的从动车节称为挂车。

汽车列车由牵引车、挂车和连接装置三部分组成。常见的汽车列车有全挂汽车列车、半挂汽车列车、双挂汽车列车、全挂式半挂汽车列车和特种汽车列车，如图 2-9 所示。

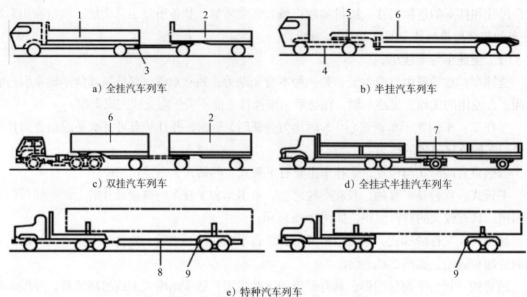

a) 全挂汽车列车　　　　　　　　b) 半挂汽车列车

c) 双挂汽车列车　　　　　　　　d) 全挂式半挂汽车列车

e) 特种汽车列车

图 2-9　汽车列车

1—货车　2—全挂车　3—牵引杆　4—牵引车　5—牵引座牵引销
6—半挂车　7—牵引拖台　8—可伸缩牵引杆　9—特种挂车

（1）汽车列车的结构及特点。

全挂汽车列车：由一辆牵引货车用牵引杆连接一辆或一辆以上的全挂车组合而成的汽车列车。

半挂汽车列车：由一辆半挂牵引车和一辆或一辆以上半挂车组合而成的汽车列车。

双挂汽车列车：由一辆半挂牵引车与一辆半挂车和一辆全挂车组合而成的汽车列车。

全挂式半挂汽车列车：牵引货车通过牵引拖台和一辆半挂车组合而成的汽车列车。

特种汽车列车：具有特殊结构或装有专用装备的汽车列车，是牵引车和特种挂车的组合。

（2）汽车列车的合理拖挂。汽车列车拖挂的主要问题是列车拖挂质量的确定。确定合理的牵引车拖挂质量，必须以满足汽车列车的动力性和驱动条件为依据，具体应考虑令汽车列车满足比功率的要求。汽车列车的比功率是指牵引车发动机的有效功率与汽车列车的总质量之比。只要确定了汽车列车的比功率值，且已知牵引车的总质量，就可以计算出牵引车的拖挂质量。

常用公路运输工具的种类、结构、特点及用途如表 2-3 所示。

表 2-3　常用公路运输工具的种类、结构、特点及用途

类型	种类	结构	特点	用途
普通货车	一面或三面栏板可卸式；可拆卸的高栏板式；格状栏板式和篷杆可卸式	栏板、格状栏板可用木质、金属材料制作	适应性强，可装运多种货物，并且车身自重较小	可装载任何不需特殊防护的物品

（续）

类型	种类	结构	特点	用途
厢式车	普通厢式货车、厢式保温车、厢式冷藏车、厢式邮政车	车身是封闭的车厢，多为金属材料制造	具有防雨、隔热的功能，为装运货物提供了很好的安全性能，可防货物散落、丢失、损坏，防雨雪、防风沙，车门封锁还可防盗窃	多用于装运食品、日用工业品、家用电器等无硬质外包装的货物；一般零担货运车都采用厢式车
罐车	油罐车、罐式货车	车身是封闭的，密封性很强，由金属材料制造	可以节约货物包装（如油桶等），减少由于包装破损造成的货物损失	专用于运输流体和粉状货物，特别是运送易挥发、易燃的危险品，如石油及其制品等
自动倾卸车	后倾式、侧倾式、三面倾卸式、底卸式、旋转车厢式	栏板多为向上展开，中小型自卸车也有向下展开的	可以快装快卸，减轻装卸工人的劳动强度	专用于装运粒状、粉状货物
冷藏保温车	冷藏车	装有隔热车厢和制冷装置	能够通过制冷或加热装置来维持厢内温度，保证货物运输要求	专用于装运新鲜易腐的货物
	保温车	装有隔热车厢，未装任何制冷和加热装置	只靠车厢的隔热层阻滞厢内外热交换的作用	专用于装运短距离或适温范围较宽的易腐货物
挂车	全挂车（带有车厢栏板的、带有特殊装置的）	可以由任何具有挂钩的汽车拖带	可长期或暂时停放使用。结构简单、连接方便、用途广泛	带有车厢栏板的多用于装运煤、砂石、粮食、棉、肥料、日用百货、木材、钢材、水泥等各种货物。带有特殊装置的可用于装运粉状货物、易腐烂货物、易碎货物、液体、家禽、牧畜等不同种类的货物
	半挂车	具有与拖车相连接的装置和为在不与拖车相连接时保持水平位置的支柱	整体性、稳定性好	多用于区段运输、甩挂运输、滚装运输

公路运输装备主要指机动车和挂车，可以分为：

L 类——两轮或三轮机动车辆；

M 类——至少有 4 个车轮并且用于载客的机动车辆，按座位数和最大设计总质量分为 M1、M2、M3；

N 类——至少有 4 个车轮并且用于载货的机动车辆，按最大设计总质量分为 N1、N2、N3；

O 类——挂车，包括半挂车、牵引杆挂车，按最大设计总质量分为 O1、O2、O3、O4；

G 类——满足某些特殊要求的 M 类、N 类的越野车。

2.3　铁路运输技术与装备

铁路运输是指利用机车牵引车列，沿着铺设的轨道运行，运送旅客和货物的运输方式。

它作为世界上的主要运输方式，已有近 200 年的历史。由于运输运量大，运距长，铁路在我国一直以来担负着运输网的骨干角色。随着社会经济和人民生活水平的提高而带来的对运输服务需求的转变，铁路的一些缺点也凸显出来，成为制约铁路发展的"瓶颈"。尽管如此，我国的铁路发展仍比较快。2020 年 12 月 22 日，中华人民共和国国务院新闻办公室发布的《中国交通的可持续发展》白皮书指出：中国的高速铁路、高寒铁路、高原铁路、重载铁路技术达到世界领先水平，高原冻土、膨胀土、沙漠等特殊地质公路建设技术攻克世界级难题。交通装备技术取得重大突破。瞄准世界科技前沿发展"国之重器"，交通运输关键装备技术自主研发水平大幅提升。具有完全自主知识产权的"复兴号"中国标准动车组实现世界上首次时速 420km 交会和重联运行，在京沪高铁、京津城际铁路、京张高铁实现世界最高时速 350km 持续商业运营，智能型动车组首次实现时速 350km 自动驾驶功能；时速 600km 高速磁浮试验样车、具备跨国互联互通能力的时速 400km 可变轨距高速动车组下线。世界单条运营里程最长的京广高铁全线贯通，一次性建成里程最长的兰新高铁，世界首条高寒地区高铁哈大高铁开通运营，大秦重载铁路年运量世界第一，世界上海拔最高的青海果洛藏族自治州雪山一号隧道通车。扎实推进巴基斯坦 1 号铁路干线升级改造项目（ML1）、中尼（泊尔）跨境铁路合作项目以及中老铁路、中泰铁路、雅万高铁建设。中国企业参与建成蒙内铁路、亚吉铁路、巴基斯坦拉哈尔"橙线"轨道交通项目等铁路。中欧班列累计开行突破 3.1 万列、通达 21 个欧洲国家的 92 个城市。

2.3.1 铁路运输的特点

铁路运输的特点主要表现在以下几个方面。

（1）运输能力大，运价低。铁路运输因为采用大功率机车牵引列车运行，可承担长距离、大运输量的运输任务。例如，大秦重载运输线 2014 年运输货物就已超过 1.2 亿 t，是世界上运输最繁忙、负担最重、能力最大的铁路。同时，由于能耗相对较低，货物运价也相对较低。

（2）受气候限制小。铁路运输由于具有高度导向性，所以只要行驶设施无损坏，在任何气候条件下列车均可安全行驶，是营运方面最可靠、最准时的运输方式。

（3）能耗少，污染小。由于列车运行阻力小，所以能源消耗量较低，同时铁路带来的污染也比公路少。在噪声污染方面，铁路带来的噪声污染不仅比航空和公路低，而且是间断性的；在城市道路和机场附近则是连续性的高噪声污染。在空气污染方面，铁路每吨公里的落尘量大约为公路的 75%。截至 2015 年，铁路主要干线全部实现由内燃、电力机车牵引。

（4）运输时间长。由于铁路货物列车常常需要进行多次中转、集结、编组等技术作业，因此运输时间比较长。据统计，铁路货车在主要装卸车站的平均停留时间是 17.3 小时，且运到时间常常不一致。目前，铁路为了迎合市场需要而开行的行包专列、五定班列等货运列车，由于采用直达、定时定线等组织方式，较好地弥补了这一缺陷。

（5）货损较高。这是限制铁路在现代物流市场中占据主导地位的重要原因。铁路运输由于列车行驶时的震动与货物装卸不当，容易造成承载货物的损坏，并且由于运输过程需经多次中转，也容易导致货物遗失。根据统计资料，美国铁路运输的货损比例高达 3%，远高于公路运输的比例，这使得货主不敢将高价值的货物交付铁路承运。

2.3.2　铁路运输的发展趋势

自 20 世纪 60 年代以来，铁路重载运输得到世界上越来越多国家的重视，重载运输技术已被国际公认为铁路货运的发展方向。普通列车容量为 3 000～4 000t，重载列车的容量能达到 1 万～2.5 万 t。开行一列重载列车可以比普通货物列车多运几倍的货物，是提高铁路运能的重要手段。在一些幅员辽阔、资源丰富，煤炭、矿石等大宗货物运量占有较大比重的工业发达国家和发展中国家，重载运输得到了迅速发展。重载运输是指在先进的铁路技术装备条件下，扩大列车编组，提高列车载重量的运输方式。

在我国，根据机车车辆、线路设备条件和货物运输要求，主要采取以下三种运输方式。

（1）单元式重载运输。单元式重载运输是指将机车和车辆固定编组，组成一个运输单元，运输固定品类的货物，在装车地和卸车地之间循环往返运行的一种运输方式。运输过程中没有改变作业，在装卸地点机车不摘挂、不停车地进行装卸作业。在开行重载单元列车的运煤专线，将装卸地点设置为环线，以满足不摘车装卸作业的要求。

（2）整列式重载运输。整列式重载运输是指由单机或多机牵引，机车挂在列车头部，在站线有效长度为 1 050m 的线路上开行的一种运输方式。这种货物列车采用普通列车的作业组织方法，其到、解、编、发、取、送、卸和机车换挂作业与普通列车完全一样，只不过牵引重量有显著提高，达到 5 000t 及以上。这种重载运输方式只要求部分车站的到发线有效长延长至 1 050m，是我国大部分繁忙干线目前发展的重载运输的主要方式。

（3）组合式重载运输。组合式重载运输是指由两列或两列以上开往同一方向的普通货物列车合并连挂，首尾相接而组成的列车，本务机车分别挂在列车的头部和中部，在运行图上只占用一条运行线，运行到前方某一技术站或终到站再分解的重载列车运输方式。这种列车除了要进行普通货物列车所进行的作业以外，还要进行列车的组合和分解。

2.3.3　铁路基础设施

铁路基础设施主要包括铁路线路、铁路车站和通信信号设备等。

1. 铁路线路

铁路线路是列车运行的基础设施，是由轨道、路基和桥隧等建筑物组成的一个整体的工程结构。

（1）轨道。轨道又称为线路上部建筑，由道床、轨道、钢轨、道岔、连接零件和防爬器等组成。道床是铺设在路基面上的道砟层，在道床上铺设轨枕，在轨枕上架设钢轨。相邻两节钢轨的端部以及钢轨和轨枕之间用连接零件互相扣连。在一条线路和另一条线路的连接处铺设道岔予以连接，在钢轨和轨枕上安装设置必要的防爬器。由这些部分组成的整体就是轨道。轨道直接承受机车车辆的重力和冲击力，并将载荷传给路基。轨道的强度和稳定性直接关系到其能承载的列车重量，例如，可以开行重载列车的钢轨要求在 60kg/m 以上。

（2）路基。路基和桥隧建筑都是轨道的基础。它们承受轨道传来的机车车辆及其负荷的压力。路基按横断面形式可分为两种：一是路堤，经填筑而成的路基；二是路堑，经开挖而成的路基。路基必须坚实而稳固才能承受沉重的压力，而破坏路基坚实稳固的主要原因往往是水的危害。为了排泄地面水和拦截地下水，路基要设置排水沟、截水沟或渗沟、渗管等排水设备。为了防止路基本身和路堑坡顶土壤的坍塌，路基的边坡都应有一定的坡度。为防止路基边坡坍塌，必要时还应进行防护和加固。

（3）桥隧。当铁路线通过江河、溪沟、谷地和山岭等天然障碍或跨过公路其他铁路线时，需要修建各种桥隧建筑物。桥隧建筑物包括桥梁、涵洞、隧道等。为了提高线路的输送能力和行车的稳定性，除了经常需要对线路进行养护维修，防止和整治线路的各种病害外，许多国家的铁路部门特别重视轨道结构的更新改造。其主要措施是：采用重型钢轨、铺设新型高速道岔和无缝线路，采用新型轨下基础，如预应力混凝土轨枕、宽轨枕、弹性扣件和弹簧垫板等。许多国家的铁路还采用全长淬火钢轨，大大提高了钢轨的耐磨性能和使用寿命。

2. 铁路车站

车站是铁路运输生产的基地，是办理旅客和货物运输业务、编组和解体列车的基地，是组织列车始发、到达、交会、越行和通过等作业的铁路基层单位。车辆的技术检查、货运检查、机车换挂、乘务组换班、机车和客车上水等作业一般也在车站内完成。因此，车站对外直接与铁路的服务对象（旅客和收发货人）进行联系，对内是铁路机车、车辆、线路、通信信号等各部门运营业务的结合点。车站的技术装备水平和工作组织水平对整个铁路的运输效率影响极大。

车站按业务性质划分，可分为客运站、货运站和客货运站；按技术作业划分，又可分为中间站（包括会让站、越行站）、区段站和编组站。各种不同的车站承担着不同的任务，并拥有与之相适应的技术装备。

（1）客运站。客运站是指专门或主要办理客运业务的车站，主要办理售票、行李包裹运送、旅客上下车等客运业务，以及旅客列车始发、终到、技术检查等行车工作和客车整备等作业。其主要装备有站房、站台、到发线等。大的客运站还设有天桥和地道。办理大量始发、终到旅客列车的客运站还设置供客车检修、清洗等作业用的客车整备场。

（2）货运站。货运站是指专门或主要办理货运业务的车站，主要办理货物承运、交付、装卸以及货物列车到发、车辆取送等作业。其主要装备有货物列车到发线、编组线、牵出线和货物线等。

（3）客货运站。客货运站是指既办理客运业务，又办理货运业务的车站，一般视其业务量大小和技术作业的范围，配置相应的装备。铁路上的车站绝大多数都是客货运站。

3. 通信信号设备

通信信号设备的主要作用是保证列车运行安全和提高铁路的通过能力，它包括信号、闭塞设备和联锁设备。

（1）信号。信号是对列车运行和调车工作的命令，以保证安全和提高作业效率。我国规定用红色、黄色和绿色作为信号的基本颜色，红色表示停车，黄色表示减速慢行，绿色表示按规定的速度运行。

铁路信号按其表现形式可分为视觉信号和听觉信号两类；按设备形式可以分为固定信号、移动信号和手语信号三类。

（2）闭塞设备。闭塞设备是用来保证列车在区间内运行安全的区间信号设备。

（3）联锁设备。联锁设备的主要作用是保证站内列车运行和调车作业的安全以及提高车站的通过能力。

2.3.4　铁路运输装备

1. 铁路机车

机车是牵引或推送车辆运行于铁路线上，本身不装载营业载荷的车辆，俗称火车头。机车是铁路运输的基本动力和重要工具。目前，我国采用的货物列车牵引机车主要有蒸汽机车、内燃机车和电力机车三种。蒸汽机车已于 1988 年停产，现在只有 300 多台运行在支线或工业企业线上，仅占机车总数的 0.6%，在这里就不做介绍了。

（1）内燃机车。内燃机车是以内燃机为动力的机车。与蒸汽机车相比，内燃机车的热效率较高，不需要频繁加燃料，整备时间短，持续工作时间长，可在一定程度上减少对环境的污染。

（2）电力机车。电力机车是依靠从沿线接触网上接收的电源，通过牵引电动机驱动车轮，将电能转变为机械能，使机车运行的。因为电力机车所需电能由电气化铁路供电系统的接触网或第三轨供给，所以它是一种非自带能源的机车。其特点是功率大、效率高、具有较大的过载能力、运营费用低、环境污染小；它的不足之处是对通信干扰大、修建电气化铁道一次投资费用较高。

2. 铁路车辆

车辆是铁路运输的基本载运工具。车辆一般不具备动力装置，需要连挂在车列后，由机车牵引运行，通常由车体、走行部、车钩缓冲装置、制动装置和车辆装备五个部分组成。按照用途来分，铁路车辆可分为客车和货车两大类。

3. 铁路货车车辆标记

（1）路徽：凡交通运输部所属车辆均标有人民铁路的路徽。

（2）车号：识别车辆的最基本的标记。货车的车号由其基本型号、辅助型号和车号编码三部分组成。基本型号代表车辆种类，用一个、两个或三个大写拼音字母表示。部分铁路货车车辆基本型号如表 2-4 所示。

表 2-4　部分铁路货车车辆基本型号

车　　种		基本型号
通用车	棚车	P
	敞车	C
	平车	N
专用车	砂石车	A
	煤车	M
	矿石车	K
	冷藏车	B
	集装箱车	X
	家畜车	J
	罐车	G
	水泥车	U
	长大货物车	D
	毒品车	W
	粮食车	L
	特种车	T
	守车	S

2.4　水路运输技术与装备

水路运输是指利用船舶或其他浮运工具，在江、河、湖、海上运送旅客和货物的运输方式。水路运输是一种古老的运输方式，曾经对工业布局具有重大影响。在现代，由于远洋运输在国际物流中的重要地位，因此水路运输依然有着旺盛的生命力。2020 年 12 月 22 日，中华人民共和国国务院新闻办公室发布的《中国交通的可持续发展》白皮书指出：中国树立和践行绿水青山就是金山银山的理念，交通运输生态文明制度体系日益完善，节能降碳取得实效，环境友好程度不断增加。离岸深水港建设关键技术、巨型河口航道整治技术、长河段航道系统治理技术世界领先。港口岸电设施建成 5 800 多套，覆盖泊位 7 200 余个，沿江沿海主要港口集装箱码头全面完成"油改电"。与 66 个国家和地区签署 70 个双边和区域海运协定，海运服务覆盖沿线所有沿海国家；与 26 个国家（地区）签署单边或者双边承认船员证书协议，与新加坡签署电子证书谅解备忘录，便利船舶通关，引领和推进电子证书在全球航运业的应用进程。海工机械特种船舶、大型自动化专业化集装箱成套设备制造技术领先世界，300m 饱和潜水取得创新性突破。

2.4.1　水路运输的特点

水路运输（主要指货运）主要具有以下特点。

（1）运量大，运价低。运量大是水路运输最显著的特点。例如巨型油轮的载运原油量可达 56 万 t，而最大的集装箱船每次可装载集装箱 10 000TEU。由于运量大且能耗小，因此运输成本低，水运的运输成本为铁路运输的 1/25 ～ 1/20，约为公路运输的 1/100。

（2）运输速度慢。水路运输是五种运输方式中速度最慢的，一般在 20 ～ 30 节 /h。加之在途运量大、在途时间长，对货主的流动资金占用较多。这是水路运输最大的缺点。

（3）受自然条件影响较大。内河航道和港口由于冬季结冰会限制水运的通航。另外，港口和航道的水深也会限制通行船舶的吨位。

（4）远洋运输标准化程度高。随着国际贸易和国际物流的快速发展，远洋运输的地位日益突出，它是国际物流中最常用的运输方式。为了便于集装箱多式联运，相关的设施与设备、标准、规范等都具有较强的涉外性，标准化程度高。

2.4.2　水路运输的发展趋势

（1）船舶大型化、专业化、自动化。船舶大型化可以发挥大型船舶的规模经济效益，增强竞争实力，改善装卸性能及提高港口效率，这种趋势在油轮和集装箱船上发展得很快。船舶专业化则进一步改善了各种运输工具之间的换装作业，加速了货物的整个运输流程，提高了船舶周转效率，随着世界经济高速发展和经济一体化的进一步完善，海上物流形态和品种不断变化，专用船将得到进一步的发展。由于专用船只适合单一货种，因此其返程空载率高，船舶载重量利用率低。船舶大型化、专业化和标准化发展趋势明显。从船型构成看，油轮和散货船舶等专业化船舶占有极大的比例，作为新运输方式的集装箱船发展迅速。同时，由于造船和航海技术及自动化技术的发展，船舶自动化程度也越来越高，一些先进船航系统具有最佳航行计划和自动航行、定位与监测等功能。

（2）泊位深水化、码头专用化、装卸机械自动化。船舶大型化的趋势对港口航道水域和泊位前沿水域的水深提出了新的要求，例如，随着第四代、第五代集装箱船舶和大型油轮与散货船的出现，对港口航道和集装箱泊位前沿水域的水深要求不断提高。对流量大而稳定的货物，如散货、石油及其成品油类和集装箱的运输，由于专用码头泊位的产生和专用装卸机械自动化程度的提高，港口通行能力和装卸效益得到了大幅提升。因此，码头专用化和装卸机械自动化已成为现代港口的发展趋势。

（3）港口功能多元化、管理网络化。港口作为水陆运输的枢纽，其功能向多元化、物流化的方向发展，大大推动了以外贸为主的国家的经济发展。同时，随着电子技术的发展，港口的管理也逐步网络化。港口由原来第一代港口的纯粹"运输中心"（主要提供船舶停靠，海运货物的装卸、转运和仓储等），向第二代港口"运输中心 + 服务中心"（除了提供货物的装卸、仓储等，还增加了工业和商业活动，使港口具有了货物的增值功能），甚至向第三代港口"国际物流中心"（除了作为海运的必经通道，在国际贸易中继续保持有形商品的强大集散功能并进一步提高有形商品的集散效率之外，还具有集有形商品、技术、资本、信息的集散于一体的物流功能）进行转变。

2.4.3　水路运输设施

1. 内河运输

内河运输是指使用船舶在陆地内的江、河、湖、川等水道进行运输的方式，简称河运，主要使用中小型船舶（3 500t 以下），随着科学技术进步，万吨级船队逐渐承担起了大部分运输任务。

2. 航道

航道是指位于江河、湖泊、水库、运河和海洋中，能供船舶安全航行和浮泊的水上通道。航道包括海上航道、海上进港航道和内河航道。

（1）海上航道。海上航道是指大多数船舶在一定时期内遵照一定路线行驶，以达到一定目的地的线路。

（2）海上进港航道。海上进港航道有天然的，也有人工挖掘的，是指在任何天气及季节中，不受水位、能见度、海流、风力及波浪的限制，保证船舶安全地进出港口的航道。海上进港航道最好是短、直、深，淤积尽量少。

（3）内河航道。内河航道是指在江、河、湖泊、人工水道和水库中，能供船舶安全浮泊和航行的通道。为了满足船舶安全航行，内河航道应有足够的水深和宽度，有比较稳定的水流速度，航道转向处应有适当的弯曲度，应有符合规定的水上外廓，没有水下障碍物（如石块、沉树、沉船或建筑物的残留部分等）。在航道内还应有航标等导航装备。

3. 港口

港口是指具有船舶进出、停泊、靠泊，旅客上下船，货物装卸、驳运和储存等功能，由有明确界限的水域和陆域构成的区域。港口一般以其所在的城市命名，一个港口可以由多个港区、码头组成。

（1）港口的组成。我国沿海地区目前已经形成五大港口群，自北向南依次是：环渤海地区港口群体、长江三角洲地区港口群体、东南沿海港口群体、珠江三角洲地区港口群体、西南沿海地区港口群体。

在物流运输中，港口是水陆运输的枢纽，主要由港口水域和港口陆域两部分组成。港口水域是港界线以内的水域面积，主要包括码头前水域、进出港航道、船舶转头水域、锚地以及助航标志等。港口陆域是港界线以内的陆域面积，一般包括装卸作业地带和辅助作业地带两部分，并包括一定的预留发展地。装卸作业地带布置有仓库、堆场、铁路专用线、道路、站场、通道等设施；辅助作业地带布置有车库、工具房、变（配）电站、机具修理厂、作业区办公室、消防站等设施。随着港口经营业务的增加，港口开始介入物流管理和货物的流通加工领域，因此需要相应地在港内增设流通加工场所。

码头是指供船舶停靠、货物装卸的建筑物，是港口的主要组成部分。

按码头的平面布置不同，可分为顺岸式码头、突堤式码头、墩式码头、岛式码头、系船浮筒等。按断面形式不同，可分为直立式码头、斜坡式码头、半直立式码头和半斜坡式码头。按用途不同，可分为通用码头和专用码头。

泊位是指一艘设计标准的船型停靠码头所占用的岸线长度，或占用的趸船数目。

泊位的数量与大小是衡量一个港口或码头规模的重要标志。一座码头可能由一个或几个泊位组成，视其布置形式和位置而定。

（2）港口的种类。港口按用途不同分为以下 5 种类型。①普通港：以普通运输船舶为服务对象的港口。②专业港：以装卸某一货物类别为主的港口，如石油港、矿石港、煤港等。③军港：供舰艇停泊并取得补给的港口，是海军基地的组成部分。④渔港：供渔船停泊，进行鱼货装卸、鱼货保鲜、冷藏加工、修补渔网和渔船生产及生活物资补给的港口。⑤避风港：供船舶在航行途中或海上作业过程中躲避风浪的港口。

港口按地理位置不同又分为以下 5 种类型。①河港：位于内河水道和人工运河沿岸，且具有河流水文特征的港口。②河口港：位于大江大河入海口处的港口。③海港：位于海边、海湾、岛屿上的港口。④水库港：位于大型水库沿岸的港口。⑤湖泊港：位于湖泊沿岸或江河入湖口处的港口。

2.4.4　水路运输装备

1. 船舶

船舶是海上运输的工具。海上货运船舶的种类繁多，按照其用途不同，可分为干货船和油槽船两大类。其中，干货船可分为杂货船、散货船、载驳船、集装箱船、滚装船、冷藏船等；油槽船又可分为油船、液化气船和液体化学品船等。

（1）干货船。干货船是用于装载各种干货的船舶。常见的干货船主要有杂货船、散货船、载驳船、集装箱船、滚装船、冷藏船等。

1）杂货船（见图 2-10）。杂货船用于装载一般包装、袋装、箱装和桶装的一些杂类货物，是使用最广泛的一种运输船舶。其航线遍布内河和人海，可运送重量不等的各种单件货物，排水量也从几吨到 1 万～ 2 万 t 不等，海上杂货船的载重量（船舶的载荷重量）在2 000 ～ 15 000t。杂货船航速比较低，一般在 12 ～ 18 节 /h。新型杂货船一般为多用途型，既能运载普通干杂货，也能运载散货、大件货、集装箱、冷藏箱，甚至滚装货，以提高揽货能力及营运的经济性。

杂货船设有 2 ～ 3 层全通甲板，根据船的大小设有 3 ～ 6 个货舱，每个货舱的甲板上有舱口及吊杆或吊车以装卸货物，底部常采用双层底结构以保证船舶运行安全。

2）散货船（见图 2-11）。散货船是指专门运输散装货物，如谷物、煤炭、矿砂、水泥、盐等大宗干散货物的货船。它具有运货量大、运价低等特点，目前在各类船舶的总吨位数量排名中居第二位。散货船载重量一般为 5 万～ 8 万 t，最大的也有近 40 万 t 的；船速比较低，一般为 14 ～ 15 节 /h。散货船一般都是单向运输一种货物，而且船体宽大，有 1 ～ 2 个货舱作为压载舱。目前，为了克服散货船的单向运输问题，开辟货源，提高散货船的运输经济效益，出现了一些新型的散货船，如油散矿船、浅吃水肥大型船、大舱口散货船、散货汽车联运船与自卸散货船等。

图 2-10　杂货船

为了具备良好的适航性能，散货船具有特殊的结构。其主要特点有：单层甲板；设有双层底舱；船舱多在船尾；船体宽大；航速较低，多在 15 节 /h 以下。

3）载驳船（见图 2-12）。载驳船也称母船，驳船也称子船。载驳船是指一种由大型机动船运送载货驳船的运输船舶。其运输方式与集装箱运输方式相近。它的运输过程是将货物或集装箱装在规格统一的驳船（子船）上，再将驳船装到载驳船（母船）上，在母船抵达目的地后，驳船队将子船从母船上卸到水面，再由拖船或推船将其带走；母船则在装好另一批驳船后开航。载驳船的特点是可以不需要码头，只需要多个供周转的驳船队，装卸效率高，便于实现海河联运。

图 2-11　散货船

图 2-12　载驳船

载驳船的装卸方式有 3 种：利用载驳船上的尾部门式起重机、尾部驳船升降平台或浮船坞原理装卸载驳船。这种运输方法为实现海河联运的一种有效方法。

4）集装箱船（见图 2-13）。集装箱船又称箱装船或货柜船，是指用来装运规格统一的标准货箱的货船。集装箱船的主要特点是主机功率大，船体较窄，航速比较快。集装箱船具有装卸率高、经济效益好等优点，因而得到了迅速发展。集装箱船可以分为 3 种类型：全集装箱船、半集装箱船和可变换的集装箱船。

　　集装箱船在船型和结构方面与常规杂货船有明显的不同。其外形瘦长，通常设置单层甲板和巨大的货舱口，上甲板平直，货舱方正宽长，货舱内部与甲板上均可放置集装箱。绝大多数的集装箱船上不设起货设备，因而需停靠在专用集装箱码头，通过岸上专用起重机、集装箱装卸桥来进行装卸。由于在甲板上堆放集装箱，因此集装箱船受风面积大，重心高度也大，常需压载，以确保足够的稳定性。

　　5）滚装船（见图 2-14）。滚装船又称滚上滚下船，是指货物的装卸先通过载货的车辆连货带车一起装船，待到港后再一起开出船外的货船。滚装船适用于装卸繁忙的短程航线，车辆通过在船尾部或船首部、船舷部的跳板进出船舶，因此船舶及码头均无须装卸装备，没有货舱口，装卸效率较高，货损率低。滚装船通常船体较宽，水线以上受风的面积也大；甲板面积大，层数多，用来安装货物或者供货车通行。滚装船装卸速度较高，可达普通货船的10 倍，但滚装船的舱容效率较低，通常为 30% ～ 40%，船舶造价最贵。

图 2-13　集装箱船　　　　　　　　　　　　　　　　图 2-14　滚装船

　　6）冷藏船（见图 2-15）。冷藏船是指专门运输易腐货物，如鱼、肉、水果、青菜等的船舶。它通过其特有的制冷和隔热系统，将货物保持在一定的低温条件下，使货物在送达目的地时仍能保持一定的新鲜程度。冷藏船舱口尺寸较小，设有多层甲板，舱口高度较低，船壳多漆成白色，以防日晒造成的热辐射。除航行动力及装卸主副机外，还装有冷冻机、送风机、抽风机等。

图 2-15　冷藏船

7）多用途船（见图 2-16）。多用途船是指具备多种用途功能的船舶。广义地说，凡能装运两类以上货物的船舶都可称为多用途船，一般所讲的多用途船特指多用途干货船。多用途船是在 20 世纪 60 年代发展起来的。大多数多用途船设置两层甲板，机舱口在尾部，其船体比普通货船大，深度由装运集装箱所需层数确定，吃水多在 9.5m 以下，符合世界大多数港口的要求，一般设置舷边舱作为压载舱，航速多在 16 ～ 18 节 /h。多用途船适宜在不定期航线及班轮航线运输非适箱货和部分集装箱，发展前景很好。

图 2-16　多用途船

（2）油槽船。油槽船是专门用于运输液态货物的船舶，如油船、液化气船和液体化学品船等。由于液体散货的理化性质差别很大，因此运送不同液货的船舶，其构造与特性均有很大差别。

1）油船（见图 2-17）。油船是专门用来装运散装石油类（原油以及石油产品）液体货物的船舶。它一般分为原油船和成品油船两种。油船在所有的船舶中吨位最大。"二战"以后，油船的载重吨位不断增加，目前世界上最大的油船载重吨位已达 60 万 t。它的特点是船体宽大，机舱、锅炉舱都安设在船尾部，使货油舱连接成一个整体。

油船通常只设一层甲板，住舱及上层建筑均设置在船尾部以便防火与布置输油管道。其油货舱结构为双层纵舱壁和双层壳，各个油货舱都有油气膨胀舱口，并设有水密舱口盖，依靠油泵和输油管进行装卸。甲板上布有大量的与泵连接的输油管道，并设有纵向通往全船的步桥，供船员通行。在油船上通常都设有隔离空舱，用来防止油类的渗漏和防火防爆；设有货油泵舱，专门用来布置货油泵的压载舱，保证空载时必要的吃水和稳定性；设置了舱底加温管系统，防止舱内货油因温度下降而凝固。

2）液化气船（见图 2-18）。液化气船是专门用来装运液化天然气和石油气的船舶。将气体冷却压缩成为液体，可以大大减少它的体积，使之便于运输。液化气船分为液化石油气船（LPG 船）、液化天然气船（LNG 船）和液化化学气船（LCG 船）。

图 2-17　油船

图 2-18　液化气船

3）液体化学品船（见图 2-19）。液体化学品船是专门用来装运各种液体化学品，如醚、
苯、醇、酸等的船舶。它在船舶的防火、防爆、
防毒、防泄漏、防腐等方面有较高的要求。除双
层底外，液体化学品船的货舱区均为双层壳结
构，货舱口有透气系统和温度控制系统，根据需
要还有惰性气体保护系统。货舱区与机舱、住舱
及淡水舱之间均由隔离舱分隔开来。根据所载货
物的危害性，液体化学品船分为Ⅰ级、Ⅱ级、Ⅲ
级。Ⅰ级船专用于运输危险性最大的化学品；Ⅱ

图 2-19　液体化学品船

级船专用于运输危险性略小的化学品；Ⅲ级船用于运输危险性更小的化学品。用于装载一般
化学品的船舱室面积小而数量多。

2.5　航空运输技术与装备

航空运输是指由航空器（飞机）、航空港（机场）和航空线组成的，进行客货运输的一
种运输方式。它具有许多其他运输方式所不能比拟的优越性，在短短半个多世纪内获得了
快速的发展，特别受到现代企业青睐。2020 年 12 月 22 日，中华人民共和国国务院新闻办
公室发布的《中国交通的可持续发展》白皮书指出：截至 2019 年年底，中外航空公司在中
国通航 54 个合作国家，每周运行 6 846 个往返航班，与东盟、欧盟签订了区域性航空运输
协定。

2.5.1　航空运输的特点

航空运输的特点主要表现在以下几个方面。

（1）速度快。这是航空运输的最大特点和优势。距离越长，航空运输能节约的时间就越
多，快速的特点也越显著，因此航空运输最适宜长距离的情况。

（2）灵活机动。飞机在空中飞行，受航线条件限制的程度比汽车、火车、轮船小得多。
它可以将地面上任何距离的两个地方连接起来，可以定期或不定期飞行。尤其是在对灾区的
救援、供应，边远地区的急救等紧急任务方面，航空运输已成为必不可少的手段。

（3）节约包装，降低有关费用。由于使用航空运输方式的货物在途时间短、周转速度
快，因此企业存货可以相应减少。这一方面有利于资金的回收，减少利息支出；另一方面也
可以降低企业仓储费用。此外，航空货物运输安全、准确，货损、货差少，保险费用较低。
航空运输对货物的包装要求通常也比其他运输方式要低，减少了包装成本。

（4）运量小，运价高。飞机的舱容有限，在运输大件货物或大批量货物时有一定的限
制。此外，由于飞机机舱容积和载重量都比较小，同时飞机造价高、能耗大，机械维护及保
养成本也很高，因此航空运输的运价是五种运输方式中最高的。

2.5.2　航空运输的发展趋势

（1）推出新一代航空运输载运工具。20世纪的航空设计和制造技术决定了目前绝大部分民用飞机只能是亚音速客机，最大载客量不超过500人。21世纪，在解决音爆、高升阻比、高温材料、一体化飞行推力控制系统等问题的基础上，航空运输业将推出一批新机型。届时超音速客机的飞行速度将达2～3倍音速，亚音速客机的最大载客量将达800～1 000人，可旋转机翼垂直起降运输机载客可达100人左右。地效飞机（又称两栖运输船）是在21世纪最被看好的运输工具之一，可搭载100名左右的乘客，沿水面或较平坦的地面飞行。

（2）实施新一代通信、导航、监视／空中交通管理（简称CNS/ATM）系统。现行的空管系统有三大缺陷：覆盖范围不足，对大洋和沙漠地区无法有效控制；运行标准不一致，跨国（地区）飞行安全难以保障；自动化程度不高，管制人员的负担过重。为此，国际民航组织（ICAO）正在全球范围内部署实施CNS/ATM系统，预计新系统的安装可以在21世纪上半叶完成。

（3）信息技术在航空运输中得到更普遍的应用。从20世纪50年代起，计算机就开始应用于美国航空公司的航班订票系统。现在，计算机信息处理已渗透到商务、机务、航务、财务等各个领域。预计到21世纪末，航空公司的生产组织和运行管理将进入系统化的动态控制阶段，信息技术将广泛应用于航空运输的市场预测、机队规划、航班计划、价格决策、收益管理、订座系统、机务与航材管理、飞机运行管理、财务数据分析、运行统计评估等各个领域。届时，以信息化为核心的机场运作体系将涉及运行信息、现场管理、旅客服务信息、进离港系统、货运系统、保安系统以及航空公司和空管部门的信息接口等各个业务领域。

（4）航空运输是一种科技含量高且密集的运输方式。高水平航空科技成果和大型、高速运输飞机的发展，先进通信、导航装备和技术的应用，新一代空中交通管理技术的实施，机场及其设施的现代化、自动化以及运输管理系统的信息化等，都是航空运输发展的方向和目标。

2.5.3　航空运输设施

航空港为航空运输的经停点，又称航空站或机场，是供飞机起飞、降落和停放及组织、保障飞机活动的场所。近年来，随着航空港功能的多样化，港内除了配有装卸客货的设施外，一般还配有商务、娱乐、货物集散中心，以满足往来旅客的需要，同时吸引周边地区的生产和消费。

航空港按其所处的位置分为干线航空港和支线航空港；按业务范围分为国际航空港和国内航空港。其中，国际航空港需经政府核准，可以用来供国际航线的飞机起降营运，航空港内配有海关、移民、检疫和卫生机构。而国内航空港仅供国内航线的飞机使用，除特殊情况不对外国飞机开放。

一般来说，航空港内配有以下设施。

（1）跑道与滑行道。前者供飞机起降，后者是飞机在跑道与停机坪之间出入的通道。

（2）停机坪。停机坪是供飞机停留的场所。

（3）机场交通。机场交通包括出入机场交通和机场内交通两部分。机场内交通设施包括供旅客、接送者、其他访问者、机场工作人员使用的公用通道；供特准车辆出入的公用服务设施与非公用服务道路；供航空货运车辆出入的货运交通通道。出入机场交通的客运交通方式有私人汽车、出租汽车、机场班车、公共汽车、城市轨道交通等；货运交通方式主要是道路汽车交通。

（4）指挥塔或管制塔。指挥塔是飞机进出航空港的指挥中心，其位置应有利于指挥与航空管制，以维护飞机安全。

（5）助航系统是辅助飞机安全飞行的设施。它包括通信、气象、雷达、电子及目视助航装备。

（6）输油系统。它是为飞机补充油料的系统。

（7）维护修理基地。它是在飞机归航后或起飞前为飞机做例行检查、维护、保养和修理的地方。

（8）货站。它提供对航空货物的专业装卸、搬运、分拣、计量、包装、理货、仓储服务；对航空货运信息的咨询、查证服务；对仓储设施的建设经营及办公场地出租服务；对海关二级监管仓的运营服务；等等。

（9）其他各种公共设施包括水、电、通信、交通、消防系统等。

2.5.4 航空运输装备

飞机也称航空器，是航空运输系统的运载工具。

1. 飞机的分类

依其分类标准不同，可以有以下划分方法。

（1）按飞机的用途划分，有国家航空飞机和民用航空飞机之分。国家航空飞机是指军队、警察和海关等部门使用的飞机，民用航空飞机主要是指民用飞机和直升机。民用飞机是指民用的客机、货机和客货两用机。客机主要运送旅客，行李一般装在飞机的深舱。由于直到目前为止，航空运输仍以客运为主，而客运航班密度高、收益大，所以大多数航空公司都采用客机运送货物。不足的是，由于舱位少，每次运送的货物数量十分有限。货机运量大，可以弥补客机的不足，但经营成本高，只限在某些货源充足的航线使用。客货两用机可以同时在主甲板运送旅客和货物，并根据需要调整运输安排，是最具灵活性的一种机型。

（2）按飞机发动机的类型划分，有螺旋桨式飞机和喷气式飞机之分。螺旋桨式飞机利用螺旋桨的转动将空气向机身后推动，借其反作用力推动飞机前进，所以螺旋桨转速越高，飞行速度越快。但当螺旋桨转速高到某一程度时，会出现"空气阻碍"的现象，即螺旋桨四周已成真空状态，即便再增加螺旋桨的转速，飞机的速度也无法提升。喷气式飞机（见图 2-20）最早由德国人在 20 世纪 40 年代研制成功，是将空气经多次压缩后喷入飞机燃烧室内，令空气与燃料混合燃烧后产生大量气体以推动涡轮，再以高速度将空气排出机外，借其反作用力使飞机前进的一种飞机。它的结构简单，制造、维修方便，速度快（一般时速可达 500～600mile[⊖]），节约燃料费用，装载量大（一般可载客 400～500 人或运载 100t 货物），使用率高（每天可飞行 16h），所以目前已经成为世界各国机群的主要机种。超音速飞机是指航行速度超过音速的喷气式飞机，如英法在 20 世纪 70 年代联合研制成功的协和式飞机。目前超音速飞机由于耗油大、载客少、造价昂贵、使用率低，令许多航空公司望而却步。又由于噪声很大，它也被许多国家的机场以保护环境的理由拒之门外，或者被限制在一定的时间范围内起降，更加限制了其发展。

图 2-20　喷气式飞机（波音 777）

（3）按飞机的发动机数量划分，有单发（动机）飞机、双发（动机）飞机、三发（动机）飞机、四发（动机）飞机之分。

（4）按飞机的航程远近划分，又有近程、中程、远程飞机之分。远程飞机的航程为 11 000km 左右，可以完成中途不着陆的洲际跨洋飞行。中程飞机的航程为 3 000km 左右。近程飞机的航程一般小于 1 000km。近程飞机一般用于支线，因此又称支线飞机。中、远程飞机一般用于国内干线和国际航线，又称干线飞机。

（5）按飞机的客座数划分，可分为大、中、小型飞机。我国民航总局采用的具体划分方法是：飞机的客座数在 100 座以下的为小型，100～200 座为中型，200 座以上为大型，但分类标准是相对而言的。

2. 飞机的组成

飞机主要由机翼、机身、动力装置、起落装置、操纵系统等部件组成。

（1）机翼：为飞机飞行提供升力的部件。机翼受力构件包括内部骨架、外部蒙皮以及与机身连接的接头。

（2）机身：装载人员、货物、燃油、武器、各种装备和其他物资的部件，一般用于连接

⊖　1 mile= 1 609.344m。

机翼、尾翼、起落架和其他有关构件。

（3）动力装置：当飞机的飞行速度提高到需要突破"音障"时，就要用结构简单、重量轻、推力大的涡轮喷气式发动机。涡轮喷气式发动机包括进气道、压气机、燃烧室、涡轮和尾喷管五部分。

（4）起落装置：飞机起落装置使飞机能在地面或水面上平顺地起飞、着陆、滑行与停放，由吸收着陆撞击的能量机构、减震器、机轮和收放机构组成。改善起落性能的装置包括增升装置、起飞加速器、机轮刹车和阻力伞（减速伞）等。

（5）操纵系统：分为主操纵系统和辅助操纵系统。主操纵系统对升降舵、方向舵和副翼三个主要操纵面进行操纵，辅助操纵系统对调整片、增升装置和水平安定面等进行操纵。

3. 飞机的常用参数

（1）机长：飞机机头最前端至飞机尾翼最后端之间的距离。

（2）机高：飞机停放地面时飞机尾翼最高点的离地距离。

（3）翼展：飞机左右翼尖之间的距离。

（4）最大起飞重量：飞机试航证上规定的该型飞机在起飞时许可的最大重量。

（5）最大着陆重量：根据飞机的起落架和机体结构能承受的撞击量。由飞机制造厂和民航当局规定。

（6）飞机基本重量：除商务载重（旅客、行李、货物和邮件）和燃油外，飞机做好执行飞行任务准备时的飞机重量。

4. 飞机的飞行性能

飞机的飞行性能是评价飞机性能优劣的主要指标。主要包括下列几项。

（1）最大平飞速度：在发动机最大功率或最大推力时飞机所获得的平飞速度。其单位是"km/h"。影响飞机最大平飞速度的主要因素是发动机推力和飞机阻力。由于发动机推力、飞机阻力与高度有关，所以在说明最大平飞速度时，要明确这种速度是在什么高度上达到的。通常飞机不使用最大平飞速度长时间飞行，因为耗油太多，而且发动机容易损坏。

（2）爬升性能：飞机的爬升受到高度的限制，因为高度越高，发动机的推力就越小。当飞机达到某一高度，发动机的推力只能克服平飞阻力时，飞机就不能再继续爬升了，这一高度称为飞机的理论升限。而在物流中通常使用的是实用升限，即飞机还能以 0.5 米 / 秒的垂直速度爬升的飞行高度，也称为飞机的静升限。民用飞机是以最大爬升速率和升限来表征其主要爬升性能的。

（3）续航性能：民用飞机主要以航程和续航时间（航时）来表征其续航性能。航程是指当飞机起飞后，先爬升到平飞高度平飞，再由平飞高度下降落地，且中途不加燃油和润滑油，获得的水平距离的总和。飞机的航程不仅取决于飞机的载油量和飞机单位飞行距离耗油量，而且与业务载重量相关。飞机在最大载油量和飞机单位飞行距离耗油量最小的情况下飞行时获得的航程就是飞机的最大航程。

（4）起降性能：飞机的起降性能包括飞机起飞离地速度、起飞滑跑距离、飞机着陆速度、着陆滑跑距离。

2.5.5 航空运输方式

（1）班机运输。班机是指定期开航的定航线、始发站、到达站和途经站的飞机。班机运输按业务对象不同，可分为客运班机和货运班机。

客运班机一般采用客货两用机，该类班机必须在保证客运的前提下搭载小批量的货物，但不能满足大批量货物的及时运出，有时要分期分批运输。因此班机运输需要预订舱位。

货运班机只在一些货源充足、规模较大的航空公司的一些航线上采用，使用全货机运输，主要控制货物体积（不能超高、超长，能够装入货舱）、形状（易于固定）、重量（不能超重），在保证飞机飞行平稳和安全的前提下充分提高飞机的载运率。

由于班机定期开航，始发站、到达站、途经站固定，因此发收货人能确切掌握货物起运、到达的时间，可以保证货物安全、迅速地运到世界各地，颇受贸易商的欢迎。班机运输的不足之处是由于客货混载，舱位有限，大批量的货物往往需要分期分批运输。

（2）包机运输。包机运输是指包机人出于一定的目的包用航空企业的飞机运载货物和旅客的一种运输方式。包机运输按租用舱位多少分为整机包机（租用整架飞机）和部分包机两类。其中，部分包机是指由几家航空货运公司或托运人联合包租一架飞机，或由航空公司把一架飞机的舱位的使用权分别卖给不同的航空货运公司或托运人的包机运输。

（3）集中托运。集中托运是指将若干票单独发运，发往同一方向的货物集中起来作为一票货，并填写一份总运单，发运到同一到站的运输方式。集中托运可以节省运费，航空公司的集中托运运价一般都低于航空协会的运价，发货人可得到低于航空协会报价的运费优惠以节省运输费用；将货物集中托运，可使货物到达航空公司到达地点以外的地方，延伸了航空公司的服务范围，方便了货主；发货人将货物交与航空公司代理后，即可取得货物分运单，并持分运单到银行尽早办理结汇。但集中托运的缺点是其只适合办理目的地相同或临近的普通货物。集中托运方式已在世界范围内普遍开展，形成了较完善、有效的服务系统，为促进国际贸易发展和国际科技文化交流起到了良好的作用。集中托运已成为我国进出口货物的主要运输方式之一。

（4）航空快递。航空快递是目前国际航空运输中最快捷的运输方式，它由一个专门经营此业务的航空快递公司与航空公司密切合作，设专人用最快的速度在货主、机场、收件人之间进行运输和交接，传送快件。

2.6 管道运输技术与装备

管道运输是国民经济综合运输的重要组成部分之一，也是衡量一个国家的能源与运输业是否发达的特征之一。目前，长距离、大管径的输油气管道均由独立的运营管理企业来负责经营和管理。2020 年 12 月 22 日，中华人民共和国国务院新闻办公室发布的《中国交通的可持续发展》白皮书指出：西气东输、川气东送、海气登陆以及陕京线等天然气干线管输系统不断完善，原油、成品油、天然气管道建设不断提速。

2.6.1 管道运输的特点

管道运输多用来输送流体（货物），如原油、成品油、天然气及固体煤浆等。它与其他运输方式（铁路、公路、水路、航空运输）相比，主要区别在于驱动流体的输送工具是静止不动的泵机组、压缩机组和管道。泵机组和压缩机组向流体施加压力能，使其沿管道连续不断地向前流动，直至输送到指定地点。

管道运输的特点主要表现为以下几个方面。

（1）运输量大，一条直径 720mm 的管道，可以年输原油 2 000 万 t 以上，相当于一条铁路的运量。

（2）能耗少、运费低，原油管道的单位能耗只相当于铁路的 1/12 ～ 1/7。

（3）易于全面实现自动化管理。

（4）占地少，受地形、地貌限制小，宜选取短捷路径，缩短运输距离。

（5）安全密闭，基本上不受恶劣气候的影响，能够长期安全稳定运行。

（6）基本上不产生废渣废液，不会对环境造成污染。

2.6.2 管道运输设施

管道运输设施由管道线路设施、管道站库设施、管道附属设施和常用运输管理四部分组成。

1. 管道线路设施

管道的线路设施是管道运输的主体，主要设施如下所述。

（1）管道本体由钢管及管阀件组合焊接而成。

（2）管道防腐保护设施，包括阴极保护站、阴极保护测试桩、阳极地床和杂散电流排流站。

（3）管道水工防护构筑物、抗震设施、管堤、管桥及管道专用涵洞和隧道。

2. 管道站库设施

按照管道站、库位置的不同，分为首站（起点站）、中间站和末站（终点站）。按照所输介质的不同，又可分为输油站和输气站。输油站包括增压站（泵站）、加热站、热泵站、减压站和分输站；输气站包括压气站、调压计量站和分输站等。

3. 管道附属设施

管道附属设施主要包括管道沿线修建的通信线路工程、供电线路工程和道路工程等设施。此外还有管理机构、维修机构及生活基地等设施。

4. 常用运输管道

常用运输管道有原油管道、成品油管道、天然气管道和固体料浆管道（前两类常统称为油品管道或输油管道）。

（1）原油管道。原油一般具有比重大、黏稠和易于凝固等特性。在用管道输送时，运输者要针对所输原油的特性，采用不同的输送工艺。原油运输通常是自油田将原油输给炼油厂，或输给转运原油的港口或铁路车站。其运输特点是运输量大、运距长、收油点和交油点少，故特别适宜用管道输送。世界上的原油约有85%是用管道输送的。

（2）成品油管道。成品油管道主要用于输送汽油、煤油、柴油、航空煤油和燃料油，以及从油气中分离出来的液化石油气等成品油。每种成品油在商业上有多种牌号，常采用在同一条管道中按一定顺序输送多种油品的工艺，这种工艺能保证油品的质量和将油品准确地分批运到交油点。成品油管道的任务是将炼油厂生产的大宗成品油输送到各大城镇附近的成品油库，然后用油罐汽车转运给城镇的加油站或用户，有的燃料油则直接用管道输送给大型电厂，或用铁路油槽车外运。成品油管道运输的特点是批量多、交油点多，因此，管道的起点段管径大，输油量大；经多处交油分输以后，输油量减少，管径亦随之变小，从而形成成品油管道多级变径的特点。

（3）天然气管道。天然气管道是指用于输送天然气和油田伴生气的管道，又称输气管道。它包括集气管道、输气干线和供配气管道。目前，高压、大口径的输气管道约占全世界管道总长的一半。

（4）固体料浆管道。固体料浆管道是20世纪50年代中期发展起来的，到20世纪70年代初已建成能输送大量煤炭料浆的管道系统。其输送方法是将固体粉碎，掺水制成浆液，再用泵按液体管道输送工艺进行输送。

2.6.3 管道装备的维护

1. 管道防腐技术

尽管管道系统具有便于管理、运行安全的特点，但由于输送管道大多深埋于地下，给日常维护带来一定困难。尤其是管道和储罐的腐蚀，不仅会造成因穿孔而引起的油、气、水跑漏损失与污染，给维修带来材料和人力的浪费，还可能引起火灾和爆炸。针对发生腐蚀的原因，通常可采取下列措施改善腐蚀情况。

（1）选用耐蚀材料，如聚氯乙烯管、含钼和含钛的合金钢管等；

（2）在输送或储存介质中加入缓蚀剂抑制内壁腐蚀；

（3）采用内外壁防腐绝缘层，将钢管与腐蚀介质隔离；

（4）采用阴极保护法。

目前国内外普遍采用的经济可靠的方法是添加防腐绝缘层加阴极保护的综合措施。

2. 管道清洗技术

管道运输是原油、天然气最主要的运输方式。但因油、气中含有各种盐类、杂质、硫化物、细菌等，管线经长期运行会产生结垢、被腐蚀等影响生产的因素，因此，需对管道进行定期清洗、修复，输油（气）管道清洗技术也随之诞生。清洗是一门工程技术，是一个新兴的科学技术领域。输油（气）管道清洗技术是该科学技术领域的一部分，是一项延长管道使用寿命，保证管道正常运行的实用技术。按其清洗目的可分为投产前的清管，运行中的除垢，改输（原油管道改输天然气）前的清洗。

目前，管道清洗技术主要分为三大类：物理清洗法、化学清洗法、物理和化学结合清洗法。

（1）物理清洗法：包括高压水射流清洗、机械清洗、PIG 清洗、喷砂清洗、电子跟踪式清洗、爆炸清洗等方法。

（2）化学清洗法：多用于一般金属管道、不锈钢管道的清洗和管道脱脂。化学清洗法清洗管道是向管道内投入含有化学试剂的清洗液，使其与污垢进行化学反应，然后用水或蒸气吹洗干净。为了防止在化学清洗过程中损坏金属管道的基底材料，可在酸洗液里加入缓蚀剂；为提高管道清洗后的防锈能力，可加入钝化剂或磷化剂使管道内壁金属表层生成致密晶体，以提高防腐性能。

（3）物理和化学结合清洗法：物理清洗和化学清洗这两类方法，对工业管道及相关设备清洗各有千秋，然而单独使用哪一种方法都不具备把两者结合起来使用时具有的优势，从技术上说应取长补短，相辅相成；从经济上说也应合理选用、兼收并蓄。单独用化学试剂来清洗，会降低管道寿命，提高清洗成本，而且有些污垢难以用化学方法完全处理干净。同样，对长期输送沉积速度较快的输油管道，单纯用清管器清洗管道也难以达到理想的改输后效果。物理清洗与化学清洗多种方法结合使用已成为当代清洗技术发展的一种趋势。

2.7　运输方式的选择方法

铁路、公路、水路、航空、管道 5 种基本运输方式各有特点。水路运输运量大，成本低；公路运输机动灵活，便于实现货物门到门运输；铁路运输不受气候影响，可深入和横贯内陆实现货物长距离的准时运输；航空运输可实现货物的快速运输；管道运输占地少，适宜运送气体、液体。

在选择运输方式时，应该在考虑物流服务对物流系统的要求，以及合理物流费用的基础上做出决定，可以单独地选用一种，也可以采用多式联运。在选择运输方式时考虑的主要因素如表 2-5 所示。

表 2-5　选择运输方式时考虑的主要因素

因　素	内　容
物品的种类	着重考虑物品的形状、单件重量和容积、物品的危险性和易腐性，尤其是物品对物流费用的负担能力
运量	主要考虑运输批量的大小

（续）

因　素	内　容
运输距离	根据运输距离的长短，选择经济、方便的运输方式
运输天数	着重考虑物品的到货期、保质期、保鲜期等
物流费用	应着重考虑物流费用和仓储费用。因为物流费用低的运输工具，一般运量大，运量大会使库存量增加，仓储费用升高，因此要综合考虑两种费用

除表 2-5 考虑的因素之外，在选择运输方式时，还要考虑运输方式的速度、可得性、可靠性、能力、频率等营运特性。例如：汽车运输虽然费用低，但是运量小，即能力不如火车和轮船；火车、轮船运量大，费用也比较低，但速度不可能像汽车那么迅速，急需时就不容易满足。

2.7.1　运输车辆的选择

运输车辆的选择，主要是指根据货物的种类、特点、批量合理选择车辆类型及运载量大小。合理选择运输车辆，不仅可以完好、准时、无误地完成任务，还能够降低物流费用。因此，合理选择运输车辆是提高车辆运输生产率、降低运输成本的有效途径之一。

在通常情况下，车辆的选择应保证物流费用最少这一基本要求。其主要影响因素包括：货物的类型、特性与批量；装卸工作方法；道路与气候条件；货物运送速度；运输工作的劳动、动力及材料消耗量等。运输车辆的选择方法如表 2-6 所示。

表 2-6　运输车辆的选择方法

项　目	选　择　方　法
车辆类型	根据货物的特性、包装物的类型和形状采用相应的专用车辆，如栏板式货车、罐式货车、厢式车、冷藏车、平板车、水泥车及轴式挂车等，不但可以保证货物完好无损，改善劳动条件，提高行车安全，还可以降低运输成本。与采用具有气动式卸货机构的水泥车相比，采用通用车可以减少30%左右的水泥损失和物流费用；与采用面粉专用车相比，采用通用车可使运输袋装面粉的费用降低一半左右。但同样条件下，因专用车上增加了若干附属装备，使得其有效载重量有所降低，因此造成了车辆运输生产率下降。显然，采用专用车辆缩短装卸时间，使其生产率提高是有一定条件的，通常采取比较其生产率或成本的方法——计算等值运距，确定选择通用车辆还是专用车辆
车辆载重量	主要考虑货物批量。若货物批量大，选择最高载重量车辆（允许范围内）运输是合理的，但要注意与装卸生产率相适应；若货物批量有限，车辆的载重量必须与其相适应，否则会使运输成本增加；在汇集式路线组织运输时，有时也可选择较大载重量车辆。为了提高汽车运输生产率，降低运输成本，很多运输企业多采用拖挂运输

2.7.2　运输路线的选择

运输路线选择的合理与否直接影响运输的成本大小和速度快慢，因此在选择运输路线时，应从怎样分组制定路线、怎样安排顾客的发送顺序、怎样分配各路线的车辆、对于不同类型的客户分配什么样的车辆类型、客户对运输的特殊要求等方面考虑。在一定的运输条件下，一般运用运筹学和系统工程方法，解决如何使输送量最大、输送费用最省、输送距离最短等优化问题。

选择运输路线时涉及联运方式，联运方式是指将两种或两种以上的运输方式结合起来，共同完成货物运送的运输形式。这主要是因为单一运输形式不能延伸到货主需要接收的地点，或经济上不划算。多式联运方式主要分为"铁—空—公"（TAT）、"铁—空"（TA）和"公—空"（TA）三种。我国空运出口货物常采用陆空联运方式。例如：我国南方各省份在向欧洲出口普通货物时，就常利用香港机场航班多、普通货物运价便宜等优点，先用铁路将货物运至深圳北站，卸货后装上汽车再运至香港机场，然后从香港机场用班机运至目的地或中转站，最后通过当地代理，用汽车将货物运至目的地。这样一般只需半个月即能到达欧洲，运费比纯空运节约 1/3 ～ 1/2。

2.7.3　运输合理化途径

合理化的运输应是在整个物流系统中，能够充分利用现有时间、财务和环境资源，以最佳的运输方式和路线、最低的成本、最高的质量来实现运输的功能，达到物流最优化，避免对流运输、迂回运输、过远运输、重复运输、无效运输等不合理的运输。若想达到合理化运输，有以下方式可供选择。

1. 提高运输工具实载率

充分利用运输工具的额定能力，减少车船空驶和不满载行驶的时间，减少浪费，即提高车船的实载率，从而求得运输的合理化。当前，国内外开展的"配送"形式，其优势之一是将多家需要的物品和一家需要的多种物品实行配装，以达到对容积和载重的充分合理运用，比起以往自家提货或一家送货车辆的回程空驶的状况，此种新形式是运输合理化的一个进展。

2. 减少动力投入，增加运输能力

运输的投入主要是能耗和基础设施的建设，在设施建设已定型和完成的情况下，尽量减少能源投入，是减少投入的核心。因此，采取加长列车、多挂车皮、水运拖排和拖带、顶推、汽车挂车等办法，都可以在不增加动力的情况下增加运量，从而降低单位物品的运输成本，大大节约运费，达到合理化的目的。

3. 发展社会化运输体系

运输社会化就是发展运输的大生产优势，实行专业分工，打破一家一户自成运输体系的状况。一家一户的运输生产量小、车辆自有、自我服务，不能形成规模；运量需求有限，难于自我调剂，且配套的接、发货设施及装卸搬运设施也很难有效运行，因而经常容易出现空驶、运力选择不当（因为运输工具有限，选择范围太窄）、不能满载等浪费现象。实行运输社会化，可以统一安排运输工具，避免对流、倒流、空驶、运力不当等多种不合理形式，不但可以追求组织效益，而且可以追求规模效益，所以发展社会化的运输体系是运输合理化的一个非常重要的措施。

4. 开展"以公代铁"的运输

随着我国铁路网基础建设的不断完善以及高铁等配套设备的提速，大宗货物尽可能采用铁路进行远距离的运输，加大运输运载能力，提升运输效率，同时还可以减少污染，实现绿色经济。小批量、近距离的货物运输更多地采用公路运输，凭借公路运输"门到门"的服务和灵活机动的优势，实现铁路运输服务难以达到的运输水平。

5. 发展直达运输

运输合理化的重要形式就是直达运输，即通过减少中转过载换装，提高运输速度，节省装卸费用，降低中转货损。在一次运输批量和客户一次需求量达到一整车时，直达运输的优势最为突出。当然如同其他合作措施一样，直达运输的合理性也是在一定条件下才会有所表现，不能认为直达一定优于中转。应根据客户的要求，从物流总体出发做出综合判断，如果从客户需要量来看，当批量大到一定程度时，直达是合理的，而批量较小时中转是合理的。

6. 提高技术装载量

采用轻重配装、解体运输、有效堆积等做法，达到充分利用运输工具的载重量、容积和合理安排装载的物品及载运方法以求合理化的目的，是提高运输工具实载率的有效形式。

7. 组织"四就"直拨运输

各商业、物资批发企业，在组织货物调运过程中，对当地生产或由外地到达的货物，不是运进批发站仓库，而是采取直拨的办法，把货物直接分拨给市内基层批发、零售商店或用户，减少中间环节，即就厂直拨、就站直拨、就库直拨、就车（船）直拨。

8. 开发特殊运输技术和运输工具

依靠科技进步开发适用于特殊物料、大型装备运输的运输技术和运输工具是实现运输合理化的重要途径。另外，还可以通过流通加工运输路线优化，使运输达到合理化。

🔧 本章小结

本章从物流运输的分类入手，着重介绍公路、铁路、水路和航空运输的技术与装备，读者通过对它们的学习，能够识别各种常见的物流运输装备，并能初步选择运输工具，了解各种运输方式的发展趋势和新技术的运用。本章其余部分对道路、交通运输进行了深入探讨，介绍了公路货运站的组成及规划要点、铁路货运站的设计要点、航空货运的特点、管道运输的要点以及各运输方式的合理化选择。

🔧 复习思考题

一、填空题

1. 请写出铁路货车车辆标记：N 代表（   ），冷藏车符号为（   ），W 代表（   ），X

代表（　　），S 代表（　　）。

2. 在港口的发展历程中，第一代港口功能定位为纯粹的"运输中心"，第二代港口功能定位为（　　），第三代港口功能定位为（　　）。

二、选择题（包括单选与多选）

1.（　　）是运输网络中水陆运输的枢纽，是货物的集散地，船舶与其他运输工具的衔接点。

A. 港口　　　　　　B. 港界　　　　　　C. 港区　　　　　　D. 港口作业区

2.（　　）附属于某工矿企业，主要为企业自己使用的港口。

A. 货主港　　　　　B. 商业港　　　　　C. 军用港　　　　　D. 避风港

3. 用（　　）把品种繁杂、单元小的件杂货集装成规格化重件，可大大提高装卸效率，缩短船舶在港时间，减少货损货差，节省包装费用，简化理货手续。

A. 液体货　　　　　B. 集装箱　　　　　C. 件杂货　　　　　D. 干散货

4.（　　）多设在中等城市和铁路网上牵引区段的分界处。其主要任务是办理货物列车的中转作业，进行机车的更换或机车乘务组的换班以及解体、编组区段列车和摘挂列车。

A. 编组站　　　　　B. 区段站　　　　　C. 货运站　　　　　D. 中间站

5.（　　）是铁路网上办理大量货物列车解体和编组作业，并设有比较完善调车设备的车站，有"列车工厂"之称。

A. 编组站　　　　　B. 区段站　　　　　C. 货运站　　　　　D. 中间站

6.（　　）是国际贸易中的主角。目前国与国之间的货运业中，海运以其低廉的价格，占据着市场较大的份额，国际物流量的 90% 以上是由海运完成的。

A. 港口　　　　　　B. 港界　　　　　　C. 港区　　　　　　D. 港口作业区

7.（　　）是专为停靠船舶使用的场所，应有一定的岸壁线，其长度应根据所要停靠的集装箱船舶的主要技术参数确定，并有一定的水深。

A. 泊位　　　　　　B. 前沿　　　　　　C. 集装箱码头　　　D. 港口

8. 管道运输的对象不包括（　　）。

A. 原油　　　　　　B. 天然气　　　　　C. 固体料浆　　　　D. 书籍

9. 下面属于水路运输特点的是（　　）。

A. 运量大、成本低　B. 适合大宗货物　　C. 运送速度快　　　D. 受气候影响大

10. 下面属于公路集装箱运输特点的是（　　）。

A. 简化了装卸作业　　　　　　　　　B. 增加了包装费用

C. 降低了整体运输成本　　　　　　　D. 节省了包装费用

11.（　　）运输特别适合于运输长距离、高价值的产品。

A. 铁路　　　　　　B. 公路　　　　　　C. 航空　　　　　　D. 集装箱

12. 只需一次装卸的运输方式是（　　）。

A. 铁路　　　　　　B. 公路　　　　　　C. 航空　　　　　　D. 水路

13. 下面属于载货汽车的技术性能参数的是（　　）。

A.性能参数　　　　　B.类别参数　　　　　C.尺寸参数　　　　　D.质量参数

14.自卸汽车按用途可以分为（　　　）。

A.后倾自卸车　　　　B.普通自卸车　　　　C.矿用自卸车　　　　D.专用自卸车

15.下面属于厢式车特点的是（　　　）。

A.防雨、封闭　　　　B.密封性能好　　　　C.可防止货物失散　　D.载货容积小

16.下面属于铁路运输优点的是（　　　）。

A.运输能力大　　　　　　　　　　　　B.受气候影响小

C.能实现"门到门"运输　　　　　　　　D.准时性差

17.下面属于航空货运运输特点的是（　　　）。

A.运送速度快　　　　　　　　　　　　B.不受地面条件影响

C.安全准确　　　　　　　　　　　　　D.节约包装费用

18.下面属于管道运输特点的是（　　　）。

A.运量大　　　　　　　　　　　　　　B.占地少

C.建设周期长、费用高　　　　　　　　D.灵活性好

三、简答题

1.请说出高速公路首都放射线 G1 ～ G7 分别表示什么意思；台湾环线用什么符号表示，其取名含义是指什么。

2.请说出公路、铁路运输方式的特点并对其进行比较。

3.合理化运输有哪些途径？

仓储技术与装备

|学习目标|

1. 掌握仓库、货架的概念、作用和分类。
2. 熟悉自动化立体仓库的结构及优缺点。
3. 掌握不同货架的特点、功能及适用条件。
4. 了解仓储养护技术与装备、仓储计量与仓储安全的技术和装备。

|导入案例|

安踏晋江仓打造新型智慧仓储系统

在双轨经营模式下，安踏对其供应链管理能力的要求也越来越高。基于此，安踏与深圳海柔创新技术有限公司（以下简称海柔创新）联合开发了全新的智能仓库体系，以"货箱到人"的智能物流解决方案，为安踏的晋江仓带来了全新的提升和革命。随着新消费群体的兴起，以及消费需求的改变，近几年来，中国产品的消费已经进入一个快速增长的阶段，国内体育品牌也因此获得了新的发展机会，其中安踏就是很好的例子。据安踏公司公布的年度报告，安踏公司在 2021 年的营业收入达到了 493 亿元，较 2020 年同期增加了 38.9%。根据安踏的分析，这一次的快速增长主要是由于电商的发展以及 DTC 模式的出现。

自 2020 年 8 月起，安踏启动 DTC 战略转型，并于中国主要的 11 个区域（如长春、长沙、成都、重庆、广州、昆明、南京、上海、武汉等）实施了混合运营模式。其中，安踏专卖店 3 500 多家，60% 为直营，40% 为加盟商按照安踏新运营标准运营。这样做的目的是省去中间商，把商品直接销售给消费者。这种模式以消费者为核心，将线上和线下的全渠道进行连接，拥有更强的自主性、更低的触达用户成本等优点。

按照安踏披露的数据，其 DTC 渠道（直销店＋电商）占比接近 70%，而直销店更是达到了 6 000 家。这从侧面说明，安踏的 DTC 是一个极其成功的商业模式。而在安踏的财报中，DTC 更是占据了很大的一部分。根据 2021 年财报显示，在安踏的营收中，DTC 占据了最大份额，占比达到 35.6%。

仓库环境是鞋类产品物流中最重要的一个环节，也是目前供应链变革中最受关注的问题。为了应对日益增长的销量、不断提高的人工成本，以及越来越多的客户需求，安踏与海柔创新合作，在晋江物流园区内，对现有的智能仓库进行了全面的改造，使其成为一个全新的智能仓库。

安踏的晋江仓库在 2021 年 8 月正式投入运营。本项目使用"库宝 HAIPICKA42 多层堆垛机器人＋HAIPORT 全自动装卸设备＋高效率的运输线分拣设备"，为 2 000 平方米的仓储区域提供一组高达 11 层的堆垛设备，可提供近 20 000 个仓库空间；能满足纸箱和料箱的混合入库、拣选、出库，并能适应 2B、2C 两种业务形式的订单处理，达到每小时 20 000 个出库通量的要求。

安踏晋江仓库所使用的集装箱仓储机器人（ACR）系统，将仓库从入库、上架到分拣、出库的全过程串联起来，从仓库的布局设计到设备的使用，都进行了一系列的优化，包括以下几个方面。

（1）进仓操作：建立出仓输送线，在手动更换箱体的情况下，将进仓的箱体投入到运输线上，利用 HAIPORT 全自动卸货机，5s 就能完成 8 个箱体的卸货，从而提高了整个系统的工作效率。同时，对仓库区域进行了冷、热两种存储布局，并利用机器人实现了对集装箱的自动搬运和上架，从而代替了以往通过人工查找仓库位置进行入库和上架的操作。

（2）分拣操作：使用一种环状传送带的分拣系统，减少了机械手搬运盒子的次数，并且在搬运完一个盒子后，可以提供给多个工作站来完成分拣。拣选粒度被细化到每一箱，这就意味着当相同的 SKU 大量出货的时候，就可以将整个托盘上的货物拆成多个箱子，送到不同的工作站，从而降低了工作站等待箱子的时间，实现了更加灵活的拣选作业。

与此同时，在鞋服行业，一般都存在着同款集中、同款装箱的需要。因此，ACR 解决方案利用软件算法和调度系统，在拣货的时候，就将同款拣选在一个箱子里面，以确保货品到达终端门店时，可以快速上架并陈列出来。采用 ACR 方式可以实现"货到人"分拣。根据安踏公司 2021 年年度报告，安踏公司持续推动物流与供应链系统的智能升级，通过区域仓储与云端仓储的零售物流网络，实现了全国范围内的全覆盖，货物的平均周转率提升了 15 天，单件的物流费用下降了 15%。该项目投入使用后，每小时进货能力 1 000 个，每天出库能力 200 000 个；出货速度可达每小时 2 万件，较传统手工作业提高 2 倍。在商品补货方面，利用大数据技术进行实时补货，确保不缺货；在库存管理方面，利用物联网技术实现库存可视化管理；在物流方面，运用大数据优化仓库布局，调整拣货路径，实现最优的配送路径；在时效方面，采用云平台系统对接、优化订单流程、精准调度库存、及时反馈优化等手段，通过对物流与供应链系统的智能升级，实现了货物平均周转率提升 15 天，单件的物流费用下降 15%。

資料来源：根据腾讯新闻整理，https://new.qq.com/rain/a/20220721A0852300。

思考分析

1. 案例中涉及的仓储装备有哪些？
2. 你了解的仓储技术包括哪些技术？

3.1　仓储技术与装备的分类和特点

党的二十大报告指出："加快发展物联网，建设高效顺畅的流通体系，降低物流成本。加快发展数字经济，促进数字经济和实体经济深度融合，打造具有国际竞争力的数字产业集群。优化基础设施布局、结构、功能和系统集成，构建现代化基础设施体系。"数字化、智能化的仓库技术与装备是实现降本增效的重要途径。仓储技术与装备是有效实现仓储作业的技术保证，是企业仓储能力大小的直接反映。科学有效应用仓储技术与装备，加强仓储技术与装备的管理，是保证仓库高效、低耗、灵活运行的关键。要实现仓储基本任务，企业就应根据存储货物的周转量大小、储备时间的长短、储备货物的种类及有关的自然条件，广泛应用先进仓储技术，合理配置仓储机械装备，为有效进行仓库作业创造条件。

1. 仓储技术的构成

仓储是企业物流领域的一个中心环节，是保证生产经营活动连续进行的关键。它的基本活动包括货物的出入库、存储、保养、维护、分拣、配货等。仓储活动离不开仓储技术的支持，仓储技术能否合理应用，直接影响着仓库的作业效率。

仓储活动的基本功能包括物资的保管功能、调节物资的供需功能、实现物资的配送功能和节约物资的功能。仓储技术包括自动化立体仓库技术、货架技术、货物的验收堆码技术、库房温度湿度控制技术、货物养护技术、库存货物数量控制技术、安全消防技术、自动仓储系统管理与控制技术等。

2. 仓储机械装备的作用及其分类

仓储装备是指保证仓库进行生产和辅助生产作业以及保证仓库与作业安全必需的各种机械装备和设施的总称。物流仓储装备主要包括仓库以及与其相关的配套装备，如货架、托盘、自动化立体仓库、仓储笼、登高车、零件盒等。仓储机械装备是指保证仓库进行生产和辅助生产作业以及保证仓库及作业安全所必需的各种机械装备的总称。它是仓库进行保管维护、搬运装卸、计量检验、安全消防和输电用电等各项作业的劳动手段。仓储机械装备按其用途和特征一般可分为：存储装备、仓储装卸搬运机械装备、计量装备、商品保管和检验装备、机械维修装备、安全消防装备等。其具体特征表现为以下四点。

（1）在物流据点内工作，作业场所比较固定，工作范围相对较小，运行线路比较固定。

（2）安全性、节能性、环保性和经济性程度高。

（3）机械化、自动化程度高。

（4）专业化、标准化程度高。

3.2 仓库的定义与类型

3.2.1 仓库的定义和作用

1. 仓库的定义

《诗经·小雅》中提到"乃求千斯仓"，可知仓库的历史悠久绵长。现代仓库更多地考虑经营上的收益而不仅为了存储，这是同旧式仓库的区别所在。因此，现代仓库从运输周转、存储方式和建筑设施上都重视对通道的合理布置、货物的分布方式和堆积的最大高度，并配置经济有效的机械化、自动化存取设施，以提高仓库的存储能力和操作者的工作效率。

简单来说，仓库是用来储藏、保管物品的场所的总称。仓库由存储物品的库房、运输传送设施（如吊车、电梯、滑梯等）、出入库房的输送管道和装备以及消防设施、管理用房等组成。

在我国，"仓"和"库"最初是两个概念，"仓"是指存储粮食的地方，"库"是指存储兵器的库房，后来人们将两者合为一体：凡是存储物品的场所均称为仓库。在日本仓储被定义为"防止物品丢失、损伤的工作场地，或为防止物品丢失或损伤作业而提供的土地、水面等用于物品存储保管的场所"。

在现代物流中，仓库是保管、存储物品的建筑物和场所的总称，其功能已经从单纯的物资存储保管，发展到担负物资的接收、分类、计量、包装、分拣、配送、存盘等多种功能，具体细分如下所述。

（1）存储和保管功能。仓库具有一定的空间，用于存储物品，并根据存储物品的特性配备相应的装备，以保持存储物品的完好性。例如：存储挥发性溶剂的仓库，必须设有通风装备，以防止因空气中挥发性物质含量过高而引起爆炸；存储精密仪器的仓库，需防潮、防尘、恒温，因此应设立空调、恒温装置等装备。在仓库作业时，还有一个基本要求，就是防止搬运和堆放时碰坏、压坏物品。因此，也要求仓库中使用的搬运器具和其操作方法不断改进与完善，使仓库真正起到存储和保管作用。

（2）调节供需的功能。创造物质的时间效用是物流的两大基本职能之一（另一个基本职能是空间效用），而这一职能是由物流系统的仓库来完成的。现代化大生产的形式多种多样，从生产和消费连续的角度来看，每种产品都有不同的特点，有些产品的生产是均衡的，而消费是不均衡的，还有一些产品生产是不均衡的，而消费却是均衡不断地进行的。要使生产和消费协调起来，就需要仓库起"蓄水池"的调节作用。

（3）调节货物运输能力的功能。各种运输工具的运输能力是不一样的。船舶的运输能力很大，海运船一般是万吨级的，内河船舶也有几百 t 至几千 t。火车的运输能力较小，每节车厢能装运 30～60t 的货物，一列火车的运量最多可达几千 t。汽车的运输能力很小，一般每辆车能装运 4～10t 的货物。它们之间的运输衔接是很困难的，这种运输能力的差异，也是通过仓库来进行调节和衔接的。

（4）流通配送加工的功能。现代仓库的功能已处在由保管型向流通型转变的过程之中，即仓库由存储、保管货物的中心向流通、销售的中心转变。仓库不仅要有存储、保管货物的装备，还要增加分拣、配套、捆绑、流通加工、信息处理等装置。这样既扩大了仓库的经营范围，提高了物质的综合利用率，又方便了消费，提高了服务质量。

（5）信息传递功能。伴随着以上功能的改变，仓库开始对信息传递的水平提出了要求。在处理与仓库活动有关的各项事务时，需要依靠计算机和互联网，通过电子数据交换（EDI）和条形码技术来提高仓储物品信息的传输速度，及时准确地了解仓储信息，如仓库利用水平、进出库的频率、仓库的运输情况、顾客的需求以及仓库人员的配置等。

（6）产品生命周期的支持功能。根据美国物流管理协会 2003 年发布的物流定义：物流管理是供应链管理的一部分，是对货物、服务及相关信息从生产地到消费地的有效率、有效益地正向和反向流动与存储进行的计划、执行和控制，以满足顾客要求。由此可见，现代物流包括产品从"生"到"死"的整个生产、流通和服务的过程。因此，仓储系统应对产品生命周期提供支持。

仓库的主要性能参数有库容量和出入库频率。库容量是指仓库能容纳物品的数量，是仓库内除去必要的通道和间隙后所能堆放物品的最大数量。出入库频率是单位时间内物品出入库的次数。

2. 仓库的作用

仓库在物流活动中发挥着不可替代的作用。

（1）缩短供货时间。仓库可以设置在靠近目标顾客的位置，这样可以更好地防止顾客采购货物的短缺，缩短顾客预购货物的时间，为顾客提供满意的仓储服务。

（2）调整供求。有的商品集中生产，却是持续消费，如粮食；有的商品持续生产，却是集中消费，如皮装等季节性商品。诸如此类的商品都要靠仓库调节市场供求。

（3）降低价格波动的风险。市场经济条件下的商品价格变化莫测，经常给商家或是生产企业带来价格风险。生产企业和商家可以在其认为价格合适的时候进行采购或是储备，在原材料价格上涨前或商品价格下降时大量存储，减少损失。

（4）避免缺货损失。有时，某些商品的缺货会给企业在经济和信誉上带来巨大的损失，其中有些损失是直接的，有些损失是间接的。为了对市场需求做出快速反应，企业必须保持一定的存货来避免缺货损失。另外，为了避免因战争、灾荒等意外引起的缺货，国家也要存储些生活物资、救灾物资及装备。

3.2.2　仓库的类型

仓库可以按不同的标准进行分类，以便实行不同的管理。

1. 按仓库在社会再生产过程中所处的位置分类

按仓库在社会再生产过程中所处的位置不同，可以把仓库分为生产领域仓库、流通领域仓库和存储型仓库。

（1）生产领域仓库，包括原材料仓库，半成品、在制品和产成品仓库。

（2）流通领域仓库，包括物流企业中转仓库和商业企业的自用仓库，主要用于商品的保管、分类、中转和配送。

（3）存储型仓库，这种类型的仓库以物资的长期保管或储备为目的，货物在库时间长，周转速度慢，如国家粮食储备库。

2. 按仓库的使用范围分类

根据使用范围的不同，仓库可以分为企业仓库、营业仓库和公用仓库。

（1）企业仓库，指企业自己投资兴建，用于保管自己生产经营所需货物的仓库。

（2）营业仓库，指为面向社会提供仓储服务而修建的仓库。这类仓库以出租库房和装备，提供装卸、包装、流通加工、送货等服务为经营目的，功能比较齐全，服务范围较广，进出货频繁，吞吐量大，使用效率较高。

（3）公用仓库，指由国家或一个主管部门修建的，为社会物流业务服务的仓库，如车站货场仓库、港口码头仓库等。其特点是公共、公益性强，功能比较单一，仓库结构相对简单。

3. 按仓库的保管条件分类

根据保管条件的不同，仓库分为普通仓库、恒温保湿仓库、冷藏仓库、特种仓库和水面仓库。

（1）普通仓库，设施一般，只能保管无特殊要求的货物。

（2）恒温保湿仓库，能始终保持一定的温度和湿度。

（3）冷藏仓库，有冷冻装备，可使库房保持一定的低温。

（4）特种仓库，用于存放有特殊要求如易燃、易爆、有毒的货物。

（5）水面仓库，用于存放圆木、竹排等能够在水面上漂浮的物品。

4. 按仓库的建筑结构分类

根据建筑结构的不同，可以把仓库分为迷你仓库、简仓、单层仓库、多层仓库、立体仓库、罐式仓库。

（1）迷你仓库。我国现阶段出现了以寄存物品为业务的迷你仓库雏形，一些大的仓库也提供小面积的存储服务。这类服务将物品堆放在大仓库里，物与物之间没有明显的间隔，因此缺乏安全性和隐秘性。大部分地区都不具备发展迷你仓库的条件，现阶段，我国只有上海、北京、深圳等一些一线城市出现了迷你仓库，具有良好的发展势头。

（2）筒仓。筒仓用于存放散装的水泥和化肥等，造价较低，一般只有一层，不设楼梯，经常用来存储粮食，构造较为简单，使用便捷。

（3）单层仓库。使用单层仓库进行各项作业较为方便，单层仓库有效高度不超过 6 米，适于人工操作，也适于存储金属材料、建筑材料、矿石、机械产品、车辆、油类、化工原料、木材及其制品等。水运码头仓库、铁路运输仓库、航空运输仓库多使用单层结构，以加快装卸速度。单层仓库的总平面设计要求道路贯通，装运的汽车、铲车能直接进出仓库。这种仓库一般采用预制钢筋混凝土结构，柱网一般为 6m，跨度为 12m、15m、18m、24m、30m、36m 不等。地面堆货荷载大的仓库，跨度宜大。库内吊车的起重能力根据存储货物单件的最大重量确定，起重量在 5t 以下的可用单梁式吊车或单轨葫芦，大于 5t 的用桥式吊车。仓库要求防潮，如供存储易燃品之用，应采用柔性地面层以防止产生火花；屋面和墙面均应不渗水、不漏水。

（4）多层仓库。多层仓库是指两层及两层以上的仓库。它可以减少土地占用，地价便宜，但进出库要采用机械化或半机械化作业，日常装卸搬运费用比较高，一般用于存储百货、电子器材、食品、橡胶产品、药品、医疗器械、化学制品、文化用品、仪器仪表等。多层仓库底层应有卸货装货场地，装卸车辆可直接进入。货物的垂直运输一般采用 1.5～5t 的运货电梯，应考虑令装运货手推车或铲车能开入电梯间内，以加快装卸速度。多层仓库常用滑梯卸货，滑梯多为钢筋混凝土结构，并使用水磨石打蜡做面层；也可采用金属骨架、钢板面层，但要防止钢板生锈或用不锈钢板做面层。多层仓库若单位荷载大于 500kg，可用无梁楼盖。仓库内一般不粉刷，原浆勾缝刷白即可；存储百货、药品、食品、服装的仓库内要粉刷，以防缝中藏虫。

（5）立体仓库。立体仓库是当前经济发达国家较普遍采用的先进仓库，主要采用电子计算机进行管理和控制，能实行机械化、自动化作业。

（6）罐式仓库。罐式仓库的构造特殊，成球形或柱式，像一个大罐子，主要用于存储石油、天然气和液体化工产品等，一般存储散装水泥、干矿渣、粉煤灰、散装粮食、石油、煤气及其他气体。圆筒形仓库的建筑设计根据存储物品的种类和进卸料方式而确定。库顶、库壁和库底必须防水、防潮，库顶应设吸尘装置。为便于日常维修，要设置吊物孔、入孔（库壁设爬梯）、量仓孔和起重吊钩等。圆筒形仓库一般用现浇预应力钢筋混凝土结构，用滑模法施工。储油库和储气库则用金属结构。要注意仓库的通风，每层仓库的外墙上应设置百叶窗，百叶窗外加金属网，以防鸟雀。危险品库，如储油（气）或储化工原料的仓库必须防热防潮，在屋面上加隔热层或按防爆屋面设计，在出入口设置防火隔墙，地面选用不产生火花的材料，一般可选用沥青地面。储油库要设置集油坑。食品仓库要防蚁防蜂。

5. 按仓库所处的位置分类

按所处位置的不同，仓库可以分为港口仓库、车站仓库、汽车终端仓库、工厂仓库和保税仓库。

（1）港口仓库。港口仓库是以船舶发到货物为存储对象的仓库，一般在港口附近选址，以便进行船舶的装卸作业。

（2）车站仓库。车站仓库是以铁路运输发到货物为存储对象的仓库，通常在火车货运站附近建库。

（3）汽车终端仓库。汽车终端仓库是指在汽车货物运输的中转地点建设的仓库，为汽车运输提供方便。

（4）工厂仓库。工厂仓库是在企业内建设的仓库，如原材料仓库、产成品仓库、半成品仓库等。

（5）保税仓库。保税仓库是存放保税货物的仓库。为满足国际贸易的需要，保税仓库通常设置在一国国土之上，但在海关关境之外。

3.3 货架技术与装备

3.3.1 货架的概述及作用

在仓储装备中，货架是指专门用于存放成件物品的保管装备，在物流及仓库中占有非常重要的地位。随着现代工业的迅猛发展，物流量大幅增加，为实现仓库现代化管理，改善仓库功能，货架不仅要数量多，还要具有多种功能，并能实现机械化、自动化的要求。

货架是指专门用于存放成件物品的保管装备，由立柱片、横梁和斜撑等构件组成。货架的主要作用有以下几点。

（1）货架是一种架式结构物，可充分利用仓库空间，提高库容利用率，扩大仓库存储能力。

（2）存入货架中的货物，互不挤压，物资损耗小，可完整保证物资本身的功能，减少货物损失。

（3）存储在货架中的货物，存取方便，便于清点及计量，可做到先进先出。

（4）为保证存储货物的质量，可以采取防潮、防尘、防盗、防破坏等措施，以提高物资存储质量。很多新型货架的结构和功能有利于实现仓库的机械化及自动化管理。

3.3.2 常见货架的特点及用途

常见的货架包括托盘式货架、重力式货架、驶入式货架、双深度货架、悬臂式货架、旋转式货架、移动式货架、搁板式货架、货柜式货架、阁楼式货架、压入式货架、窄通道货架。

1. 托盘式货架

托盘式货架存储单元化托盘货物，配以巷道式堆垛机及叉车等其他储运机械进行作业，如图 3-1 所示。托盘式货架在国内的各种仓储货架系统中最为常见。

安装托盘式货架前，首先须进行集装单元化工作，即将货物包装及其重量等特性进行组盘，确定托盘的类型、规格、尺寸，以及单托载重量和堆高（单托货物重量一般在 2 000kg 以内），然后由此确定单元货架的跨度、深度、层间距，根据仓库屋架下沿的有效高度和叉车的最大叉高决定货架的高度。单元货架跨度一般在 4m 以内，深度在 1.5m 以内，低、高位仓库货架高度一般在 12m 以内，超高位仓库货架高度一般在 30m 以内（此类仓库基本上均为自动化立体仓库，货架总高由若干段 12m 以内的立柱构成）。

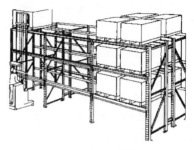

图 3-1　托盘式货架

托盘式货架的特点及用途如下。

此种货架结构较简单，可调整组合，安装简易，有利于货物保管，减少货损，费用经济。出入库可做到先进先出，装载不同货物的时候可以立体存放，库容利用率高，可以有效配合叉车装卸，极大地提高作业效率。一般来说，一个托盘占一个货位，进行存取作业的时候，较高托盘货架要使用堆垛起重机工作，较低托盘货架可使用叉车工作，实现机械化存取作业，既提高了工作效率，也有利于实现仓库计算机管理和控制。托盘式货架广泛应用于制造业、第三方物流和配送中心等领域，既适用于多品种、小批量物品，又适用于少品种、大批量物品。此类货架在高位仓库和超高位仓库中应用最多（自动化立体仓库中的货架大多是此类货架）。

2. 重力式货架

重力式货架又叫辊道式货架，由托盘式货架演变而成，属于仓储货架中的托盘类存储货架（见图 3-2）。重力式货架也是横梁式货架的衍生品之一，货架结构与横梁式货架相似，只是在横梁上安上滚筒式轨道，轨道倾斜角度为 3°～5°。托盘货物用叉车搬运至货架进货口，利用自重，托盘从进口自动滑行至另一端的取货口。重力式货架总深度（导轨长度）不宜过大，否则不可利用的上下"死角"会较大，影

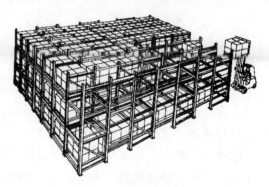

图 3-2　重力式货架

响空间利用；坡道过长，下滑的可控性会较差，下滑的冲击力较大，易引起下滑不畅、托盘货物倾翻。为使下滑顺畅，如坡道较长，应在中间加设阻尼装置；为使托盘货物下滑至最底端时不致因冲击力过大而倾翻，应在坡道最低处设缓冲装置和取货分隔装置。因此，重力式货架设计、制造、安装难度较大，成本较高。此类货架不宜过高，一般在 6m 以内，单托货物重量一般在 1 000kg 以内，否则其可靠性和可操作性会降低。此类货架系统目前在国内的

应用不是很多。

重力式货架在货架的组与组之间没有作业通道，从而增加了 60% 的空间利用率，提高了仓储的容积率；其采用自动存储回转方式，存储和拣选两个动作的分开大大提高了输出量。由于是自重力使货物滑动，而且没有操作通道，所以减少了运输路线和叉车的数量。重力式货架能够大规模密集存储货物，存储货物的范围也很大，仓库的利用率高，出入库作业的安全性好，可以保证先进先出的原则，并且有利于货物的拣选作业，尤其适用于有一定质保期、不宜长期积压的货物。

重力式货架的特点及用途如下。

（1）货物由高的一端存入，滑至低端，从低端取出。在货物滑动过程中，滑道上设置有阻尼器，控制货物滑行速度保持在安全范围内。滑道出货一端设有分离器，搬运机械可顺利取出第一板位置的货物。

（2）货物遵循先进先出顺序。货架存储密度高，且具有柔性配合功能。

（3）适用于以托盘为载体的存储作业，货物堆栈整齐，为大件重物的存储提供了较好的解决方案，仓储空间利用率在 75% 以上，而且只需要一个进出货通道。

（4）重力式货架非常环保，全部采用无动力形式，无能耗，噪声低，安全可靠，可满负荷运作。

重力式货架固定了出入库位置，减少了出入库工具的运行距离，专业、高效、安全性高，保证货物先进先出。主要用于大批量、少品种存储货物的存放或配送中心的拣选作业中。

3. 驶入式货架

驶入式货架又称贯通式货架、通廊式货架，是一种不以通道分隔的、连续性的整栋货架。驶入式货架采用钢质结构，钢柱上有向外伸出的水平突出构件或悬轨，叉车将托盘送入，由货架两边的悬轨托住托盘及货物，如图 3-3 所示。托盘按深度方向存放，一个紧接着一个，货物存取从货架同一侧进出，先存后取或后存先取，叉车可方便地驶入货架中间存取货物，所以被称为驶入式货架。当货架上没有货物时，货架正面便呈现无横梁状态，形成通道，方便叉车等作业车辆出入。

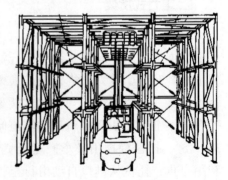

图 3-3　驶入式货架

首先须进行集装单元化工作，确定托盘的规格、载重量及堆高。由此确定单元货架的跨度、深度、层间距，根据屋架下沿的有效高度确定货架的高度。靠墙区域的货架总深度最好控制在 6 个托盘深度以内，中间区域可两边进出的货架区域总深度最好控制在 12 个托盘深度以内，以提高叉车存取的效率和可靠性（在此类货架系统中，叉车为持续"高举高打"作业方式，叉车易晃动而撞到货架，故稳定性的考虑充分与否至关重要）。此类仓储系统稳定性较弱，货架不宜过高，通常应控制在 10m 以内，且为了加强整个货架系统的稳定性，除规格、选型要大一些外，还须加设拉固装置。单托货物不宜过大、过重，通常将重量控制在 1 500kg 以内，托盘跨度不宜大于 1.5m。常配叉车为前移式电瓶叉车或平衡重电瓶叉车。多用于乳品、饮料等食品行业，在冷库中也较为多见。

驶入式货架的特点及用途如下。

驶入式货架式叉车直接驶入货架进行作业，货架的配置方式可以是两组驶入式货架背对背安置或单一组靠着墙壁，叉车的进出使用相同的巷道。叉车与货架呈垂直方向，货物入库时，要先卸载在最里面的货架托盘上，出库时按照由外向内的顺序取货，因此货物做不到先进先出，驶入式货架投资成本相对较低，此系统货架排布密集，存储密度大，空间利用率极高，几乎是托盘式货架的两倍，但货物必须是少品种、大批量型，且货物先进后出。这种货架能起到保管场所和叉车通道的双重作用，适用于存储少品种、大批量以及不受存储时间限制的货物。

4. 双深度货架

双深度货架又叫双深位货架，是一种采用剪刀式叉车，将货架设计成双排并列存放的货架类型。其特点是仓库利用率高，选择性较好，采用特殊叉车，巷道尺寸与可调式托盘货架的设计一样，广泛用于造纸业、塑料制品业。双深度货架如图 3-4 所示。

图 3-4　双深度货架

双深度货架的特点及用途如下。

（1）横梁高度较低，操作高度可达 8m。

（2）中等的库存流动，提供 50% 的可选性。

（3）适用于取货率较低的仓库，地面使用率可达 42%。

（4）双深度货架系列由重型横梁式货架衍生而成，结构简便，存储量高。

（5）有效缓解普通横梁式货架不能满足的存储要求，比普通横梁式货架增加一倍的存货量。

（6）需要配备专门的叉车。

（7）叉车通道需要在 3.3m 左右。

（8）在同样面积的仓库中，与单深位货架相比，由于是四组货架并列，减少了通道位置，每条存储货物线上能存储双倍以上的托盘，故库存量大于单深位货架。

（9）由于堆垛机货叉取货方向上有两排货物，故必须使用特殊的前移式堆垛机（或称为三向式叉车），堆垛机货叉一般采用 5 级货叉。

（10）对于后排货物的存取，同驶入式货架，只能将前排对应货物取走或移位后，方能进行存取作业，货架很难做到先进先出，为提高仓库利用率，一般存货时须考虑先存放后排货架，后存放前排货架。

（11）货物出货时，尽量将前后排货物一次性出掉，如果不能一次性出掉的情况太多，可能会影响库存利用率或仓库作业效率（需要经常进行倒库作业）。

（12）每卡位建造成本在所有立体仓库系统中最低。

双深度货架系列由重型横梁式货架衍生而成，结构简单，存储量高，从而有效地缓解了普通横梁式货架不能满足的存储要求。双深度货架广泛应用于烟草、食品饮料、包装等行业。此类货架的规格可以按照顾客的需求而做出适当的改变。

5. 悬臂式货架

悬臂式货架由悬臂架和纵梁相连而成，如图 3-5 所示。悬臂式货架分为单面和双面两种，用金属材料制造而成，为了防止所存储材料破损，常常加上木质衬垫或橡胶衬垫。悬臂式货架主要用于轻质长条状材料的存放，重型悬臂式货架可用于长条金属材料的存放。

悬臂式货架的特点及用途如下。

（1）适用于长形物料和不规则物料的存放，如型材、管材、板材等。

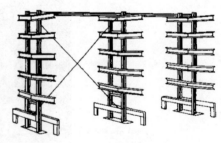

图 3-5 悬臂式货架

（2）适用于人力存取操作，不便于机械化作业。

（3）适合空间小、密度低的库房，管理方便，视野宽阔。

6. 旋转式货架

旋转式货架是货架的一种，设有电力驱动装置（驱动部分可设于货架上部，也可设于货架底座内）。货架沿着由两个直线段和两个曲线段组成的环形轨道运行，由开关或用小型电子计算机操纵。存取货物时，把货物所在货格编号由控制盘按钮输入，该货格则以最近的距离自动旋转至拣货点停止。由于货架可转动，因此拣货线路简捷，拣货效率高，拣货时不容易出现差错。根据旋转方式不同，可分为垂直旋转式、水平旋转式、立体旋转式三种。

（1）垂直旋转式。如图 3-6 所示，垂直旋转式货架类似垂直提升机，在两端悬挂成排的货格，货架可正转，也可以反转。货架的高度为 2～6m，正面宽 2m 左右，单元货位载重 100～400kg，回转速度每分钟 6m 左右。垂直旋转式货架属于拣选型货架，占地空间小，存放的品种多，一般可达 1 200 种左右。货架的货格可以拆除，这样可以灵活地存储各种尺寸的货物。在货架的正面及背面均设置拣选台面，可以方便地安排出入库作业。在旋转控制上用开关按钮即可轻松地操作，也可利用计算机操作控制，形成联动系统，将指令要求的货层经最短的路程送至要求的位置。垂直旋转式货架在管理上有一个特点，即拣货员在操作货架时可以灵活安排时间：如果一名拣货员负责多台旋转式货架，那么当他在一台货架上拣货时，可以让另一台货架先旋转至正确位置，这样等他需要在另一台货架上进行工作时，就不需要等待其转至正确位置了。

这种货架主要适用于多品种、拣选频率高的货物，如果取消货格，用支架代替，也可以用于成卷货物的存取。

（2）水平旋转式。水平旋转式货架是一种拣选型货架。这种货架各层可以独立旋转，每层都有各自的轨道，用计算机操作时，可以同时执行几个命令，使各层货物从近到远，有序地到达拣选地点，拣选效率很高。多层水平旋转式货架的最佳长度 10～20m，高度 2～3.4m，单元货位载重 200～250kg，回转速度每分钟 20～30m。这种货架存储货物品种多，可以达到 2 000t 以上。它主要用于出入库频率高、多品种拣选的仓库中，如图 3-7 所示。

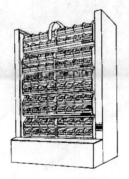

图 3-6　垂直旋转式货架

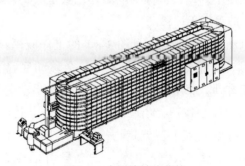

图 3-7　水平旋转式货架

（3）立体旋转式。立体旋转式货架由多排货架连接，每排货架又有多层货格，货架做整体水平式旋转，每旋转一次，便有一排货架到达拣货面，可对这一排进行拣货。这种货架每排可放置同种物品，也可以在一排货架的不同货格放置互相配套的物品，一次拣选可在一排上将相关的物品拣出。这种货架还可做小型分货式货架，在每排不同的货格放置同种货物，旋转到拣货面后，将货物按各用户分货要求分放到指定货位。立体旋转式货架主要属于拣选型，也可以看成是拣选分货一体化货架。

旋转式货架的特点及用途如下。

旋转式货架减少了通道数，地面使用率达80%，存取方便，可先进先出；建造成本较高，维护比较困难，主要适用于仓库面积有限，但数量众多的货物的存储。对于不同的仓库，应根据实际情况选择不同的货架。在选择时，应根据货物的品种、数量、出入库频率、保管要求、费用水平等条件进行选择。

7. 移动式货架

移动式货架易控制，安全可靠。每排货架有一个电机驱动，由装置于货架下的滚轮沿铺设于地面上的轨道移动。其突出的优点是提高了空间利用率，一组货架只需一条通道，而固定型托盘货架的一条通道，只服务于通道内两侧的两排货架。所以在相同的空间内，移动式货架的储存能力比一般固定式货架高得多。

（1）敞开式移动货架。敞开式移动货架的传动机构设于货架底座内，操作盘设于货架端部，外形简洁，操作方便。货架的前后设有安全分线开关，一遇障碍物整个货架立即停止。

敞开式移动货架适用于库存品种多，但出入库频率较低的仓库，或者库存频率较高，但可按巷道顺序出入库的仓库。通常只需要一个作业通道，可大大提高仓库面积的利用率，所以广泛应用于传媒、图书馆、金融、食品等行业仓库。

（2）封闭式移动货架。当不需要存取货物时，可将封闭式移动货架的各货架移动到一起，全部封闭，并可全部锁住。在各货架接口处装有橡皮封口，也称为封闭式货架。

封闭式移动货架仅需设一条通道，空间利用率极高，安全可靠，移动方便，根据承重可分为重型、中型和轻型三种，一般重型货架采用电动控制，便于移动，也称为电动移动式货架，轻型、中型一般采用手摇移动。

电动移动式货架（见图3-8）的工作原理：两排背靠背货架组成一组安装在一个移动底盘上，以多组排列，每个底盘附设多个滚轮和驱动电机，通过按动控制按钮，由驱动电机通过链条传动带动整个底盘及其上货架货物，沿铺于地面上的两条或多条轨道移动（或无轨—磁条导引），从而使叉车进入已移动开的场地存取货物。

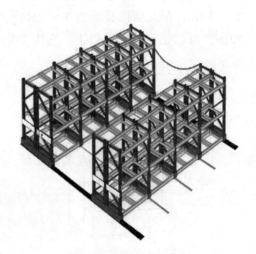

图3-8 电动移动式货架

8. 搁板式货架

搁板式货架通常采用人工存取货方式，组装式结构，层间距均匀可调，货物也常为散件或不是很重的已包装物品（便于人工存取），货架高度通常在2.5m以下，否则人工难以触及（如辅以登高车则可设置在3m左右）。单元货架跨度（长度）不宜过长，单元货架深度（宽度）不宜过深，按其单元货架每层的载重量可分为轻、中、重型搁板式货架，层板主要为钢层板、木层板两种。

（1）轻型搁板式货架。单元货架每层载重量不大于200kg，总承载重量一般不大于2 000kg。单元货架跨度通常不大于2m，深度不大于1m（多为0.6m以内），高度一般在3m以内，常见的为角钢式立柱货架结构，外观轻巧、漂亮，主要适用于存放轻、小物品。资金投入少，广泛用于电子、轻工、文教等行业。

（2）中型搁板式货架。单元货架每层载重量一般在200～800kg之间，总承载重量一般不大于5 000kg。单元货架跨度通常不大于2.6m，深度不大于1m，高度一般在3m以内。如果单元货架跨度在2m以内，层载在500kg以内，通常选无梁式中型搁板式货架较为适宜；如果单元货架跨度在2m以上，则一般只能选有梁式中型搁板式货架。无梁式中型搁板式货架与有梁式中型搁板式货架相比，层间距可调余地更大，更稳固、漂亮，与环境的协调性更好，更适于一些洁净度要求较高的仓库；有梁式中型搁板式货架则工业化特点强一些，适用于存放金属结构产品。中型搁板式货架应用广泛，适用于各行各业。

（3）重型搁板式货架。单元货架每层载重量通常在500～1 500kg之间，单元货架跨度一般在3m以内，深度在1.2m以内，高度不限，且通常与重型托盘式货架相结合、相并存，下面几层为搁板式，采用人工存取作业方式，高度在2m以上的部分通常为托盘式货架，使用叉车进行存取作业。主要用于一些既需要整托存取，又要零存零取的情况，在大型仓储式超市和物流中心较为多见。

9. 货柜式货架

货柜式货架一般每格都有底板，货物可直接搁置在底板上，如图3-9所示。这种货架结构简单、适应性强，方便存取作业，是人工作业仓库的主要存储装备。一般用于储存小件、零星货物。

10. 阁楼式货架

阁楼式货架是将储存空间做上下两层规划，利用钢梁和楼板将空间分为两层，下层货架结构支撑上层楼板，如图3-10所示。

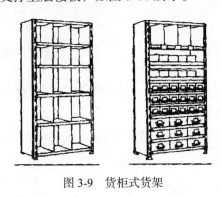

图3-9　货柜式货架

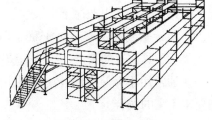

图3-10　阁楼式货架

这种货架可有效增加空间使用率，通常上层适用于存放轻量物品，上层物品搬运须配垂直输送装备。

11. 压入式货架

压入式货架由托盘式货架演变而成，也称后推式货架或推入式货架（见图 3-11）。采用轨道和托盘小车相结合的原理，轨道呈一定的坡度（3°左右），利用货物的自重，托盘货物被规定于单端存储，货物先进后出，适用于大批量、少品种的货物存储，空间利用率很高，存取也较灵活方便。货架总深度不宜过深，一般在 6 个托盘深度以内，否则由于托盘小车相互嵌入的缘故，会使空间牺牲较大。单托货物重量一般在 1 500kg 以内，货架高度一般在 6m 以下。

图 3-11　压入式货架

此类系统对货架的制造精度要求较高，托盘小车与导轨间的配合尤为重要，如制造、安装精度不高，极易导致货架系统的运行不畅。此类货架造价较高，非常适用于冷库或存储区域有限但急需增加储位面积的场合，在国内已有很多的应用。在国内只有具备一定规模的货架厂商生产此类货架。

压入式货架的特点及用途如下。

（1）由托盘小车等典型结构件组成，托盘车具有可流动特性，货物被规定于货架的一端进出，并遵循先进后出顺序。

（2）储运货物时叉车只位于货架通道水平较低的一端作业，无须进入货架货物存储通道。此类货架具有存储密度高、储运速度快的典型特征。

（3）通常用于存储场地极其有限，但必须增加存储容量，或对货物有时间要求等对货物拣选要求不高的场合。

工作原理：压入式货架取货时，第一个托盘提取后，下一个托盘自行滑至取货点，有效地利用单一通道进行存取，尤其适用于货物中转区的存储管理。与普通货架相比，压入式货架可以提高地面 60% 左右的使用率。压入式货架的安全性与运转效率都高于驶入式货架，仅需配套前移式叉车或平衡重式叉车即可使用，且对叉车操作要求比驶入式货架低。压入式货架适合少品种、大批量的物品，适用先进后出的作业方式，适合冷冻库等需提高空间利用率的场合。

12. 窄通道货架

窄通道货架是仓储货架的一种，因其货架系统的叉车搬运通道较为狭窄，故名窄巷道或窄通道货架（见图 3-12）。

图 3-12　窄通道货架

窄通道货架系统主体为横梁式货架系统，区别在于在货架底部地面上加装"三向堆垛叉车"的行动导轨，导轨通常采用不等边角钢。物料搬运叉车限为专用的三向堆垛叉车。三向堆垛叉车沿既定导轨滑行。货架系统的堆垛通道宽度稍大于托盘货物的宽度，使高密度的存储需求得以实现。同时继承了横梁式货架系统的所有优点，货架系统所收纳的所有物料均具备 100% 的可选性，叉车可随时存储任一托盘货物。较高的存储效率，非常高的存储密度，对于适合采用窄通道货架系统的存储与物流中心来说，带来的是显著的生产效率与成本效益的提升。

窄通道货架的特点及用途如下。

（1）存储的货物量大，货物进出较为频繁且对货物有较高的拣选要求。

（2）存储与物流中心急需增加储位数量或要求具有一定的存储量。

（3）物流效率要求有较高水平。

（4）仓库可用净高较高，在 8m 以上。

（5）叉车可选用独立的仓储叉车，不计划使用仓储叉车驶出室外执行其他任务。

窄通道货架的最大特点是通道比一般的横梁式货架窄得多，在 1.6 ～ 2m，大大地提高了仓库的空间利用率。在房价上涨的今天，窄通道货架被很多企业仓库青睐。这款货架需要配置专门的叉车——三向堆垛叉车，这也是它的另一个特色。由于通道比较窄，因此对开叉车的人员有一定的要求，驾驶技术要比较娴熟，平时工作要细心谨慎。此外，窄通道货架安装后有高约 200mm 的导轨（导轨可在土建时做好，也可在安装货架时用做好的护板做）作为叉车的引导系统，以减少叉车司机因人为因素对货架产生的危险，相对于驶入式货架对司机的要求要低一些。

3.3.3　货架的选择配置

一般来说，将原来的堆垛存储仓库改建成货架存储仓库，可尽量采用中低层托盘式货架，以便逐步实现机械化作业。为了提高库容，也可以采用阁楼式货架。对于小型零部件，也可以采用屏挂式货架。对于新建的自动化立体仓库，应该根据存储物品的品种、规格、吞吐量和仓库的规模以及仓库的高度进行合理的选择。对于自动化程度一般的小型仓库，可以选择托盘式货架、重力式货架和移动式货架；对于自动化程度较高的大型高层立体化仓库，可以选择托盘式货架或旋转式货架，以利于计算机控制。此外，固定式货架技术比较成熟，可以借鉴的经验较多，投资也相对小一些，可优先考虑。在仓库存储的物资多品种、小批量、以拣选作业为主的情况下，应选用移动式货架。当进行货架选择与配置时，要实现仓储合理化，即用最经济的办法实现存储的功能，其主要标志如表 3-1 所示。

表 3-1　仓储合理化的标志

标志形式	内　　容
质量标志	是实现仓储功能的根本要求
数量标志	合理的存储数量
时间标志	合理的存储时间，常用周转天数、周转次数来表示
结构标志	被存储物品的不同品种、不同规格、不同花色的仓储数量之间的比例关系合理
费用标志	合理的费用，包括仓租费、维护费、保管费、损失费、资金占用利息支出等

3.4　自动化仓储技术

3.4.1　自动化立体仓库的特点

自动化立体仓库是当前技术水平较高的一种仓库形式。自动化立体仓库的主体由货架、巷道式堆垛起重机、入（出）库工作台和自动运进（出）及操作控制系统组成。货架是钢结构或钢筋混凝土结构的建筑物或结构体，货架内是标准尺寸的货位空间。巷道式堆垛起重机穿行于货架之间的巷道中，完成存取货的工作（见图 3-13）。管理上采用计算机及条形码技术。利用立体仓库装备可实现仓库高层合理化、存取自动化、操作简便化。

仓库的产生与发展是第二次世界大战之后生产和技术发展的结果。20 世纪 50 年代初，美国出现了采用桥式堆垛起重机的立体仓库；50 年代末 60 年代初出现了司机操作的巷道式堆垛起重机立体仓库；1963 年美国率先在高架仓库中采用计算机控制技术，建立了第一座计算机控制的立体仓库。此后，自动化立体仓库在美国和欧洲得到迅速发展，并形成了专门的学科。60 年代中期，日本开始兴建立体仓库，并且发展速度越来越快，成为当今世界上拥有自动化立体仓库最多的国家之一。

图 3-13　自动化立体仓库

中国对立体仓库及其物料搬运装备的研制开始并不晚，1963 年研制成第一台桥式堆垛起重机，1973 年开始研制中国第一座由计算机控制的自动化立体仓库（高 15m），该库于 1980 年投入运行。到 2003 年为止，中国自动化立体仓库数量已超过 200 座。立体仓库由于具有很高的空间利用率、很强的入出库能力、采用计算机进行控制管理而利于企业实施现代化管理等特点，已成为企业物流和生产管理中不可缺少的仓储技术，越来越受到企业的重视。

自动化立体仓库（AS/RS）是由立体货架、有轨巷道堆垛机、出入库托盘输送机系统、尺寸检测条码阅读系统、通信系统、自动控制系统、计算机监控系统、计算机管理系统以及其他如电线电缆桥架配电柜、托盘、调节平台、钢结构平台等辅助装备组成的复杂的自动化系统。它运用一流的集成化物流理念，采用先进的控制、总线、通信和信息技术，通过以上装备的协调动作进行出入库作业。

自动化立体仓库系统技术是现代仓储技术的核心。它集自动化高架仓库及规划、设计、管理、机械、电气于一体，是一门综合性的技术。应用自动化立体仓库系统能够产生巨大的社会效益和经济效益。如何合理规划与设计自动化立体仓库，如何实现仓库与生产系统或配送系统的高效衔接，已成为现代企业面对的重要研究课题。

自动化立体仓库系统具有以下特点：一是采用高层货架，存储区向高空发展，可节省占地面积，提高空间利用率，同时有利于防止货物的丢失及损坏，保证和提高货物质量；二是应用自动化装备自动存取，能提高劳动生产率，降低劳动强度，改善工作环境；三是自动化立体仓库采用计算机控制，能减少货物处理和信息处理过程中的差错，并有效地利用仓库存储能力，提高仓库管理水平；四是自动化程度高，能有效地衔接生产与库存，加快周转，降低成本；五是自动化立体仓库的信息系统可与企业生产信息系统集成，实现企业信息管理的自动化，为企业的生产经营决策提供有效的依据。

3.4.2 自动化立体仓库的分类

自动化立体仓库是一个复杂的综合自动化系统，作为一种特定的仓库形式，其分类如表 3-2 所示。

表 3-2 自动化立体仓库的分类

分类标志	类 型	含 义
库房高度	低层 自动化立体仓库	5m 以下，主要是在原来老仓库的基础上进行改建的，是提高原有仓库技术水平的手段
	中层 自动化立体仓库	5～15m，由于中层自动化立体仓库对建筑以及仓储机械装备的要求不高、造价合理，因此是目前应用最多的一种仓库
	高层 自动化立体仓库	15m 以上，由于其对建筑以及仓储机械装备的要求高、造价太高，因此安装难度大，应用较少
货架结构	货格式 自动化立体仓库	每一层货架都由同一尺寸的货格组成，货格开口面向货架之间的通道，堆垛机械在货架之间的通道内行驶，以完成货物的存取
	贯通式 自动化立体仓库	又称为流动式货架仓库。这种仓库的货架之间没有间隔，不设通道，货架组合成一个整体。货架纵向贯通，贯通的通道存在一定的坡度，在每层货架底部安装滑道、辊道等装置，使货物在自重作用下，沿着滑道或辊道从高处向低处运动
	自动化柜式 自动化立体仓库	是小型的可以移动的封闭自动化立体仓库。其主要特点是封闭性强、小型化、智能化和轻量化，有很强的保密性
	条形货架 自动化立体仓库	专门用于存放条形和筒形货物的自动化立体仓库
建筑物形式	整体式 自动化立体仓库	高层货架与建筑物是一体的。货架不能单独拆装，作为建筑物的支承结构，是一种永久性的设施。这种仓库一般层数较高，采用钢筋混凝土结构
	分离型 自动化立体仓库	建筑物与货架是分别建造的，由于分离型自动化立体仓库不是永久性的设施，可以根据需要进行重新安装和改造，所以层数一般较低，采用钢结构
仓库存取方式	单元存取式 自动化立体仓库	货物在标准容器中或托盘上存储，出库和入库都以整个单元为单位进行操作
	拣选式 自动化立体仓库	货物虽以单元化方式入库和存储，但出库时并非整个单元一起出，而是根据提货单的要求从货物单元中拣选出一部分出库。拣选有"人到货前"和"货到人前"两种方式
与生产联结的紧密程度	独立型 自动化立体仓库	又称"离线"仓库，指从操作流程及经济性等方面来说都相对独立的自动化立体仓库。这种仓库一般规模较大，存储量较大，有独立的计算机管理系统
	半紧密型 自动化立体仓库	在操作流程、仓库管理、货物出入和经济性方面与其他部门（工厂或上级单位）有一定联系，但未与生产系统直接相连的自动化立体仓库
	紧密型 自动化立体仓库	又称"在线"仓库，指与生产系统直接相连的自动化立体仓库

3.4.3　自动化立体仓库的构成

自动化立体仓库主要由以下部分构成。

（1）货架：用于存储货物的钢结构。主要有焊接式货架和组合式货架两种基本形式。

（2）托盘（货箱）：用于承载货物的器具，亦称工位器具。

（3）巷道式堆垛机：用于自动存取货物的装备。按结构形式分为有轨巷道式单立柱堆垛机和双立柱堆垛机两种基本形式（见图 3-14）；按服务方式分为直道、弯道和转移车三种基本形式。

（4）输送机系统：立体仓库的主要外围装备，负责将货物运送到堆垛机或从堆垛机将货物移走。输送机的种类非常多，常见的有辊道输送机、链条输送机、升降台、分配车、提升机、皮带机等。

（5）AGV 系统：即自动导引车，根据其导向方式分为感应式导向小车和激光导向小车。

（6）自动控制系统：驱动自动化立体仓库系统各装备的自动控制系统，以采用现场总线方式控制模式为主。

a）有轨巷道式单立柱堆垛机　　b）有轨巷道式双立柱堆垛机

图 3-14　堆垛机

（7）存储信息管理系统：也称中央计算机管理系统，是自动化立体仓库系统的核心。典型的自动化立体仓库系统均采用大型的数据库系统（如 ORACLE、SYBASE 等）构筑典型的客户机/服务器体系，可以与其他系统（如 ERP 系统等）联网或集成。

新型自动化立体仓库：自动货柜

自动货柜是集声、光、机、电及计算机管理为一体的高度自动化的仓储系统。它可以充分利用垂直空间，最大限度地优化存储管理，也可以与外部自动取送装备连接，以形成一个高效、便捷的小型立体仓库。

自动货柜的外形就像一个大柜子，主要由货柜框架、升降装置、输送小车、信息控制系统四部分组成。货柜按空间划分，大致可分为前、中、后三个部分，前部用于布置工作台及货架，中部为输送小车上下运动空间，后部为货架。自动货柜有多种产品系列，每一系列产品的长、宽尺寸基本固定，而高度方向上则可延伸为多种规格，企业可根据自己的实际情况选择合适的尺寸规格。自动货柜最基本的存储单元是货盘，货柜上设有许多用来放置货盘的托条，每一组托条形成一个货位，通过输送小车，货盘可以自由进出货位，以实现货物的存取。

由于自动货柜可通过微机、条码打印机、条码识别器等智能工具进行物品存储与管理，因此，它特别适合于多品种、大批量的物品管理。

3.4.4 堆垛机

堆垛机是自动化立体仓库中最重要的货物存取装备。其主要用途是在自动化立体仓库的通道内运行，将位于巷道口的货物存入货格，或者将货格中的货物取出，运送到巷道口。早期的堆垛机是在桥式起重机的起重小车上悬挂一个立柱，利用货叉在立柱上的上下运动及立柱的旋转运动来搬运货物，通常称为桥式堆垛机。1960 年左右，巷道式堆垛机在美国出现，这种堆垛机在地面导轨上行走，并利用上部的导轨防止其倾倒或偏斜。其后，随着计算机控制技术和自动化立体仓库的发展，堆垛机的应用越来越广泛，技术性能越来越好，高度也在不断增加，截至 2018 年，堆垛机的高度可达 40m 及以上。对于中低高度的货架，为了降低仓库建设成本和提高机动性，也发展了一种无轨巷道式堆垛机，但是总体来看，在高层货架间往复运行的有轨巷道式堆垛机的使用依然占据主导地位。

堆垛机按照用途不同可分为桥式堆垛机和巷道式堆垛机。它们的工作特点和适用范围如下所述。

1. 桥式堆垛机

桥式堆垛机具有起重机和叉车的双重结构特点。与起重机一样，桥式堆垛机具有桥架和回转小车。桥架在仓库上方运行，回转小车在桥架上运行。同时，桥式堆垛机具有叉车的结构特点，即具有固定式或可伸缩式的立柱，立柱上装有货叉或者其他取物装置，如图 3-15 所示。

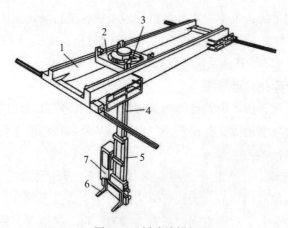

图 3-15 桥式堆垛机

1 —桥架 2 —回转小车 3 —回转平台 4 —立柱固定段 5 —立柱伸缩段 6 —货叉 7 —司机室

桥式堆垛机主要适用于 12m 以下中等跨度的仓库，适用的巷道宽度较大，适于笨重和长大件物料的搬运与堆垛。

2. 巷道式堆垛机

巷道式堆垛机沿货架仓库巷道内的轨道运行，使得作业高度提高；采用货叉伸缩机构，使货叉可以伸缩，从而使巷道宽度变窄，提高仓库的利用率。巷道式堆垛机一般采用半自动和自动控制装置，运行速度和生产效率都较高，但它只能在货架巷道内作业，因此要配备出入库装置。巷道式堆垛机的机架除应满足一般起重机的强度和刚度要求外，还有较高的制造与安装精度要求，它常采用特殊形式的取物装置，且常用多节伸缩货叉或货板。巷道式堆垛机的各机构电气传动调速要求高，且要求起制动平衡，停车准确，采用安全保护装置，安全措施齐全。

图 3-16 为巷道式堆垛机的一种形式，即单立柱有轨巷道式堆垛机。

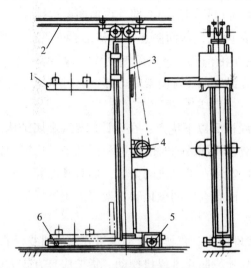

图 3-16　单立柱有轨巷道式堆垛机

1 —载货台　2 —上横梁　3 —立柱　4 —货叉伸缩机构　5 —运行机构　6 —下横梁

巷道式堆垛机适用于各种高度的高层货架仓库，可以实现半自动、自动和远距离集中控制。

有轨巷道式堆垛机可按其结构形式、支承方式和作业方式等进行分类。

（1）按结构形式分类。有轨巷道式堆垛机按其立柱形式不同，可分为单立柱有轨巷道式堆垛机和双立柱有轨巷道式堆垛机。

1）单立柱有轨巷道式堆垛机。单立柱有轨巷道式堆垛机的金属结构由一根立柱和下横梁组成。这种堆垛机的自重轻，但刚性较差，一般用在起重量2t以下，起升高度不大于45m 的仓库。其行走速度最高可达 160m/min，载货台的升降速度最高可达 60m/min，货叉伸缩速度最高可达 48m/min。

2）双立柱有轨巷道式堆垛机。双立柱有轨巷道式堆垛机的金属结构由两根立柱和上下横梁组成。这种堆垛机刚性好，运行速度高，能快速起动和制动，但自重较大，起重量可达5t，适于各种起升高度的仓库，能用于长大件货物的作业。

双立柱有轨巷道式堆垛机的两个立柱的排列方向可以和巷道平行，也可以和巷道垂直。立柱形成的门架和巷道平行时只需要铺设一条行走轨道，而垂直时则需要铺设两条轨道。

（2）按支承方式分类。有轨巷道式堆垛机按支承方式不同，可以分为地面支承式和悬挂式两种。

1）地面支承式有轨巷道式堆垛机。行走轨道铺设于地面上，靠下部的车轮支承和驱动。上部导轮用来防止堆垛机倾倒或摆动，在遥控时可兼作信号电缆吊架的导轨。这种堆垛机金属结构的立柱主要考虑轨道平面内的弯曲强度，因此，需要加大立柱在行走方向截面的惯性矩。驱动装置均装在下横梁上，容易保养维修。用于自动控制的传感器也可安装在地面上，使用方便。

2）悬挂式有轨巷道式堆垛机。悬挂式有轨巷道式堆垛机悬挂在巷道上方的轨道下翼缘上运行，其行走机构安装在堆垛机门架的上部。在地面上也铺设有导轨，使门架下部的导轮以一定的间隙夹持在导轨的两侧，从而防止堆垛机运行时产生摆动和倾斜。堆垛机的载货台（包括伸缩货叉、司机室）沿门架上下升降的动作是由安装在门架上部的升降装置来实现的。另外，堆垛机的集电装置也安装在门架的上部，通过电缆将电力输入司机室电气控制系统中。

悬挂式有轨巷道式堆垛机有以下优点：在设计门架（金属结构）时，可不考虑横向的弯曲强度，钢结构自重可以减轻，加减速时的惯性和摆动小，稳定静止所需的时间就短。其缺点是行走、升降等驱动机构安装在堆垛机的上部，如对其保养、检查与修理则必须进行高空作业，既不方便也不安全，而且仓库的屋顶和货架要承担堆垛机的全部移动荷重，从而增加了屋顶结构和货架的重量。

3）货架支承型巷道式堆垛机。货架支承型巷道式堆垛机支承在货架顶部铺设的轨道上，在货架下部两侧铺设下部导轨，防止堆垛机摆动，货架应具有较大的强度和刚度。适用于起重量和起升高度较小的小型自动化立体仓库，目前使用较少。

（3）按作业方式分类。悬挂式有轨巷道式堆垛机按作业方式可分为单元式有轨巷道式堆垛机、拣选式有轨巷道式堆垛机和拣选–单元混合式有轨巷道式堆垛机。

单元式有轨巷道式堆垛机是对托盘（或货箱）单元进行入、出库作业的堆垛机，向货架存取单元货物时使用货叉。拣选式有轨巷道式堆垛机是由操作人员向（或从）货格内的托盘（或货箱）中存入（或取出）少量货物，进行出入库作业的堆垛机。这种堆垛机的特点是没有货叉。拣选–单元混合式有轨巷道式堆垛机是具有单元式与拣选式综合功能的堆垛机，其载货台上既有货叉装置，又有司机室，可满足两种作业方式的要求。

巷道式堆垛机的分类、特点和用途如表3-3所示。

表3-3 巷道式堆垛机的分类、特点和用途

分 类		特 点	用 途
按结构形式分类	单立柱有轨巷道式堆垛机	1. 机架结构是由一根立柱和下横梁组成的一个矩形框架 2. 结构刚度比双立柱有轨巷道式堆垛机差	适用于起重量在2吨以下，起升高度在45米以下的仓库
	双立柱有轨巷道式堆垛机	1. 机架结构是由两根立柱、上横梁和下横梁组成的一个矩形框架 2. 结构刚度比较好 3. 质量比单立柱大	1. 适用于各种起升高度的仓库 2. 一般起重量可达5吨，必要时还可以更大 3. 可高速运行

（续）

分　类		特　点	用　途
按支承方式分类	地面支承式有轨巷道式堆垛机	1. 行走轨道铺设于地面上，靠下部的车轮支承和驱动 2. 上部导轮用来防止堆垛机倾倒 3. 驱动装置集中布置在下横梁，易保养和维修	1. 适用于各种高度的立体仓库 2. 适用于起重量较大的仓库 3. 应用广泛
	悬挂式有轨巷道式堆垛机	1. 在悬挂于仓库屋架下弦装设的轨道下翼缘上运行 2. 在货架下部两侧铺设导轨，防止堆垛机摆动	1. 适用于起重量和起升高度较小的小型自动化立体仓库 2. 使用较少 3. 便于转巷道
	货架支承型巷道式堆垛机	1. 支承在货架顶部铺设的轨道上 2. 在货架下部两侧铺设下部导轨，防止堆垛机摆动 3. 货架应具有较大的强度和刚度	1. 适用于起重量和起升高度较小的小型自动化立体仓库 2. 使用较少
按作业方式分类	单元式有轨巷道式堆垛机	1. 以托盘单元或货箱单元进行出入库 2. 自动控制时，堆垛机上无司机	1. 适用于各种控制方式，应用最广 2. 可用于"货到人前"式拣选作业
	拣选式有轨巷道式堆垛机	1. 在堆垛机上的操作人员从货架内的托盘单元或货物单元中取少量货物，进行出库作业 2. 堆垛机上有司机室	1. 一般为手动或半自动控制 2. 用于"人到货前"式拣选作业
	拣选－单元混合式有轨巷道式堆垛机	1. 载货台上有货叉装置 2. 堆垛机上有司机室	具有单元式与拣选式综合功能

目前，巷道式堆垛机由以下几部分组成。

（1）起升机构。巷道式堆垛机的起升机构可以由电动机、制动器、减速器或链轮及柔性件组成。常用的柔性件有钢丝绳和起重链等，钢丝绳质量轻、工作安全、噪声小；起重链结构比较紧凑。常用的减速器除了一般的齿轮减速机外，由于需要较大的减速比，因而也经常使用蜗轮蜗杆减速机和行星齿轮减速机。巷道式堆垛机的起升速度应选择低档低速，主要用于平稳停止和取、放货物时货叉与载货台做极短距离的升降。起升机构的工作速度一般在 $12 \sim 30 \text{m/min}$，最高可达 48m/min。在堆垛机的起重、行走和伸叉（叉取货物）三种驱动中，起重的功率最大。

（2）运行机构。常用的运行机构是地面行走式的地面支承型和上部行走式的悬挂型或货架支承型。地面行走式用 $2 \sim 4$ 个车轮在地面单轨或双轨上运行，立柱顶部设有导向轮。上部行走式采用 4 个或 8 个车轮悬挂于屋架下弦的工字钢下翼缘行走，在下部有水平导轮。货架支承型上部有 4 个车轮，沿着巷道两侧货架顶部的两根导轨行走，在下部也有水平导轮。

（3）载货台及存取货机构。载货台是货物单元的承载装置。对于只需要从货格拣选一部分货物的拣选式有轨巷道式堆垛机，载货台上不设存取货装置，只有平台供放置盛货容器之用。存取货装置是堆垛机的特殊工作机构，取货部分的结构一般根据货物外形特点设计，最常见的是一根伸缩货叉，也可以是一块可伸缩的取货板，或者其他结构形式。

伸叉机构装在载货台上，载货台在辊轮的支持下沿立柱上的导轨做垂直方向的运动（起重），垂直于起重行走平面的方向为伸叉的方向。堆垛机的操作平台设在底座上，工作人员在此处可进行手动或半自动操作。货叉完全伸出后，其长度约为原来长度的两倍。一般货叉采用三节式机构，下叉固定在载货台上，中叉和下叉可以向左右伸出。当主动齿轮顺时针转动时中叉向左运动，在链条的牵引下，上叉也向左运动达到向左伸叉的目的；当主动齿轮逆时针转动时则向右伸叉。

（4）机架。巷道式堆垛机的机架是由立柱、上横梁和下横梁组成的一个框架。根据机架结构的不同，可将巷道式堆垛机分为双立柱和单立柱两种。双立柱有轨巷道式堆垛机是由两根立柱和上下横梁组成的长方形框架，立柱有方管和圆管两种结构形式，方管可作导轨使用，圆管要附加起升导轨。它的特点是强度和刚度较大，并且运行稳定，运行速度也较高。主要应用于起升高度高、起重量大的自动化立体仓库中。单立柱有轨巷道式堆垛机是由一根立柱和下横梁组成的，立柱上附加导轨。它的特点是机身的重量轻，制造成本较低，刚性较差。主要应用于起重量小的自动化立体仓库中，同时运行速度不能太高。

（5）电气装置。电气装置由电动驱动装置和自动控制装置组成。巷道式堆垛机一般由交流电动机驱动，如果调速要求较高，则采用直流电动机进行驱动。控制装置的控制方式有手动、半自动和自动三种，其中自动控制包括机上控制和远距离控制两种方式。

（6）安全保护装置。堆垛机是一种起重机械，它要在又高又窄的巷道内高速运行。为了保证人身及装备的安全，堆垛机必须配备有完善的硬件及软件安全保护装置，如各个机构的行程限制装置、下降超速保护装置、断绳保护装置、起升过载保护装置、断电保护装置等。

3. 高架叉车

高架叉车又称三向堆垛式叉车，是一种变形叉车，如图 3-17 所示。

从结构上看，高架叉车与一般叉车相比主要有以下特点。

（1）采用多节门架。采用 3 节或 4 节门架，实际起升高度可达到 12 米。

（2）备有特殊的货叉机构。货叉机构能在水平面内左右各转 90°，又能够向左或向右做侧移，这样可显著减小巷道的宽度。

（3）设导向装置。车体下部两侧各有两个水平导向轮，货架下部设导轨进行导向。

高架叉车具有起升高度高，所需巷道宽度窄，机动性比巷道式堆垛机好等优点，但其自重较大，充电时间长，对地面要求高，作业效率较低，比较适用于高度在 12 米以下，出入库不频繁的仓库，特别在用一台叉车即可完成库内和库外作业的场合，高架叉车尤为适用。

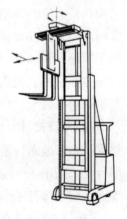

图 3-17　高架叉车

3.4.5　自动化立体仓库的应用条件

1. 货物出入库频繁，作业均衡

自动化立体仓库具有作业迅速、准确的特点，故一般出入库频繁的货物才适宜使用自动化立体仓库。另外，自动化立体仓库要求均衡作业，否则，不利于自动化立体仓库发挥应有的效能。

2. 要满足仓库建设的一些特殊要求

自动化立体仓库在设计和建造方面都有一些特殊的要求，如要求地坪承载能力大、要求适应货物的外部形状、对货格的规格尺寸有严格的要求等，所有特殊的要求在建造时都必须考虑到，否则，不能保证仓库作业的正常进行。

3. 资金、材料、装备等方面要能够得到保证

建造一座自动化立体仓库不仅要耗费大量的钢材和其他材料，而且装备费用也很高，因此，必须根据企业实际情况慎重考虑资金情况以及材料、装备的供应。

4. 要有一支配套的专业技术队伍

自动化立体仓库是一项仓储新技术，从建库到正常运行都需要一定数量的专业技术人员。

3.5　仓库养护技术与装备

3.5.1　商品保管养护装备概述

商品保管养护是根据商品自身的自然属性及商品在存储期间的质量变化规律对仓库中存储的商品进行保管与维护，以创造适宜的商品存储条件，维护商品在存储期的安全，保护商品的质量，降低商品损耗的一种活动。而要做好这些工作，离不开商品保管养护技术与装备。

商品保管养护装备是指在仓库中完成商品保管养护作业所需要的各种机械装备。根据商品保管养护的种类和性质，商品保管养护装备常分为商品保管装备，如托盘等；温度湿度测量与控制装备，如通风机、去湿机、冷冻机等；除锈机械，如板材除锈机、管材内外壁除锈机、槽钢除锈机等。

3.5.2　常用商品保管养护装备

1. 测湿仪器

在进行商品养护时，只有通过准确的测量，求得库房内外空气湿度的具体量值，才能采取可靠的措施来控制仓库湿度。常见的测湿仪器有以下几种。

（1）干湿球湿度传感器。干湿球湿度传感器的构造如图 3-18 所示。它由两个相同的微型套管式热电阻、微型轴流风机和塑料水杯等组成。当测量空气湿度时，把电源接通，微型轴流风机迅速启动，空气从吸风口进入湿度传感器，通过干湿球热电阻周围后，被微型轴流风机排出。当湿球热电阻表面水分蒸发达到稳定状态时，干湿球热电阻同时发送出相对于干

湿度的电阻信号，将这组信号输入空气相对湿度显示仪表或控制系统，就可进行空气相对湿度的远距离测量与控制。

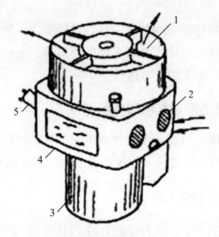

图 3-18 干湿球湿度传感器

1 —微型轴流风机　2 —微型套管式热电阻吸风口　3 —塑料水杯　4 —外壳　5 —引线

（2）自动干湿湿度计。它是利用干湿球温度差效应来测量空气相对湿度的仪表，一般由干湿球湿度传感器、干球温度测量桥路与湿球温度测量桥路连接成的复合电桥、补偿可变电阻、电子放大器及可逆电机等组成。自动干湿湿度计能在显示装置上指示出所测空气的相对湿度，并能自动记录测量结果。

（3）氯化锂电阻式测湿传感器。它是利用氯化锂在空气中有较强的吸湿能力，吸湿后其电阻减小的特性来测量空气湿度的仪表。

（4）氯化锂露点式相对湿度计。它是利用氯化锂溶液吸湿后电阻减小的基本特性来测量空气湿度的仪表，主要由氯化锂露点传感器、空气温度传感器等组成。

2. 去湿机

去湿机是仓库中用于吸湿的装备，主要类型及特点如表 3-4 所示。

表 3-4　去湿机的主要类型及特点

主要类型	工作过程	特 点
空气去湿机	利用制冷装置，将潮湿空气冷却到露点温度以下，使水气凝结成水滴被排出，被冷却干燥的空气再送入仓库内。经过这种不断循环排除大量水分后，即可使室内空气相对湿度不断下降。去湿机在室温 27℃，相对湿度在 70% 时，吸水量可达 6kg/h。有的空气去湿机装有电加热器，当库温低于 15℃时，可利用外温来降低空气的相对湿度。有的空气去湿机还装有自控装置，只要将库内所需相对湿度的上限或下限事先选定，当库内相对湿度超过上限时，自控装置就能自动关机	吸潮效率高，去湿快，效果显著，成本低，操作简便，无污染
氯化钙动态去湿机	是在通风机的强制作用下，使含湿量大的空气通过氯化钙吸湿层，以降低空气中水分的一种装置，主要由轴流风机、骨架、吸湿层容器等组成。以风叶直径 400mm，风量 2 880m/h 的轴流风机作为风源，温度在 20℃左右，相对湿度 80% 的条件下每小时吸湿率为 4%。如果用 60kg 无水氯化钙作为吸湿层，开机 10h，可吸湿 20kg	吸潮效率较高，操作简便

（续）

主要类型	工作过程	特　点
氯化锂转轮去湿机	利用嵌固在石棉纸上的氯化锂晶体做吸湿剂，它的特点是吸湿和再生能连续进行。作为吸湿剂的氯化锂结晶，虽然吸附着水分，但通过除湿再生机构的空气加热作用会被再生。很容易取得低露点、低湿度的空气	温度控制简单，除湿能力大，操作方便。使用寿命较长，维护相当简便

3. 除锈机

除锈机是指对存储的金属商品进行除锈作业的机械装备，它主要是利用机械力冲击、摩擦、敲打金属以除去其表面的锈层和污物。除锈机种类很多，主要有板材除锈机、管材内外壁除锈机、槽钢除锈机。除锈机的除锈方法及特点如表 3-5 所示。

表 3-5　除锈机的除锈方法及特点

方　法	特　点
抛光除锈法	采用软质的棉布、帆布涂上各种抛光磨料制成抛光轮，利用电机带动，在高速旋转下把锈除去。在抛光轮上涂抹抛光膏，效果更好
抛丸除锈法	依靠高速旋转（2 000 转 /min）的抛丸器叶轮，抛出铁丸和钢丸，以一定的角度冲击金属表面，以摩擦和冲击的方式达到除锈的目的。这种方法自动化程度高、效率高、锈尘少、劳动强度低、表面清理质量好。适用于大面积平板和大型设备的外表面除锈，以及机械零件的清理
喷射除锈法	将砂粒等强力喷射到金属表面，借其冲击和摩擦的作用将锈除去
钢丝轮除锈法	用金属制成轮刷，在电机带动下，高速旋转去锈

3.5.3　安全消防技术与装备

1. 安全消防技术与装备概述

仓库是商品的集聚地，又是仓储作业的劳动场所，具有较大的商品存储量和各种各样的仓储装备，稍有疏忽就可能发生盗窃、火灾事故，造成严重的损失。因此，按照科学的方法，加强仓储的安全消防管理，确保装备、人员和商品的安全，对避免损失、保证商品周转和供应工作的顺利进行，有着重要的意义。

为了做好安全消防工作，必须科学合理地配置安全消防装备。随着科学技术的发展，现代仓库一般都配置有自动化程度较高的防盗报警系统、火灾自动报警系统、火灾喷水灭火系统，在这些系统中，应用各种安全消防装备。

安全消防装备是指用于防止仓库发生盗窃、火灾，以及消灭火灾的各种安全消防器材、工具的总称。按照其用途，安全消防装备常分为防盗报警传感器，火灾自动报警装备，灭火器，自动喷水灭火装备，消防车、消防梯、消防水泵，给、蓄、泵水装备等。

2. 常用安全消防装备简介

（1）防盗报警传感器。防盗窃和防破坏是确保仓库安全的重要工作之一，而要做好这项工作，就需要用到防盗报警系统。防盗报警系统主要由防盗报警传感器和防盗报警控制器构成，前者设在保护现场，用来对被监视目标进行探测；后者放在值班室，主要接收传感器送来的盗窃情况信息，进行声、光报警。

常用的防盗报警传感器类型及特点如表 3-6 所示。

表 3-6 防盗报警传感器类型及特点

类　型	特　点
人体感应传感器	一般设置在门窗附近，当有人靠近时即报警。它容易受环境、气候影响，调整较麻烦，误报也较多
光电式传感器	分为光束发射和光束接收两部分。当有物体通过光束之间时，光束被遮挡，即报警。为便于隐蔽，光束多采用激光或红外线，并采用脉冲发射，瞬时功率大，作用距离远，同时也便于排除其他连续光源的干扰。在防范区域四周或主要道口常用其构成封锁线
微波传感器	利用多普勒效应原理，对移动目标进行探测，其类似于一个小型简易的多普勒雷达，防范的区域是一个立体空间，常用于走廊或库房内部
开关传感器	最常用的开关传感器分为有触点和无触点两类。有触点开关传感器多安装在门窗上，当门窗被打开时，传感器因监测到开关动作而报警；无触点开关传感器常用的形式有接近开关和触摸开关。其中，接近开关主要用来对金属物体进行探测，可以用作触锁报警；触摸开关是利用人手触及其敏感部位时，由人体感应电流使晶体管由截止变为导通而报警，也可用作触锁或触门报警

（2）火灾自动报警装备。火灾自动报警装备主要由火灾探测器和火灾报警器组成。火灾探测器装在需要监视的现场，火灾报警器装在有人看守的值班室。两者之间用导线或无线方式进行连接。

火灾探测器是组成各种火灾报警系统的重要器件，它是利用一些敏感元件和电子线路，将火灾初期的各种物理和化学参数转换为电信号，然后传送给报警器的一类特殊传感器。火灾探测器的类型、特点及应用范围如表 3-7 所示。

表 3-7 火灾探测器的类型、特点及应用范围

类　型	特　点	应用范围	
感烟探测器	根据火灾时产生的烟雾的特点，利用烟雾检测元件检测并发出火警信号。它是世界上应用较普遍、数量较多的探测器，可以探测70%以上的火灾，具体可分为离子感烟探测器、光电式感烟探测器和红外激光式感烟探测器	适合于火灾初期有大量烟雾产生，而热量和火焰的辐射很少的场合	在实际应用中，常根据火灾的特点、库房的高度、环境条件来选用火灾探测器。若估计到火灾发生时有大量热量产生，有大量的烟雾和火焰辐射，则应同时采用几种探测器，以对火灾现场的各种参数变化做出快速反应；若对某些场合的火灾特点无法预料，应进行模拟试验，根据试验结果进行选择
感温探测器	根据火灾时温度升高的特点，利用温度检测元件检测并发出火警信号，有定温式、差动式和定温差动式等	在可能发生无烟火灾或正常情况下有烟和蒸汽滞留的场合，应采用感温探测器	
火焰探测器	它是一种能对火灾发出的电磁辐射做出反应的火灾探测器，对快速反应火灾（如易燃、可燃液体火灾等）起关键作用，是对这类火灾进行早期通报的理想探测器	若估计到火灾发展迅速，且有强烈的火焰辐射和少量的烟、热，则应采用火焰探测器	
可燃气体探测器	利用气敏半导体元件，检测空气中可燃气体的浓度并发出警报信号	在有可能散发可燃气体和可燃蒸汽的场合，应采用可燃气体探测器	

（3）灭火器。灭火器是扑救初起火灾的重要消防器材，它轻便、灵活、实用，是仓库消防中较理想的第一线灭火工具。灭火器的种类及应用范围如表 3-8 所示。

表 3-8　灭火器的种类及应用范围

种　类	应用范围
化学泡沫灭火器	主要用于固体物质和可燃液体火灾的扑救，不适用于带电装备、水溶性液体、轻金属火灾等的扑救
干粉灭火器	无毒、无腐蚀、灭火速度快，适宜于扑救石油及其产品、油漆及易燃气体、可燃气体、电气装备的初起火灾，仓库可选用此类灭火器
1211 灭火器⊖	灭火效率高、速度快，毒性低，电绝缘性好，对金属无腐蚀，灭火后不留痕迹，适用于油类、电气装备、仪器仪表、图书档案、工艺品等初起火灾的扑救，可设置在贵重物品仓库等场合
二氧化碳灭火器	不导电，适用于易燃、可燃液体，可燃气体和低压电器装备及仪器仪表等的初起火灾扑救。扑救棉麻、纺织品火灾时，需注意防止复燃，不可用于轻金属火灾的扑救
酸碱灭火器	适用于竹、木、纸张、棉花等普通可燃物初起火灾的扑救。由于此灭火剂带有酸性，因此，不宜用于忌酸、忌水的化学品以及油类等火灾的扑救。在扑救电器时，应先将电源切断后才能使用

3.6　仓储计量和仓储安全的技术与装备

3.6.1　计量技术和装备概述

为了做好仓库出入库管理，必须广泛应用各种不同的计量技术与装备。计量装备是对物品的重量、长度、数量、容积等量值进行度量的器材与仪器的总称。在仓库中使用的计量装备的种类很多，根据计量方法的不同可以分为：重量计量装备，如各种磅秤、地重衡、轨道衡、电子秤；流体容积计量装备，如液面液位计、流量计；长度计量装备，如检尺器、长度计量仪；个数计量装备，如自动计数器、自动计数显示装置。

在仓库内接收、分发等作业中，最广泛使用的是重量计量装备。重量计量装备是统计货物进出量、存储量的基础，也是计算仓库损耗量、作业能力与作业效率的基础。重量计量装备按结构原理，可分为：机械秤、电控机械秤、电子秤等。

3.6.2　常用的计量装备

1. 地重衡和轨道衡

地重衡是一种地下磅秤。将磅秤的台面安装在车辆行驶的路面上，使通过的车辆能够迅速称重。轨道衡是有轨式的地下磅秤。在有轨车辆通过时，可以称出车辆的总重量。

地重衡和轨道衡都包括机械式与电子式两类，机械式地重衡和轨道衡需要人工参与操作，计量的误差较大，准确率为 0.5%。电子式地重衡和轨道衡带有自动显示装置，误差较小，准确度较高，准确率为 0.1% ~ 0.2%。

⊖　1211 是二氟一氯一溴甲烷的代号，1211 灭火器曾是我国生产和使用最广的一种卤代烷灭火剂，以液态存储在钢瓶内。

2. 电子秤

电子秤是一种自动称量的衡器。各种电子秤的基本结构和工作原理大致相同，都是先通过力传感元件来实现力和电信号的转变，再通过仪器实现电信号与可识别的数字信号的转变。目前常用的电子秤主要有以下几种。

（1）小车式电子吊秤。如图 3-19 所示，小车式电子吊秤是将起重卷扬机构装配在称重台面上，用四支压式称重传感器将称重台面支承在小车上，称重仪表放置在行车控制室内，称重传感器受载荷后，按比例输出至电信号传输电缆，将信号送至称重仪表进行显示和打印。

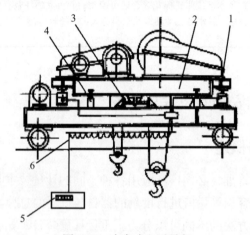

图 3-19　小车式电子吊秤

1 — 称重传感器　2 — 称重台面　3 — 水平限制器　4 — 休止器　5 — 称重仪表　6 — 信号传输电缆

（2）电子吊钩秤。电子吊钩秤具有使用方便，可随用随挂，灵活性强等优点。一般分为整体式和分离式两种，如图 3-20 和图 3-21 所示。

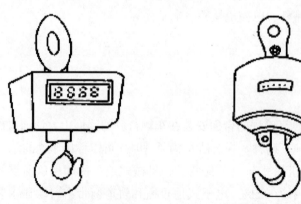

图 3-20　整体式电子吊钩秤　　　　图 3-21　分离式电子吊钩秤

3. 自动检重秤

自动检重秤是一种对不连续成件载荷进行自动称量的衡器。它能按照预先设定的重量大小对被称物体的重量进行检验。当被称物品不在设定的重量范围内时，自动检重秤能够自动检测出来，并从生产流程中将该物品剔除，同时发出报警信号。

自动检重秤的功能是对物品的重量进行连续检测，因此它除了可以检验产品重量以外，还可以检验产品件数和按照重量对产品进行分类。

4. 非连续累加自动秤

它是对散料进行称量并自动累加总重量的一种集机、电、仪、计算机为一体的技术含量较高的计量装备，具有自动化程度高、称量精度高等优点，既能满足连续输送的动态要求，又能满足一斗斗称量的静态称量要求。它主要由称量漏斗及称量传感器系统、进放料系统、缓冲系统、框架系统、校秤系统等组成。

非连续累加自动秤的工作特点是将连续输送的动态物料的重量信号，经缓冲分割后由称量漏斗的传感器转变为电信号，再由控制部分将其运算处理后，得出准确的重量信号，并输出或存储在存储器中。主要用于对连续输送散料的计量，特别是广泛用在粮食搬倒工艺流程中对粮食的计量。

✿ 本章小结

本章介绍了有关仓储装备的基本知识，详细介绍了仓库、货架、自动化立体仓库的概念和特点及常用的各种类型的仓库及货架等，并介绍了仓库养护技术与装备、仓储计量装备等其他仓储辅助装备的特点。

✿ 复习思考题

一、选择题（包括单选与多选）

1. 按仓库在社会再生产过程中所处位置的不同，可以把仓库分为（　　　）。

　　A. 生产领域仓库　　　B. 流通领域仓库　　　C. 存储型仓库　　　D. 配送型仓库

2. 根据使用范围的不同，仓库可以分为（　　　）。

　　A. 企业仓库　　　　　B. 营业仓库　　　　　C. 公用仓库　　　　D. 专用仓库

3. 根据保管条件的不同，可以把仓库分为（　　　）。

　　A. 普通仓库　　　　　B. 恒温保温仓库　　　C. 冷藏仓库

　　D. 特种仓库　　　　　E. 水面仓库

4. 按仓库所处位置的不同，可以分为（　　　）。

　　A. 港口仓库　　　　　B. 车站仓库　　　　　C. 汽车终端仓库

　　D. 工厂仓库　　　　　E. 保税仓库

5. 托盘货架结构较简单，可调整组合，安装简易，有利于货物保管，减少货损，费用经济。出入库可做到（　　　），装载不同货物的时候可以立体存放，库容利用率高，能有效配合叉车装卸，极大地提高作业效率。

　　A. 先进先出　　　　　B. 先进后出　　　　　C. 同进同出　　　　　D. 后进先出

6. 重力式货架的特点是单位库房面积存储量大，固定了出入库位置，减少了出入库工具的运行距离，专业、高效、安全性高，保证货物（　　　）。

　　A. 先进先出　　　　　B. 先进后出　　　　　C. 同进同出　　　　　D. 后进先出

7. 旋转式货架根据旋转方式不同，可分为（　　　）三种。

　　A. 垂直旋转式　　　　B. 水平旋转式　　　　C. 立体旋转式　　　　D. 混合式

8. 移动式货架仅需设一条通道，空间利用率极高，安全可靠，移动方便，其产品特点是（　　　）。

　　A. 适用于库存品种多，但出入库频率较低的仓库

　　B. 适用于库存频率较高，但可按巷道顺序出入库的仓库

　　C. 通常只需要一个作业通道，可大大提高仓库面积的利用率

　　D. 广泛应用于传媒、图书馆、金融、食品等行业仓库

9. 搁板式货架按其单元货架每层的载重量可分为（　　　），层板主要为钢层板、木层板两种。

　　A. 轻型搁板式货架　　　　　　　　　　B. 中型搁板式货架

　　C. 重型搁板式货架　　　　　　　　　　D. 超轻型搁板式货架

10. 压入式货架由托盘式货架演变而成，也称后推式货架或推入式货架。采用轨道和托盘小车相结合的原理，轨道呈一定的坡度（3°左右），利用货物的自重，托盘货物被规定于单端存储，货物（　　　），适用于大批量、少品种的货物存储，空间利用率很高，存取也较灵活方便。

　　A. 先进先出　　　　　B. 先进后出　　　　　C. 同进同出　　　　　D. 后进先出

11. 堆垛机按照用途不同可分为（　　　）。

　　A. 桥式堆垛机　　　　B. 巷道式堆垛机　　　　C. 轮胎式起重机

12. 以下哪些不属于有轨巷道式堆垛机的特点？（　　　）

　　A. 在立体仓库高层货架的巷道内运行　　　　B. 整机结构高而窄

　　C. 可在仓库外作为一般叉车使用　　　　D. 配备有特殊的取物装置

13. 重型货架每层一般承载重量在（　　　）以上。

　　A. 500 千克　　　　B. 5 000 千克　　　　C. 50 千克　　　　D. 1 000 千克

14. 自动化立体仓库的构成有（　　　）。

　　A. 高层货架　　　　　　　　　　B. 巷道式堆垛机

　　C. 周围出入库配套机械设施　　　　D. 计算机管理控制系统

15. 以下属于仓库设备类别的有（　　　）。

　　A. 装卸搬运分拣设备　　　　　　　　B. 保管养护设备

　　C. 计量检查设备　　　　　　　　　　D. 消防设备

16. 将储存空间与叉车作业通道合二为一的货架类型是（　　　）。

　　A. 倍深式货架　　　　B. 驶入式货架　　　　C. 重力式货架　　　　D. 移动式货架

17. AGV 的含义是（　　　）。

　　A. 轮式托盘车　　　　B. 自动导引车　　　　C. 高位驾驶叉车　　　　D. 巷道堆垛机

18.连续输送机的主要特性是（　　　）。

A.各机构处于经常的启动、制动状态　　B.输送线路经常变更

C.作业具有周期性特点　　D.连续、均匀地输送物料

二、判断正误题

1.根据建筑结构的不同，可以把仓库分为迷你仓库、简仓、单层仓库、多层仓库、立体仓库、罐式仓库。（　　　）

2.重力式货架又叫辊道式货架，由托盘式货架演变而成，属于仓储货架中的托盘类存储货架。重力式货架也是横梁式货架的衍生品之一，货架结构与横梁式货架相似，只是在横梁上安上滚筒式轨道，轨道倾斜角呈 10°。（　　　）

3.驶入式货架式叉车直接驶入货架进行作业，货架的配置方式可以是两组驶入式货架背对背安置或单一组靠着墙壁，叉车的进出使用相同的巷道。叉车与货架呈垂直方向，货物入库时，要先卸载在最里面的货架托盘上，出库时按照从外向内的顺序取货，因此货物做不到先进先出，驶入式货架投资成本相对较低，此系统货架排布密集，存储密度大，空间利用率极高，几乎是托盘式货架的两倍，但货物必须是少品种、大批量型，且货物先进先出。（　　　）

4.驶入式货架又称贯通式货架、通廊式货架，是一种不以通道分隔的、连续性的整栋货架，托盘按深度方向存放。驶入式货架采用钢质结构，钢柱上有向外伸出的水平突出构件或悬轨，叉车将托盘送入，由货架两边的悬轨托住托盘及货物。（　　　）

5.双深度货架系列由重型横梁式货架衍生而成，结构简单，存储量高，从而有效缓解了普通横梁式货架不能满足的存储要求，比普通横梁式货架增加了一倍的存货量。双深度货架广泛应用于烟草、食品饮料、包装等行业。（　　　）

6.悬臂式货架的特点及用途：适用于长形物料和不规则物料的存放，如型材、管材、板材等；适用于人力存取操作，不便于机械化作业；适合空间小、密度低的库房，管理方便，视野宽阔。（　　　）

7.窄通道货架是仓储货架的一种，因其货架系统的叉车搬运通道相比之下较为狭窄，故名窄巷道或窄通道货架。（　　　）

8.自动化立体仓库的组成部分包括货架、托盘（货箱）、巷道堆垛机输送机系统、AGV 系统、自动控制系统。（　　　）

9.商品保管养护设备是指在仓库中完成商品保管养护作业所需的各种机械设备。（　　　）

10.重量计量设备是统计货物进出量、储存量的基础，也是计算仓库损耗量、作业能力与作业效率的基础。重量计量设备按结构原理，可分为机械秤、电控机械秤、电子秤等。（　　　）

三、简答题

1.仓库的类型有哪些？

2.货架有哪些种类？其适用条件是什么？

3.什么是自动化立体仓库？其优缺点是什么？

4.仓库养护技术与装备有哪些？

四、案例分析

 学习指引：案例分析相关视频（仓储与货物分拨系统演示）
推荐扫描左边二维码观看具体视频内容。

第4章

CHAPTER4

装卸搬运技术与装备

|学习目标|

1. 了解装卸搬运技术与装备的概念、分类和特点。
2. 理解起重运输技术与装备、连续运输技术与装备等的基本知识。

|导入案例|

学习指引：导入案例视频
推荐扫描左边二维码观看具体视频内容。

一款会滚动、会飞的智能搬运机器人

德国弗劳恩霍夫物流研究院（Fraunhofer IML）是世界最大的科研机构之一，在欧洲拥有数万名雇员，三分之一的研究经费来自德国政府。目前，该机构拥有约 550 名研究人员，是世界上最大的物流规划和应用研究机构，在物流技术领域处于领先地位。一直以来，弗劳恩霍夫物流研究院都专注于德国工业以及物流技术领域的全方位研究，其主要研究方向是物流技术，比如 IT 技术、物联网技术、工业 4.0 变革带来的相关技术革新等研究。

如图 4-1 所示，Bin：Go 智能搬运技术是该研究院基于无人机技术发展的大胆创新设想，认为新型无人机具备的不只是飞行功能，也许还能在地面上移动，这样可以节省大量能源。

图 4-1　Bin：Go 智能搬运设想图

Bin：Go 智能搬运技术的优点：它能把一个邮包直接通过管道输送到下一个街道，而不再需要其他运输系统；它还可以在地板上任意滚动，如果有需要，它便可以飞起来到达二楼，如图 4-2 所示。

图 4-2　Bin：Go 智能搬运技术图

Bin：Go 作业流程：当运输请求生成后，它会将需要运输的货物放置在机器人中并转移目标数据；然后 Bin：Go 自主规划到达目的地的路径；条件允许的情况下，它会先滚动行驶，当滚动变得困难或低效时，它会利用无人机的悬挂滑行，通过飞行来到达目的地并完成任务。

Bin：Go 技术亮点：不再局限于平面或在固定的路径上行驶、移动，而是能在二维或三维空间自主完成搬运作业。这或许是未来物流的发展趋势之一。

如图 4-3 所示，在未来作业场景中，Bin：Go 能在地面滚动运输包裹，也能在地下管道运输包裹，还能直接从一楼飞到二楼去运送包裹。但它的主要适用场景还是小型轻量级商品的内部运输。

图 4-3　Bin：Go 未来作业场景图

资料来源：logclub 官网。

思考分析：

1. Bin：Go 智能搬运技术在未来会不会成为主流？

2. 大胆设想未来还会出现哪些物流装卸搬运技术。

4.1　装卸搬运技术与装备概述

在整个物流过程中，装卸搬运是不断出现和反复进行的，其出现的频率远高于其他物流活动。装卸搬运作业需占用很多时间和消耗很多劳动，成为影响物流速度和成本的重要因素。

4.1.1　装卸搬运概述

1. 概念

在同一地域范围内，如仓库内部、车站、工厂内部等以改变货物的存放、支承状态为目的的活动称为装卸，以改变货物的空间位置为目的的活动称为搬运，两者全称为装卸搬运。有时候或在特定场合，单称"装卸"或"搬运"也包含了"装卸搬运"的完整含义。例如：在铁路运输中常将装卸搬运这一整体活动称为"货物装卸"；在生产领域中常将这一整体活动称为"物料搬运"。装卸搬运技术与装备是企业合理组织装卸搬运活动的基础，是提高装卸搬运作业机械化程度的重要保证。

2. 特点

（1）装卸搬运是附属性、伴生性的活动。装卸搬运是物流每一项活动开始及结束时必然发生的活动，因而时常被人忽视，有时也被视为其他操作时不可缺少的组成部分。

（2）装卸搬运是支持性、保障性的活动。装卸搬运会影响其他物流活动的质量和速度，例如：装车不当会引起运输过程中的损失；卸放不当会造成货物转换成下一步运动的困难。

许多物流活动只有在有效的装卸搬运支持下，才能实现高水平作业。

（3）装卸搬运是衔接性的活动。不同的物流活动在互相过渡时，常常通过装卸搬运来衔接，因而装卸搬运往往成为物流各功能之间能否紧密衔接的关键所在。

4.1.2　装卸搬运的地位及构成

1. 装卸搬运的地位

装卸搬运的基本活动包括装车、卸车、装船、卸船，以及入库、堆垛、出库过程中的装载搬运动作，是随运输和保管等活动而产生的必要活动。

装卸活动是影响物流效率、决定物流成本的重要环节，这主要是因为在物流过程中，装卸活动是不断出现和反复进行的，它出现的频率高于其他各项物流活动，装卸活动花费时间很长，消耗的人力也很多。因此，装卸费用在物流成本中所占的比重也较高，是降低物流费用的重要环节。此外，装卸搬运操作过程中经常会造成货物破损、散失以及损耗，如袋装水泥纸袋破损和水泥散失主要发生在装卸过程中，玻璃、器皿、煤炭等产品的破裂和破碎也主要发生在搬运过程中。

2. 装卸搬运的构成

装卸搬运是物流的主要环节之一，它贯穿于物流活动的全过程。装卸搬运活动的基本动作流程，如图 4-4 所示。

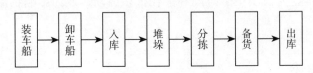

图 4-4　装卸搬运活动的基本动作流程

装卸搬运活动是随运输和保管等活动而产生的必要活动。具体来说，装卸搬运活动主要包括装货卸货作业、搬运移送作业、堆垛拆垛作业、分拣配货作业等 4 种作业内容。装卸搬运技术是指装卸搬运活动中所使用的各种装卸搬运装备和工具，以及由科学理论知识和实践经验发展而成的各种装卸搬运方法、技能与作业程序等的总和。它一般由装卸搬运方式的选择、装卸搬运合理化、装卸搬运装备的运用等内容构成。

4.1.3　装卸搬运机械装备分类

装卸搬运机械装备是指用来搬移、升降、装卸和短距离输送物料或货物的机械。它是物流机械装备中重要的机械装备。它不仅用于完成船舶与车辆货物的装卸，而且也用来完成库场货物的堆码、拆垛、运输以及舱内、车内、库内货物的起重输送和搬运。装卸搬运机械是实现装卸搬运作业机械化的基础。因此，合理配置和应用装卸搬运机械，安全、迅速、优质地完成货物装卸、搬运、码垛等作业任务，是实现装卸搬运机械化、提高物流现代化的一项重要内容。

1. 按装卸搬运施行的物流设施、设备对象分类

可分为仓库装卸、铁路装卸、港口装卸、汽车装卸、飞机装卸等。

（1）仓库装卸配合出库、入库、维护保养等活动进行，以堆垛、上架、取货等操作为主。

（2）铁路装卸是对火车车皮的装进及卸出，特点是一次作业就需实现一车皮的装进或卸出。

（3）港口装卸包括码头前沿的装船，也包括后方的支持性装卸搬运。

（4）汽车装卸一般一次装卸量不大，由于汽车的灵活性，可以减少或免去搬运活动，而直接、单纯利用装卸作业达到车与物流装备之间过渡货物的目的。

（5）飞机装卸与汽车装卸一样，每次量不大。

2. 按装卸搬运的机械及机械作业方式分类

可分为使用吊车的"吊上吊下"方式，使用叉车的"叉上叉下"方式，使用滚装船的"滚上滚下"方式，使用其他方式的"移上移下"方式及"散装散卸"方式等。

（1）吊上吊下方式，采用各种起重机械完成货物的垂直移动和装卸，该种装卸方式属于垂直装卸。

（2）叉上叉下方式，采用叉车完成货物的装卸和搬运，这种方式垂直运动不多，以水平运动为主，属水平装卸方式。

（3）滚上滚下方式，主要指滚装船和滚装码头的配套装备，可以实现将汽车及运载货物一起开上船，经过滚装船运输，当船舶到达目的地后，整车连同货物从船上开下的运输方式。

（4）移上移下方式，是在两车之间，如火车与汽车之间进行靠接，利用各种方法，使货物从一个车辆上推移到另一个车辆上的方式，使用"移上移下"方式作业时常常需要配合移动工具。

（5）散装散卸方式，对散装物进行装卸，一般从装点到卸点中间不再落地，这是集装卸与搬运于一体的装卸方式。

3. 按被装物的主要运动形式分类

可分为垂直装卸、水平装卸两种形式。

4. 按装卸搬运的作业特点分类

可分为连续装卸与间歇装卸两类。

（1）连续装卸主要是将同种大批量散装或小件杂货通过连续输送机械，连续不断地进行作业，中间无停顿，货间无间隔。在装卸量较大、装卸对象固定、货物对象不易形成大包装

的情况下适于采用这一方式。

（2）间歇装卸有较强的机动性，装卸地点可在较大范围内变动，主要适用于货流不固定的各种货物，尤其适用于包装货物、大件货物。

5. 按主要用途或结构特征进行分类和按作业性质进行分类

装卸搬运机械所装卸搬运的货物来源广，种类繁多，外形和特点各不相同，因而，装卸搬运机械种类很多，分类方法也很多，如表 4-1 所示。

表 4-1　装卸搬运机械的分类方法

分类标志	按主要用途或结构特征进行分类	按作业性质进行分类
类别	起重机械 连续运输机械 装卸搬运车辆 专用装卸搬运机械	装卸机械 搬运机械 装卸搬运机械

4.1.4　装卸搬运合理化

装卸搬运是装卸搬运人员借助装卸搬运机械和工具，作用于货物的生产活动，它的效率高低直接影响着物流整体效率。为此，科学组织装卸搬运作业，实现装卸搬运合理化对物流整体的合理化至关重要。

1. 装卸搬运合理化目标

（1）装卸搬运距离短。在装卸搬运作业中，货物装卸搬运不发生位移，应该说是最经济的，然而这是不可能办到的，因为凡是"移动"都要产生距离，移动距离越长，费用越大；移动距离越短，费用越小。所以装卸搬运合理化的目标之一，就是尽可能使装卸搬运距离最短。

（2）装卸搬运时间少。主要指货物从开始装卸搬运到完成装卸搬运的时间少。如果能尽量压缩装卸搬运时间，就能提高物流速度，及时满足生产或顾客的需求，为此应根据实际情况，实现装卸搬运机械化，尽量缩短时间。

（3）装卸搬运质量高。装卸搬运质量高是装卸搬运合理化目标的核心。装卸搬运作业的质量高，是为客户提供优质服务的主要内容之一，也是保证生产顺利进行的重要前提。按要求的数量、品种，安全及时地将货物装卸搬运到指定的位置，这是装卸搬运合理化的主体和实质。

（4）装卸搬运费用省。在装卸搬运合理化目标中，既要求距离短、时间少、质量高，又要求费用省，这似乎不好理解，实际上如果真正实现装卸搬运机械化和物流现代化，装卸搬运费用肯定能大幅度地节省。采取机械化、自动化装卸搬运作业，既能大幅度减少作业人员，又能降低人工费用。为此，应合理规划装卸搬运工艺，设法提高装卸作业的机械化程度，尽可能地实现装卸搬运作业的连续化，从而提高装卸搬运效率，降低装卸搬运成本。

装卸搬运合理化目标如图 4-5 所示。

2. 实现装卸搬运合理化的基本途径

（1）防止和消除无效作业。尽量减少装卸次数，减少人力、物力的浪费和货物损坏的可能性；努力提高被装卸物品的纯度；选择最短的作业路线；避免过度包装，减少无效负荷；充分发挥装卸搬运机械装备的能力和装载空间，中空的物件可以填装其他小物品再进行搬运，

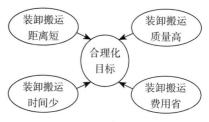

图 4-5　装卸搬运合理化目标

以提高装载效率；采用集装方式进行多式联运等，都可以防止和消除无效装卸搬运作业。

（2）提高物品的装卸搬运活性。由于货物存放的状态不同，因此货物的装卸搬运难易程度也不一样。人们把货物从静止状态转变为装卸搬运运动状态的难易程度称为装卸搬运活性。如果很容易转变为下一步的装卸搬运而不需要过多做装卸搬运前的准备工作，则活性高；如果难以转变为下一步的装卸搬运，则活性低。

在整个装卸搬运过程中，往往需要几次装卸搬运作业，为使每一步装卸搬运都能按一定活性要求操作，对不同放置状态的货物做了不同的活性规定，这就是活性指数。通常活性指数分为 5 个等级——从 0 级到 4 级。散放在地上的货物要运走，需要经过集中（装箱）、搬起（支垫）、装车、运走 4 次作业，作业次数最多，最不易装卸搬运，也就是说它的活性水平最低，规定其活性指数为 0；集装在箱中的货物，只要进行后 3 次作业就可以运走，装卸搬运作业较方便，活性水平高一等级，规定其活性指数为 1；货物装箱后搁在托盘或其他支垫上的状态，规定其活性指数为 2；货物装在无动力车上的状态，规定其活性指数为 3；而处于运行状态的货物，因为不需要进行其他作业就能运走，其活性指数最高，规定其活性指数为 4。

在装卸搬运作业工艺方案设计中，应充分应用活性理论，合理设计作业工序，不断改善装卸搬运作业，以达到作业合理化、节省劳力、降低消耗、提高装卸搬运效率的目的。

（3）充分利用重力和消除重力影响，进行少消耗的装卸搬运。装卸搬运使货物发生垂直和水平位移，必须通过做功才能完成。因此在有条件的情况下，可利用货物的重量，进行有一定落差的装卸搬运。例如，可将设有动力的小型运输带（板）斜放在货车、卡车上，依靠货物本身重量进行装卸搬运，使货物在倾斜的输送带（板）上移动，这样就能减轻劳动强度和能量的消耗。

在装卸搬运时，为提高生产率、安全性、服务性和作业的适应性等，应尽量采用机械装备。同时，要通过各种集装方式形成机械装备最合理的装卸搬运量，使机械装备能充分发挥自己的效能，达到最优效率，实现规模装卸搬运。

（4）保持物流的均衡顺畅。当货物的处理量波动大时会使搬运作业变得困难，但是受运输等其他环节的制约，搬运作业的节奏不能完全自主决定，必须综合各方面因素妥善安排，使物流量尽量均衡，避免出现忙闲不均的现象。

（5）合理选择装卸搬运方式，不断改善作业方法。在装卸搬运过程中，必须根据货物的

种类、性质、形状、重量来合理确定装卸搬运方式，合理分解装卸搬运活动，并采用现代化管理方法和手段，改善作业方法，实现装卸搬运的高效化和合理化。

4.2 装卸起重技术与装备

4.2.1 起重机械概述

1. 起重机械的概念

起重机械是用来从事起重、搬运的机械。起重机械的工作流程是先通过取物装置从取物点把货物提起、运行、旋转，或通过变幅机械将货物移位，在指定位置放下，再接着进行反向运动，使取物装置回升原位。起重机械工作时各机构经常处于起动、制动以及正向、反向等相互交替的运动状态之中，并且在两个工作循环之间一般有短暂的停歇。

2. 起重机械的作用

起重机械是一种循环、间歇运动的机械，用来垂直升降货物或兼作货物的水平移动，以满足货物的装卸、转载等作业要求。

起重机械是现代企业实现生产过程、物流作业机械化与自动化，改善物料装卸条件，减轻劳动强度，提高装卸搬运作业质量，降低成本，提高生产率必不可少的重要机械装备。

3. 起重机的基本参数

起重机的基本参数是表明起重机工作特性的主要指标，也是正确选择和使用起重机的技术数据。

（1）额定起重量。起重机在正常作业时，允许提升货物的最大重量与可从起重机上取下的取物装置重量之和称为起重机的额定起重量，一般用字母 Q 表示，单位为吨（t）。

（2）起升高度。起升高度是指起重机运行轨道面或地面到取物装置上极限位置的高度（吊钩测量到吊钩中心，抓斗测量到最低点）。当取物装置可以降到地面或轨道顶面以下时，从地面或轨道顶面下放至下极限位置的距离称为下放深度。起升高度与下放深度之和称为总起升高度，以字母 H 表示，单位为米（m）。

（3）跨度或幅度。跨度是指桥式类起重机大车运行两轨道中心线之间的距离，以字母 L 表示，单位为米。幅度是指臂架类起重机的旋转中心线至取物装置中心线之间的水平距离，以字母 R 表示，单位为米。有最大幅度 R_{max} 和最小幅度 R_{min}。跨度和幅度是表示起重机工作范围大小的参数。

（4）额定工作速度。起重机的工作速度包括起升、变幅、旋转、运行等机构的速度。起升速度指吊钩（或其他取物装置）的上升速度，单位为 m/min。变幅速度是指变幅机构从最大幅度变到最小幅度的平均线速度，单位为 m/min。旋转速度是指回转式起重机每分钟的转数，单位为转 /min。运行速度一般是指起重机的大车行走速度，单位为 m/min；无轨道起重机行走速度的单位为千米/时（km/h）。

各类起重机根据安全、工艺、生产率等方面的综合要求，规定了上述工作速度的额定值，称为该机构的额定工作速度。例如，通用桥式吊钩起重机的各机构额定工作速度范围是：起升速度为 1～20m/min；大车运行速度为 30～120m/min；小车运行速度为 10～50m/min。超速运行会影响安全生产，而速度太低又会降低生产率，因此，速度的选择必须恰当。

4.2.2　起重机械分类

1. 装卸起重机械的分类

装卸起重机械按其起重量及运动方式可分为三大类。

（1）轻小型起重装备。轻小型起重装备一般只有一个升降机构，使货物做升降运动，如千斤顶、滑车、葫芦、卷扬机等，其中卷扬机可用于水平运输。

（2）桥式起重机。桥式起重机配有起升机构、大车运行机构和小车运行机构，可在整个长方形场地及其上空作业，适用于车间、仓库、露天堆场等场所。桥式起重机常包括通用桥式起重机、堆垛起重机、龙门式起重机、装卸桥等。

（3）臂架式起重机。臂架式起重机配有起升机构、旋转机构、变幅机构和运行机构，液压起重机还配有伸缩臂机构。臂架式起重机可装在车辆或其他运输工具上，构成运行臂架式起重机，这种起重机具有良好的机动性，可适用于码头、货场等场所。臂架式起重机常包括塔式起重机、门座式起重机、汽车起重机、轮胎式起重机、履带式起重机、浮式起重机、铁路起重机等。

此外，装卸起重机械按其取物装置，可分为吊钩起重机、抓斗起重机、电磁起重机、吊钩抓斗起重机、吊钩电磁起重机、抓斗电磁起重机及吊钩抓斗电磁起重机；按其使用场合，可分为车间起重机、货场起重机、仓库起重机等；按其运行方式，可分为固定式起重机和运行式起重机等。

2. 起重机和机构的工作级别

根据起重机国家标准规定，按起重机工作的利用等级和载荷状态将起重机分为 A1、A2、A3、A4、A5、A6、A7、A8 共 8 种工作级别；按起重机各机构的利用等级和载荷状态将起重机机构分为 M1、M2、M3、M4、M5、M6、M7、M8 共 8 种工作级别。起重机械工作级别举例如表 4-2 所示，旧标准中将起重机的工作类型分为轻级、中级、重级、超重级 4 种级别：轻级相当于 A1～A4 级；中级相当于 A5～A6 级；重级相当于 A7 级；超重级相当 A8 级。

表 4-2　起重机械工作级别

名称	用途	工作级别
桥式起重机	一般车间及仓库	A3～A5
	繁重工作车间及仓库	A5～A6
	抓斗连续装卸	A8
	吊钩式装卸	A6～A7
	抓斗式装卸	A7～A8
汽车、轮胎、履带、铁路起重机	吊钩式安装和装卸	A1～A4
	抓斗式装卸	A4～A6

4.2.3 常用装卸起重机

1. 桥式起重机

桥式起重机是横架于车间、仓库及露天堆场的上方，用来吊运各种货物的机械装备，通常称为"桥吊""天车"或"行车"，具体如图4-6所示。

桥式起重机的吊运方式由大车的纵向运动，小车的横向运动，以及起升机构的升降运动组成，它放置在固定的两排钢筋混凝土栈桥上，可沿栈桥上的轨道做纵向运移，起重小车可在桥架上的小车轨道上做横向移动。这样吊钩、抓斗就可以在一个长方体（起升高度 × 跨度 × 行走线长度）的空间内任

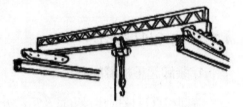

图4-6　桥式起重机外形示意图

意位置上做升降、搬运物件的运动。桥式起重机用吊钩、抓斗或电磁盘来装卸货物，它由桥架和起重小车两大部分组成，按桥架结构分为单梁桥式起重机和双梁桥式起重机。

桥式起重机特点。桥式起重机的大车轨道通常安装在仓库、作业场所的两侧梁柱或两侧地面上，广泛用于车间、仓库、货场装卸搬运货物，因而具有起重量大、占地面积小、速度快，作业面辐射大，且运行时不妨碍作业场地其他工作的优点。其缺点是需在装卸作业场地修建桥墩，造成建造费用较高，作业不够方便，再加上它只能在跨度范围内布置货位，因此货位面积较小。

单梁桥式起重机。单梁桥式起重机桥架的主梁多采用工字钢或型钢与钢板的组合截面，起重小车常为手拉葫芦、电动葫芦或用葫芦作为起升机构部件装配而成，起重小车可以沿主梁水平运动，如图4-7a所示。

单梁桥式起重机分手动、电动两种。手动单梁桥式起重机各机构的工作速度较低，起重量较小，自身质量小，便于组织生产，成本低，适用于搬运量不大、对速度与生产率要求不高的场合。电动单梁桥式起重机的工作速度、生产率较手动的高，起重量也较大。电动单梁桥式起重机由桥架、大车运行机构、电动葫芦（或由电动葫芦作为主要部件的电动起重小车）及电气装备等部分组成。

双梁桥式起重机。双梁桥式起重机由直轨、起重机主梁、电动环链葫芦和小车、送电系统和电气控制系统组成，特别适合于大悬挂跨度和大起重量的平面范围物料输送，如图4-7b所示。

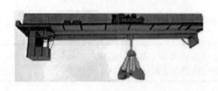

a）单梁桥式起重机

b）双梁桥式起重机

图4-7　桥式起重机

2. 龙门起重机

龙门起重机又称龙门吊或门式起重机，它的外形类似"门形"，由支承在两条刚性或一刚一柔支腿上的主梁构成，其外形结构如图 4-8 所示。

龙门起重机的结构为门状框架，承载主梁下安装两个支脚，它的起重小车在主梁的轨道上行走，而整机则沿着地面轨道行走，为了增加作业面积，主梁两端可以具有外伸悬臂。龙门起重机的门架采用箱形和桁架形两种形式，大量使用的是箱形。箱形结构具有制造、安装方便，适于进行自动焊接，外形美观，便于维护等优点。其门架结构类型如图 4-9 所示。

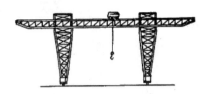

图 4-8　龙门起重机的外形示意图

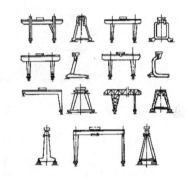

图 4-9　龙门起重机的门架结构类型示意图

（1）龙门起重机的特点。龙门起重机具有场地利用率高、作业范围大、适应面广、通过性强等特点，在港口、货场、料场的货物装卸作业中得到广泛使用，主要用于库场等室外场所，担负单件和成组的长大笨重货物的吊运、装卸、安装等作业过程中的货物装卸搬运任务，是企业生产经营活动中实现机械化和自动化的重要生产力。

（2）龙门起重机的类型。龙门起重机可根据三种结构形式分为不同类型。

1）按门框结构形式划分。

①全门式起重机：主梁无悬挂，小车在主跨度内运行，如图 4-10a 所示。

②半门式起重机：支腿有高低差，可根据使用场地的土建要求而定，如图 4-10b 所示。

③双悬臂门式起重机：最常见的一种结构形式，其结构的受力和场地面积的有效利用都是合理的，如图 4-10c 所示。

④单悬臂门式起重机：这种结构形式往往是因场地的限制而被选用的，如图 4-10d 所示。

2）按主梁结构形式划分。

①单主梁式龙门起重机：结构简单、制造安装方便、自身质量小、主梁多为箱形架结构，当起重量 $Q < 50t$，跨度 $S < 35m$ 时，可采用这种形式，如图 4-11 所示。

②双梁式龙门起重机：承载能力强、跨度大、整体稳定性好、品种多，但自身质量与起重量和单主梁式龙门起重机相比要大些，造价也较高；根据主梁结构不同，又可分为箱形梁和桁架两种形式，如图 4-12 所示。

3）按行走部不同划分。

①轮胎式集装箱龙门起重机：起重机由前后两片门框和底梁组成底门架，支承在充气轮胎上，可在堆场内行走，并通过装有集装箱吊具的行走小车沿着门框横梁上的轨道行走，可从底盘车上装卸集装箱和进行堆码作业。

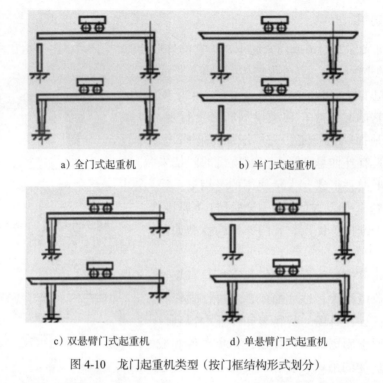

a) 全门式起重机   b) 半门式起重机

c) 双悬臂门式起重机   d) 单悬臂门式起重机

图 4-10 龙门起重机类型（按门框结构形式划分）

图 4-11 单主梁式龙门起重机   图 4-12 双梁式龙门起重机

  轮胎式集装箱龙门起重机主要有起升、小车行走、大车运行机构，并设有吊具回转装置和减摇装置。回转装置使吊具能在水平面内小范围回转（通常为 ±5°），以便吊具对准集装箱锁孔，减摇装置则要在前后左右两方向上衰减，防止吊具和集装箱摆动。因为龙门起重机在堆场工作，小车和大车经常移动，因此起重机在小车和大车方向上都可能发生摆动。

  轮胎式集装箱龙门起重机由于行走小车的位置和吊重经常变化，轮胎充气压力不完全一致，因而起重机两侧的轮胎变形量也不一样，可能使起重机走偏或蛇行，为此必须采取行走微调措施。一种措施是在起重机侧面设走偏指示杆和行走限位报警器，使司机发现走偏和及时调整两边行走电动机的转速。另一种措施是采用无线电感应轨迹自动控制装置。采用这种轨迹自动控制装置，可将运行偏移控制在 10cm 以内。

  为了使轮胎式集装箱龙门起重机能从一个堆场转移到另外一个堆场工作，需要装设转向装置，有定轴转向和 90° 直角转向两种方式，为防止转向时车轮变形以及减少磨损，往往在堆场两头转向处铺设转向垫板。

轮胎式集装箱龙门起重机的超重量是根据额定起重量和小车的重量来决定的，主要尺寸参数为跨距和起升高度。跨距的大小取决于起重机下面所需跨越的集装箱的列数和底盘车的通道宽度。通常按跨 6 列集装箱和 1 条底盘车通道或 3 列集装箱和 1 条底盘车通道考虑。目前世界许多国家大多按 6 列集装箱和 1 条底盘车通道考虑，取跨距为 23.4m。起升高度是指吊具底部至地面的垂直距离，它取决于起重机下所堆放的集装箱的层数和高度，一般按三层考虑。因此，目前世界许多国家大多取起升高度为 11 ～ 12m。轮胎式集装箱龙门起重机的工作速度应与码头前沿岸边集装箱起重机的生产率相适应，为此，各厂家将轮胎式集装箱龙门起重机分别设计成普通型和高速型。普通型的工作速度为：满载起升 9m/min，空载起升 18m/min，小车满载运行 35m/min，大车空载运行 90m/min。高速型的工作速度为：满载起升 13.4m/min，空载起升 27m/min，小车满载运行 70m/min，大车空载运行 130m/min。

目前我国港口集装箱码头使用的轮胎式集装箱龙门起重机的驱动方式均是由柴油机带动直流发电机，为各机构的直流电动机供电，再由直流电动机驱动各机构。这种驱动方式的操作性能较好，但动力装置重量大。

②轨道式龙门起重机：该机由两片双悬臂的门架组成，两侧门腿用下横梁连接，两侧悬臂用上横梁连接，门架支撑在行走平台上，并在轨道上行走，如图 4-13 所示。

与轮胎式集装箱龙门起重机比较，轨道式龙门起重机跨度较大，堆码层数多，一般能堆放 5 ～ 6 层集装箱，可充分利用堆场面积，提高堆场的堆储能力，还可在堆场进行集装箱装卸汽车和铁路车辆作业，但其工作范围受到轨道的限制。

图 4-13 轨道式龙门起重机的行走轨道

3. 流动式起重机

流动式起重机按运行部分的结构不同，可分为汽车起重机、轮胎起重机、履带起重机和浮船（式）起重机。其中，汽车起重机、轮胎起重机拥有量大，使用普遍，其特性和应用场合如表 4-3 所示。

表 4-3　汽车起重机、轮胎起重机的特性及应用场合对比

类别	特性	应用场合
汽车起重机 （见图 4-14）	它是安装在标准的或专用的载货汽车底盘上的全旋转臂架起重机，有两个司机室，一个在转台上，操纵起升、旋转和变幅机构；另一个在起重机前方，操纵起重机的行驶和转向。行驶速度高，越野性能好，作业灵活，能迅速改变作业场地，速度一般在 50km/h 以上	特别适合于流动性大、不固定的作业场所。汽车起重机一般作业时都放下支腿，不能带负荷行驶，且不能配套双绳抓斗使用，因而其使用受到一定限制

（续）

类别	特性	应用场合
轮胎起重机（见图 4-15）	配有专用底盘，其轴距和轮距配合适当，并能在平坦的地面上吊货行驶，但行走速度较低；只有一个司机室，位于转台上，四个机构都在这个司机室中操纵。起重量大，稳定性好，在一定的起重范围内可以不用支腿作业，灵活方便，且能配套双绳抓斗进行散货作业，行驶速度 ≤ 30km/h	在装卸作业中具有更为广泛的应用。适合于固定在一个货场内作业

（1）汽车起重机（见图 4-14）。汽车起重机采用内燃机作为动力装置，传动有机械式、电动式及液压式三种，为减小外形尺寸，小臂可做成伸缩式或折臂式两种，由于它的行驶速度高，通过性能好，因此，适用于具有流动性的作业场所。

（2）轮胎起重机。轮胎起重机是利用轮胎式底盘行走的动臂旋转起重机。它是把起重机构安装在由加重型轮胎和轮轴组成的特制底盘上的一种全回转式起重机，其上部构造与履带式起重机基本相同，为了保证安装作业时机身的稳定性，起重机设有四个可伸缩的支腿，如图 4-15 所示，在平坦地面上，轮胎起重机可不用支腿进行小起重量吊装及吊物低速行驶。

图 4-14　汽车起重机　　　　图 4-15　轮胎起重机

（3）履带起重机。履带起重机是装在履带运行底船上的全旋转动臂式起重机，大多数配有单斗万能挖掘机，如图 4-16 所示，能进行爪铲、反铲、拉铲或抓斗等作业。履带起重机一般采用集中驱动，其形式有内燃及电动两种，传动机构有机械式和液压式。履带起重机具有接地面积大，爬坡能力和通行能力强，且转弯半径小的优点，但行走速度慢，对地面有破坏作用，因此，多用于野外作业。

（4）浮船（式）起重机。浮船（式）起重机是指专用浮船上安装的臂架起重机，它以浮船作为支承和运行装置，浮在水上进行装卸作业，如图 4-17 所示。浮船（式）起重机广泛应用于海河港口，可单独完成船岸之间或船船之间的装卸作业。

图 4-16　履带起重机

4. 门座式起重机

门座式起重机可在一个圆顶形空间范围内起重和搬运货物，广泛应用于港口和货场。门座式起重机一般分为通用和专用两种：通用门座式起重机是用吊钩或抓斗装卸货物；专用门座式起重机只能用于某一种货物的装卸。如带斗门座式起重机专用于煤炭装卸，通常它的生产率比通用门座式起重机高。

图 4-17　浮船（式）起重机

门座式起重机是由金属机构、四大运动机构和电气系统组成的整体，如图 4-18 所示。金属机构主要指起升机构、变幅机构、回转机构、运行机构等。金属运动机构由行走、起升、变幅、旋转机构组成。在电气系统中，其供电一般是通过电缆卷筒将电输送到中心受电器上，通常港口门座式起重机多为低压供电上机，但在大起重量的机型上也有使用高压供电上机的，此时机上需设有变电装置和高压控制柜。港口门座式起重机均采用电力驱动，电气控制部分集中在操纵室和电气房内，电气箱布置在机器房内，安全保护装置设置在适当的位置上。

图 4-18　门座式起重机

5. 装卸桥

通常把跨度大于 35m、起重量不大于 40t 的门式起重机称为装卸桥。装卸桥取物装置以双绳抓斗或其他专用吊具为主，工作对象都是大批量的散状物料或成批件物品，常用在电厂、车站、港口、林区货场等场合。通常以生产率来衡量和选择装卸桥，其特点是工作性机构的起升速度和小车的运行速度较快，起升速度大于 60m/min，小车运行速度在 120m/min 以上，最高可达 360m/min，为减少冲击力，在小车上设置减震器。大车运行机构是非工作性机构，为调整装卸桥工作位置而运行，速度相对较慢，一般为 25m/min。装卸桥的结构形式有桁架式和箱形门架式两种。采用桁架式结构可减小整机自身质量，而箱形结构便于制造。

岸边集装箱起重机是装卸桥的一种，如图 4-19 所示。由前后两片门框和拉杆构成的门架及支承在门架上的桥架组成，行走小车沿着桥架上的轨道用专用吊具吊运集装箱，进行装卸船作业。门架可沿着与岸线平行的轨道行走，以便调整作业位置和对准箱位。为了便于船舶靠离码头，桥架伸出码头外面的那部分可以俯仰；对于高速型岸边集装箱起重机，还装有吊具减摇装置。例如，上海振华重工（集团）股份有限公司（ZPMC）双 40 英尺⊖箱双小车起重机综合了双 40 英尺箱起重机和双小车起重机的优点，在常规岸桥的基础上，由前小车、中转平台和后小车组成。ZPMC 双 40 英尺箱双小车起重机的特点是两个小车一高一矮。前小车起升高度在 40m 以上，便于装卸大船。后小车起升高度低于 15m，主要用作自中转平台取箱，再装（或卸）于高度只有 1m 多的集卡车上（或 AGV 系统）。

图 4-19 装卸桥

岸边集装箱起重机的金属结构由海侧和陆侧门框，门框之间的连接横梁、斜撑杆，门框支撑的中梁和后伸梁，海侧梯形架和支撑梯形架的斜撑杆，前拉杆和中梁共同支撑的可以俯仰运动的前伸梁等结构部件组成。岸边集装箱起重机金属结构还包括运行小车结构、机器房结构和扶梯平台走道结构。为避让船舶或当岸边集装箱起重机不作业时，一般前伸梁必须仰起或缩进海侧门框内。因此，根据前伸梁避让船舶方式不同，前伸梁分为俯仰式、折叠式和伸缩式。

岸边集装箱起重机各机构的工作速度如下。

起升速度：通常设计满载和空载两种速度，而且，空载起升速度高于满载速度一倍以上。例如，普通型岸边集装箱起重机满载起升速度为 35 ～ 40m/min，空载为 70 ～ 90m/min。作为高速型的岸边集装箱起重机，ZPMC 双 40 英尺箱双小车起重机综合了双 40 英尺箱起重机和双小车起重机的优点，是当代最完美、最高效的起重机。该设备前小车的起升速度满载可

⊖ 1 英尺 =0.304 8 米。

达 90m/min，空载为 180m/min，后小车满载起升速度为 50m/min，空载为 100m/min，理论上每小时可卸 80 ~ 100 个 40 英尺箱。

小车运行速度：岸边集装箱起重机的小车行走距离一般都在 40m 左右，小车行走时间约占整个工作循环时间的 25%。因此，提高小车行走速度对缩短工作循环时间、提高生产率是很有意义的。但是，小车行走速度的提高将会增加吊具的摇摆和司机的疲劳，因此，必须有良好的减摇装置。普通型岸边集装箱起重机的小车运行速度为 120 ~ 150m/min。随着我国物联网及 5G 技术的应用，智能程度比较高的高速型岸边集装箱起重机已经实现司机远程操作，在降低司机疲劳的同时，可以指挥多台起重机工作，大大提高了操作人员的工作效率，例如 ZPMC 双 40 英尺箱双小车起重机的前、后小车的运行速度可达 240m/min。

大车行走速度：移动大车的目的是调整作业位置，因此，对大车行走速度并不要求很快，一般在 25 ~ 45m/min。

4.2.4　起重机的选型

起重机的选型如表 4-4 所示。

表 4-4　起重机的选型

项目	选型方法
类型	常根据装卸搬运的场所、货种、作业性质进行选择。例如：若工作场所为仓库、车间，则应选择桥式起重机；若工作场所为货场、车站、造船生产线，则应选择龙门起重机
结构形式	首先考虑起重机主体结构。主体结构的选择要坚持两个原则：一是经济性原则；二是性能和标准化原则。性能方面的要求如有合适的工作速度和动作平稳性；标准化方面的要求如部件通用化、标准化程度等。然后，根据起重机应用场合、装卸搬运货物种类，合理选择工作机构、取物装置和操纵方式。对起重机的结构要充分考虑设计规范规定的标准，当场地或作业环境有限，必须选用非标准结构时，用户应与设计制造厂对设计方案进行共同论证
性能参数	一般根据使用场合、作业性质进行选择： 常以起重机可能遇到的最大起吊物来确定起重量，同时考虑转载工作的条件或工艺过程的要求。起重机不允许超载使用，因此在起吊物经常发生变化的场合，起重机应考虑一定的裕量 起升高度要考虑对越过障碍物高度和吊具本身所占的高度进行选择，一般与室内和厂房高度有关，通常为 16m 左右，室外不限 起重机的跨度按厂房的跨度，或按工作需要以场地大小选择。起重机的幅度按工作范围或者船舶尺寸大小等因素选择 工作速度直接影响起重机的生产效率，装卸用的起重机一般起升速度、小车运行速度都较高，安装作业要求的起重机的起升速度较低 起重机工作级别是一个综合参数，应根据起重机的利用等级和载荷状况选择合适的工作级别
数量	确定起重机台数时，要考虑企业经营规划和目标、货物年装卸量、生产作业任务、现场起重机械布置和配置方案、起重机台班定额产量等因素

在以上选择的基础上，再进行价格与功能评价、经济与技术评价，从而形成较为科学的配置方案。然后，货比三家、择优选购，就可选出符合要求的装备。

4.3 连续运输技术与装备

4.3.1 散料流通概述

为了取得最大经济效益，对某些物质如煤、化肥、矿石、粮食等采用散装、散卸、散储、散运的流通方式，因此开发现代化"四散"流通技术与装备也是物流业发展的一个重要趋势。下面我们从粮食储运的角度来分析散料运输业的情况。

1. 包装运输与散装化比较分析

与包装运输相比，粮食储运过程的散装化可以加快粮食流通速度，提高流通过程中各个作业环节的生产率，减少作业人员，减轻劳动强度，大大降低粮食流通费用，降低粮食成本和价格，减少粮食在流通过程中的损耗和污染。因此美国、加拿大、欧洲和苏联等国家与地区在第一次及第二次世界大战前就实现了粮食储运的散装化，日本、澳大利亚在第二次世界大战后也实现了散装化。在 20 世纪 70 年代前后，世界上大部分国家均采用了粮食"四散"流通技术。

我国目前粮食的年产量约为 5 亿 t，流通量为 1.8 亿 t，粮食流通体系异常庞大，然而，其中实现"四散"流通的粮食却不足 10%，形成了"散来包去，拆包散运"现象，如果将"四散"流通量提高到 20%，则可以减少损失 180 万 t，作业效率提高 2 倍，节省搬运包装材料费用 3 亿～ 5 亿元。我国储粮仓库的面积与粮食收购总量相比，不足 30%，粮食流通设施及技术落后于发达国家，为降低粮食流通费用，最好的途径就是将粮食从包装粮食形式改为散装粮形式。那么，将粮食储运从包装形式改成散装形式，究竟能使其流通费用降低多少呢？让我们以粮食的卸车作业为例算一笔账。

同样为一列 40 节车皮，每车皮装 60t 的包装粮或散装粮（假定散粮作业能力为 200t/h），它们的接收进仓作业的技术经济指标的比较如表 4-5 所示。

表 4-5 指出了同样数量包装粮和散装粮的接收进仓作业。

表 4-5 技术经济指标

形式	包装粮	散装粮
作业需要人员数 / 人	236	9
作业需要时间 / 时	56	12
作业运营费 / 元	31 477.9	2 242.28
粮食费用 / 元·t^{-1}	13.12	0.93

1）作业需要人员数：包装粮是散装粮的约 26 倍。

2）作业需要时间：包装粮是散装粮的约 4.6 倍。

3）作业运营费：包装粮是散装粮的约 14 倍。

另外根据北京某粮食中心库的主任介绍，该库已经接收了 15 万 t 粮食，均为火车运粮，其费用为：包装粮每吨接收入仓费 10.6 元，散装粮每吨接收入仓费 1.24 元。

综上分析，我国大力发展粮食储运散装化是大势所趋，势在必行。

2. 目前常用的散料搬运装备

目前常用的散料搬运装备如图 4-20 所示。

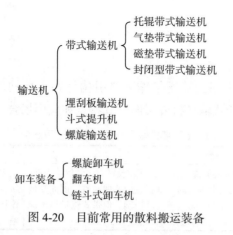

图 4-20　目前常用的散料搬运装备

3. 输送机械的特点及应用

输送机械也称连续运输机械，是以连续的方式沿着一定的线路从装货点到卸货点均匀输送货物和成件包装货物的机械。其特点及应用如表 4-6 所示。

表 4-6　输送机械的特点及应用

优点	缺点	应用场合
可采用较大的运动速度，且速度稳定；具有较高的生产率；在同样生产率下，自重轻、外形尺寸小、成本低、驱动功率小；传动机械的零部件负荷较低而冲击小；结构紧凑，制造和维修容易；输送货物线路固定，动作单一，便于实现自动控制；工作过程中，负载均匀，所消耗的功率几乎不变	只能按照一定的路线输送，每种机型只能用于一定类型的货物，一般不适于运输重量很大的单件物品，通用性差；大多数连续输送机不能自行取货，因而需要采用一定的供料装备	由于连续输送机能在一个区间内连续搬运大量货物，搬运成本非常低廉，搬运时间比较准确，货流稳定，因此，广泛用于现代物流系统中，成为生产加工过程中机械化、连续化、自动化的流水作业运输线中不可缺少的组成部分

4.3.2　连续运输机械的分类

连续运输机械的分类，如表 4-7 所示。

表 4-7　连续运输机械的分类

分类标志	类　型	含　义	特点或常用种类
安装方式	固定式输送机械	整个装备固定安装在一个地方，不能再移动	具有输送量大、单位电耗低、效率高等特点。它主要用于固定输送场合，如仓库中货物移动、工厂生产工序之间的输送、原料的接收和成品的发放等
	移动式输送机械	整个装备安装在车轮上，可以移动	具有机动性强，利用率高，能及时布置输送作业达到装卸要求的特点。这类装备输送量不太高，输送距离不长，适用于中小型仓库
结构特点	具有挠性牵引构件的输送机械	工作特点是物料或货物在牵引构件的作用下，利用牵引构件的连续运动使货物向一定方向输送	常见的有带式输送机、链式输送机、斗式提升机、悬挂输送机等
	无挠性牵引构件的输送机械	工作特点是利用工作构件的旋转运动或振动，使货物向一定方向运送，它的输送构件不具有往复循环形式	常见的有气力输送机、螺旋输送机、振动输送机等

4.3.3 常用输送机

1. 带式输送机

带式输送机是以封闭无端的输送带作为牵引构件和承载构件的连续输送货物的机械。图 4-21 为 HQ69 型移动式带式输送机外形图，其特点和应用场合如表 4-8 所示。

表 4-8 带式输送机的特点和应用场合

特点	应用场合
输送距离大；输送能力大，生产率高；结构简单，基建投资少，营运费用低；输送线路可以呈水平、倾斜布置或在水平方向、垂直方向弯曲布置，因而受地形条件限制较小；操作简单，安全可靠，易实现自动控制。但带式输送机不能自动取货，当货流变化时，需要重新布置输送线路，输送角度不大	主要用于水平方向或坡度不大的倾斜方向连续输送散粒货物，也可用于输送重量较轻的大宗成件货物。应用遍及仓库、工厂等场所

2. 斗式提升机

斗式提升机是连续垂直或大倾角提升货物或物料的输送机械。其分类、特点及应用场合如表 4-9 所示。图 4-22 为 TH 型斗式提升机外形图。

图 4-21 HQ69 型移动式带式输送机

图 4-22 TH 型斗式提升机

表 4-9 斗式提升机的分类、特点与应用场合

种类	分类、特点及应用场合	总类特点及应用场合
带斗式提升机	有很快的工作速度，但其强度较低。适用于粉末或块度较小，磨损性不高的物料；不能用于承载力很大，工作繁忙的场合	主要优点是：结构比较简单，外形尺寸小，占地面积少，提升高度和输送能力大，有较好的封闭性能，耗用动力小
链斗式提升机	工作速度较慢，但具有很高的强度。链斗式提升机可用于提升中等或大块度的物料，大型货场采用的卸煤机、卸矿石机及装砂机等都是链斗式提升机	其缺点是：过载时容易出现堵塞故障，需要均匀供料，料斗容易磨损 在仓库、粮食加工厂、油厂、食品厂等部门中广泛应用

3. 气力输送机

气力输送机是采用风机使管道内形成气流来输送散粒物料的机械。其优点和缺点如表 4-10 所示。

表 4-10 气力输送机的优点和缺点

优点	缺点
可以改善劳动条件，提高生产效率，有利于实现自动化；可以减少货损，保证货物质量；结构简单，没有牵引构件；生产率较高，不受管路周围条件和气候影响；输送管道能灵活布置，适应各种装卸工艺；有利于实现散装运输，节省包装费用，降低成本	动力消耗较大，噪声大；被输送物料有一定的限制，不宜输送潮湿、黏性大和易碎的物料；在输送磨损性大的物料时，管道等部件容易磨损

4.3.4 连续运输机械的选型

正确配置和选择连续运输机械是充分发挥装备效能，完成输送任务的根本保证，其选型如表 4-11 所示。

表 4-11 连续运输机械的选型

项目	选型方法
物料的性质	物料粒状大小、表面状态、容重、散落性、外摩擦系数、破碎性等特性，影响着输送机械的选用 一般来说，对于表面粗糙、坚硬的物料，在选择输送机械的构件时，应选择耐磨的材料；对于容易破碎的物料，不宜选用破碎作用较大的输送机；对于散状物料，为提高输送量，防止输送中物料散落，应选用深槽型胶带输送机；对于包装物料，一般选用带式输送机或辊子输送机
物料的输送量	输送速度大的运输机械通常输送量也大。在选择速度时，应考虑输送稳定性、电耗增大比例、装备的机械性能、物料特性等因素，选用合适速度的输送机
物料的输送距离和方向	对于水平输送，一般选用胶带输送机；对于垂直输送，则多采用斗式提升机；对于既要求水平输送又要求垂直输送的散装物料，一般可用斗式提升机或刮板输送机
物料的输送工艺流程	物料制作的工艺流程不同，输送要求也不同，应采用不同的输送机械。如果要求在输送过程中对物料进行搅拌，则可选用螺旋输送机等
物料最终的安装场地	根据物料的安装场地不同，也要求选用不同的输送装备，因此，应根据安装场地位置条件，选用适宜的输送机械

正确选用输送机械，须综合考虑各方面因素，权衡利益得失，进行综合分析比较，选择经济合理的优质输送机械。

4.4 工业搬运车辆

4.4.1 工业搬运车辆概述

1. 概念

工业搬运车辆是指用于企业内部对成件货物进行装卸、堆垛、牵引或者推顶，以及短距离运输作业的各种搬运车辆。工业搬运车辆中的各种无轨式车辆，在国际标准化组织工业车辆技术委员会（ISO/TC110）中称为工业车辆。此类车辆主要由用于货物装卸与堆垛作业的工作装置、运行装置和动力装置等组成。由于工业车辆往往兼有装卸和运输作业功能，并可装设各种可拆换工作属具，故能机动、灵活地适应多变的物料搬运作业场合，经济上能高效地满足各种短距离物料搬运作业的要求。工业车辆已经广泛地用于港口、车站、机场、仓库、货场、工厂车间等处，并可进入船舱、车厢和集装箱内进行杂件货（又称件货、杂货）的装卸搬运作业。

叉车是最常用的具有装卸、搬运双重功能的机械。在本节中介绍的工业搬运车辆以叉车为主。

2. 叉车

叉车又称铲车、叉式装卸车，以货叉作为主要的取货装置，依靠液压起升机构升降货物，由轮胎式行驶系统实现货物的水平搬运。叉车除了使用货叉以外，还可以更换各类取物装置以适应多种货物的装卸、搬运和堆垛作业。叉车作为短距离运输、堆垛、装卸货物的一种常用车辆，其独特的优点，使其在物流装卸作业中具有非常重要的作用。

（1）叉车的主要特点。

1）有很强的通用性，在几乎所有的物流领域都有所应用，通过和托盘配合，其通用性更强，适合能装上托盘的各种货物的装卸搬运。

2）有装卸、搬运双重功能，是装卸搬运一体化的装备，在实际应用中，将装卸、搬运两个操作合而为一。

3）和各种叉车附件配合可将通用性很强的叉车变成专用性很强的叉车，以便用于各种特定的作业。

（2）叉车的主要参数。叉车的主要参数分为以下 9 个类型。

1）额定起升重量（m）。它是指用货叉起升货物时，货物重心至货叉垂直段前壁的距离不大于载荷中心距的情况下，允许起升货物的最大毛重。选用叉车时应按照本部门所需要装卸和搬运货物的重量，参照《叉车基本形式和起升重量系列标准》选择合适的起升重量。额定起升重量系列为 0.5t、0.75t、1.0t、1.5t、2.0t、3.0t、4.0t、5.0t、8.0t、10t、12t、15t、16t、20t、25t、32t、40t 等。

2）载荷中心距（c）。它是指在货叉上放置标准重量的货物，确保货叉纵向稳定时，其重心至货叉垂直段前壁的水平距离。在实际作业时，为了便于评价和选用叉车，按不同的额定起重量，规定了相应的 c 值。

3）最大起升高度（H_{max}）。它是指当叉车在平坦坚实的地面上，满载、轮胎气压正常、门架直立、货物升到最高时，货叉水平段的上表面至地面的垂直距离。

4）门架倾角。它是指当叉车无负载时，在平坦、坚实的地面上，门架相对其垂直位置向前和向后倾斜的最大角度，分别称为门架前倾角和门架后倾角。门架前倾角的作用是便于将叉取的货物卸放。门架后倾角的作用是当叉车带货行驶时，防止货物从货叉上滑落，增加叉车载货行驶时的纵向稳定性。

5）最大起升速度（V_{hmax}）。它常指当叉车在坚实的地面上满载时，货物举升的最大速度。叉车的最大起升速度，直接影响叉车的作业效率，提高叉车的起升速度是国内外叉车制造业技术改进的共同趋势。一般大起升重量的叉车的最大起升速度小于中、小吨位的叉车，同等起升重量的电瓶叉车的最大起升速度低于内燃叉车，这主要是受蓄电池容量和电机功率的限制。货物下降速度一般都大于起升速度。

6）最大运行速度（V_{max}）。它一般指当叉车满载时，在干燥、平坦、坚实的地面上行驶时的最大速度。

叉车主要用于装卸和短途搬运作业，而不是用于货运。所以，在运距为 100～200m 时，叉车能发挥出最高效率；而当运距超过 500m 时，则不宜采用叉车搬运。在我国叉车系列标准中，电瓶叉车最大车速一般为 13km/h；内燃叉车为 20km/h，最高不超过 28km/h。叉车作业时，倒退行驶的机会与前进行驶的机会基本均衡，因此，叉车要比汽车要求有较多的倒挡和较大的倒车速度。

7）满载最大爬坡度。它指叉车满载时，在干燥、坚实的路面上，以低速等速度行驶能爬越的最大坡度，以度或百分数表示。其满载行驶的最大爬坡度，一般由原动机的最大转矩和低档的总传动比决定。选用叉车时，其最大爬坡度应满足叉车作业的具体要求，该值应不小于进出场地的最大坡角。国产叉车标准中，满载最大爬坡度为 15°～20°。

8）最小外侧转弯半径（R_{min}）。它一般是指当叉车在无载低速转弯行驶，且转向轮处于最大转角时，车体最外侧至转向中心的最小距离。叉车的最小外侧转弯半径是决定叉车机动性的主要参数。距转向中心最远处，通常是叉车尾部（平衡重处）。在货叉加长时，也可能是货叉尖处。

9）最小离地间隙（H_{min}）。它一般指车体最低点与地面的间隙。它是衡量叉车在满载低速行驶时通过性的主要参数。叉车车体最低点可能在门架底部、前桥中部、后桥中部、平衡重下部。车轮半径增加，可使离地间隙增加，但又会使叉车的重心提高，转弯半径增大，对叉车的稳定性、机动性改善较为不利。

4.4.2　叉车的分类

1. 按其动力装置的不同分类

按照动力装置的不同，叉车可分为三类。

（1）内燃式叉车。内燃式叉车采用的动力装置是内燃机，根据动力不同又可分为汽油机式叉车、柴油机式叉车和液化石油气式叉车。其特点是机动性好、功率大、独立性强，应用范围非常广泛。一般情况下，重大吨位的叉车采用内燃机作为动力，最常用的是汽油机式叉车，其特点是重量较轻、操作方便、输出功率较大、价格较便宜。

（2）电动式叉车。电动式叉车又称电瓶式叉车，以蓄电池为动力，用直流电机驱动。它和内燃式叉车相比，具有结构简单、操作容易、动作灵活、无废气污染、噪声小、燃费低（为内燃式叉车的 1/4～1/3）、维修费少等优点，但电动式叉车的动力持久性差，需要专用的充电装备，它的行驶速度较低，对路面要求较高，因而，电动式叉车的应用受到一定的限制，主要适合在室内作业，在仓库及配送中心采用较多。

（3）手动式叉车。手动式叉车由于无动力装置，使用、维护简便，起重量较低。

2. 按照性能和功用分类

按照性能和功用不同，叉车可分为平衡重式叉车、插腿式叉车、侧面式叉车、前移式叉车、集装箱式叉车、高货位拣选式叉车、步行式叉车、堆垛叉车等。其中平衡重式叉车、侧面式叉车和前移式叉车是常用的基本类型。

3. 按起重能力分类

按照起重能力的不同，可分为不同起重级别的叉车，一般为 1 ~ 10t 叉车，不同领域也使用 0.5 ~ 40t 叉车。

4.4.3 常用工业搬运车

1. 平衡重式叉车

平衡重式叉车是叉车中应用最广泛的一种，约占叉车总数的 80%。它分为电瓶式叉车（见图 4-23a）和内燃式叉车（见图 4-23b）。一般而言，电瓶式叉车车身小巧，较为灵活，但一般是小吨位车。平衡重式叉车不仅可通过司机单独操作完成货物的装卸、搬运和堆垛作业，还可通过变换属具扩大叉车的使用范围和提高作业效率。

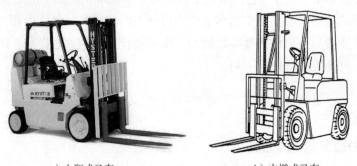

a）电瓶式叉车　　　　　　　　　b）内燃式叉车

图 4-23　平衡重式叉车

叉车的工作装置位于叉车的前端，货物载于前端的货叉上，货物重心落在车轮轮廓之外，为了平衡前端货物的重量，保持叉车的纵向稳定性，需要在叉车的后部装设平衡重。平衡重式叉车的前轮为驱动轮，后轮为转向轮，依靠叉车前后移动叉卸货物。平衡重式叉车由于没有支撑臂，需要较长的轴距和平衡重来平衡载荷，因此叉车的重量和尺寸都较大，需要较大的作业空间。同时，货叉直接从前轮的前方叉取货物，对叉取货物的体积一般没有要求；平衡重式叉车动力较大，底盘较高，具有较强的地面适应能力和爬坡能力，适用于室外作业。

平衡重式叉车主要是四轮型，个别电动叉车有三轮型，依靠换装各种附件可装卸、搬运多种货物，起重能力范围也很广，主要用于车站、工厂、货场等领域，尤其适于路面较差，搬运时间较长的领域。

2. 前移式叉车

前移式叉车具有两条前伸的支腿，支腿较高，支腿前端有两个轮子。其结构的主要特点是前部设有跨脚插腿，跨脚前端装有支轮，和车体的两轮形成四轮支撑，作业时重心在四轮的支撑面中，因此比较稳定。其门架或货叉可以前后移动，以便于取货及卸货。前移式叉车支腿的作用是确保叉车在负载时的稳定性。从结构形式上看，前移式叉车分为叉架前移式叉车和门架前移式叉车两种，如图 4-24 和图 4-25 所示。

图 4-24　叉架前移式叉车　　　　　　图 4-25　门架前移式叉车

前移式叉车车体较平衡重式叉车小，转弯半径小，可减小通路宽度，由于没有平衡重量的问题，因而自重轻，约为 500kg，机动性好，操作灵活。前移式叉车主要靠电池驱动，行走速度较慢且轮子半径较小，对地面要求较高，主要适合于通道较窄的室内仓库作业，节省通道面积，用于配送中心及工厂厂区内，尤其在运行地域狭小之处宜选用这种叉车。

3. 侧面式叉车

侧面式叉车的门架、起升机构和货叉位于叉车的中部，不仅可以上下运动，还可前后伸缩。叉货时，先将千斤顶顶着地，把门架向外推出，待叉取货物后，货叉起升，门架退后，然后下降货叉，将货物放在平台上。待千斤顶收起后，叉车即可行驶，如图 4-26 所示。

侧面式叉车的货叉位于叉车的侧面，侧面还有一货物平台。当货叉叉取货物，沿门架上升到大于货物平台的高度后，门架将沿着导轨缩回，降下货叉，使货物得以放在叉车的货物平台上。侧面式叉车适合于窄通道作业，主要用于搬运长大件货物。

4. 插腿式叉车

插腿式叉车的特点是叉车前方带有小轮子的支腿能与货叉一起伸入货板叉货，然后由货叉提升货物，如图 4-27 所示。它一般由电动机驱动，蓄电池供电。它的优点是起重量小、车速慢、结构简单、外形小巧，适用于通道狭窄的仓库内作业。

5. 托盘搬运车

托盘搬运车是在小范围内搬运托盘的小型搬运装备。这种装备的作用是在仓库内部货位之间搬运托盘，调整托盘与运输工具之间的装卸位置，在运输工具内部搬运托盘货体就位。这种车分为动力式和手动式两种。其工作原理是：先降低托盘叉的高度，使之低于托盘底座高度，叉入托盘叉入口后，再抬高叉座，将托盘抬起，利用搬运车的轮子移动托盘，到达目的地后，再降低叉座高度，从叉入口中抽出叉爪。托盘搬运车的一般形式如图 4-28 所示。

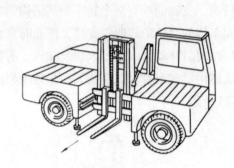

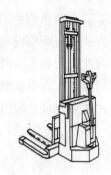

图 4-26　侧面式叉车　　　　　　　　　　图 4-27　插腿式叉车

6. 电瓶搬运车

电瓶搬运车是以蓄电池为动力的工业车辆。它以直流电动机驱动，广泛用于车站、码头、仓库、工厂等地短距离搬运货物。它不仅自身可以载重运输，还可以用作牵引车，进行厂内运输，具有减少环境污染、运行费用较低等优点，但由于蓄电池不能经受强烈的震动，所以，常需在平坦的路面上行驶，行驶速度一般为 10km/h 左右。电瓶搬运车的一般形式如图 4-29 所示。

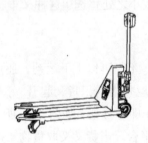

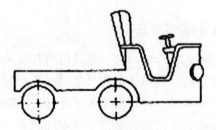

图 4-28　托盘搬运车　　　　　　　　　　图 4-29　电瓶搬运车

4.4.4　叉车的选型

配备和选择叉车时，应根据使用条件、周围环境、性能参数、经济性等因素进行综合选择。

1. 选择应与其使用条件和周围环境吻合

选择叉车时，首先应考虑作业场地是室内还是室外、装卸搬运作业数量、作业区的日吞吐量、搬运距离远近、单一负荷的重量、外形尺寸、作业周期、有包装货物的堆垛层数和高度等；其次应考虑作业区的大小及通道的长短、库房形状、构造、出入口的高度和宽度，作业区场地的光滑度、平整度、地基强度、地面质量和承重能力等；最后，还要考虑整个系统自动化程度以及与其他装备的关系等。

2. 选择合适的性能参数，满足使用性能的要求

选用叉车时，必须根据国内外现有技术水平和实际条件，选择合适的性能参数，以提高叉车工作效率，减少费用，取得最佳经济效益。起重量、起升高度是叉车的重要性能参数，选用时应根据装卸作业实际情况和有关标准而定。叉车的升降速度和运行速度直接关系到叉车的作业效率，它与作业周期密切相关，要根据实际情况进行选择，不过，电动式叉车的升降速度和运行速度都比内燃式叉车低，选用时应特别注意。此外，还要考虑叉车的通过性和可靠性，保证叉车具有良好的使用性能。

3. 考虑叉车的使用费用和经济效益

在满足叉车技术性能的同时，要使叉车具有良好的经济性，就要求叉车的使用费用低，燃料消耗少，维修保养费用低等。

4.4.5　叉车的安全使用

1. 叉车的检查

叉车的检查可分为日常检查、每周检查和半年检查。

1）日常检查，在每班次开始时，司机和管理人员需要做如下检查：

①轮胎压力是否正常；②记录、上报任何轮胎损坏情况；③所有刹车是否有效；④所有灯光工作是否正常；⑤动力车的（引擎）液面是否正常；⑥蓄电池充电情况是否良好；⑦提升和倾斜系统工作是否正常。检查后应该填写书面报告。

2）每周检查，管理人员或维修部门需要做如下检查：①上述所有日常检查项目；②操纵、提升齿轮和其他工作部件的状况；③柱、叉、属具和其他机械的状况；④检查液压系统是否有泄漏或损坏。

3）半年检查，管理人员或维修部门需要检查叉车所有工作部件，并在检查后填写书面报告。

2. 叉车的维护维修

叉车的维护维修计划需要考虑下列问题：①使用说明书内有什么；②工作时是否参照这些数据；③刹车、灯光、警告装置、安全锁和头顶保护设施是否正常工作；④所有的司机是否接受过常规培训，并参加了更新的培训课程；⑤叉车是否按要求进行日、周、半年的检修。

3. 叉车的安全使用规则

①只允许健康、有资格的操作者使用叉车；②不在超重情况下运行，只在额定载重量内使用装备；③不在不稳固载货的情况下运行；④警醒事故易发点（例如盲区）；⑤格外注意装载月台情况；⑥决不搭载乘客；⑦保持身体在车内；⑧保证遵守法律规定；⑨遵守制造商操作手册；⑩遵守预防性维修规定。

4.5　自动导引车

4.5.1　自动导引车概述

1. 概念

自动导引车是指具有电磁或光学导引装置，能够按照预定的导引路线行走，具有小车运行和停车装置、安全保护装置以及各种移载功能的运输小车。

2. 自动导引车的基本结构

自动导引车由机械系统、动力系统、控制系统组成。其中，机械系统主要包括车体、车轮、移载装置、安全装置、转向装置等，动力系统包括运行电动机、转向电动机、移载电动机、蓄电池及充电装置等，控制系统包括信息传输及处理装置、驱动控制装置、转向控制装置、移载控制装置、安全控制装置等。自动导引车的主要结构如图 4-30 所示。

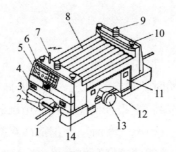

图 4-30　自动导引车的主要结构

1—随动轮　2—导向传感器　3—接触缓冲器　4—接近探知器　5—报警音响
6—操作盘　7—外部通信装置　8—自动移载机构　9—警示灯　10—急停按钮
11—蓄电池组　12—车体　13—速差驱动轮　14—电控装置箱

4.5.2　自动导引车的分类及应用

1. 分类

自动导引车按照导引方式不同，可分为固定路径导引和自由路径导引。固定路径导引是指在固定的路线上设置导引用的信息媒介物，自动导引车通过检测出它的信号而得到导引的导引方式，如电磁导引、光学导引、磁带导引。自由路径导引是指自动导引车根据要求随意改变行驶路线，这种导引方式的原理是先在自动导引车上储存好作业环境的信息，再通过识别车体当前的方位，与环境信息相对照，自主地决定路径的导引方式，如推算导引、惯性导引、环境映射法导引、激光导引。

2. 自动导引车的应用

AGV 系统的出现是对传统物料搬运技术的一次革命，它以其机动灵活、可靠性高、投资少、操作费用低、安全性好、无地面障碍等优点把物料搬运的高效率带到了整个世界。近年来，随着科学技术的迅速发展和生产现场的综合自动化，AGV 系统的应用范围和领域不断扩大，AGV 系统已成为一种高效、灵活、先进的搬运系统。

4.6 物流装卸搬运系统的设计

4.6.1 物流装卸搬运机械化系统

装卸搬运工艺和装卸搬运机械化系统是两个关系密切，但又不相同的概念。装卸搬运工艺是指货物装卸搬运的方法。装卸搬运机械化系统则是用来实现装卸搬运工作机械化的各种装卸搬运机械及辅助装备的集成。例如，在杂件货装卸搬运时，门座起重机可以和叉式装卸搬运车配合组成一个机械化系统，但同一个"门座起重机—叉式装卸搬运车"系统又可以有几个不同的工艺方案：成组运输、成组装卸搬运及堆存、散件装卸搬运。

但必须指出，现代化的装卸搬运工艺是以先进的装卸搬运机械化系统为基础的，而且机械化系统一经采用，更换比较困难，因此必须根据港站的具体营运状况和自然条件合理地设计机械化系统。特别要注意构成机械化系统主体的装卸搬运装备类型的选择。影响装卸搬运机械装备类型选择的因素大体包括货物、运输工具、自然条件、港站建筑物和运输组织等几个方面。其中，货物方面要考虑的因素包括：货物特性、操作量和货物流向。

1. 货物特性

由于货物种类、性质不同，因此用于装卸搬运这些货物的机械装备也有所不同。一般根据货物在运输、装卸搬运和搬运时方式的不同，可以将其分为杂件货、木材、集装箱、干散货、散粮、液体货等不同货类。不同的货类都有适合于各自性质的装卸搬运机械装备。例如，表 4-12 中列出了一些相应货类在港站装卸搬运中常用的装备，从中很容易看出不同货类在装卸搬运时所使用的装备的差异。

表 4-12 不同货类所使用的装备

货类	在装卸搬运工艺中可使用的典型装备	货类	在装卸搬运工艺中可使用的典型装备
杂件货	门机、运输工具吊杆	干散货	移动式卸船机、堆场斗轮式堆取料机
木材	门机、堆场龙门吊、木材抓斗	散粮	吸粮机、夹皮带机、斗式提升机
集装箱	岸壁式装卸搬运桥、堆场轮胎式龙门吊	液体货	输送管道

货物类别的不同在以下几个方面影响着机械设备的选择。

（1）货物的尺寸、重量、容重、形状和包装形式。例如，杂件货货组的大小往往受舱口尺寸、构成货组的方便性和货物在运输及保管时的稳定性等条件制约，因此对积载因数大的"轻泡货"来说，选择起重量过大的起重机就会因起重量得不到充分利用而影响经济效果。

（2）货物品种的多样性。货物品种的多样性要求机械具有通用性和灵活性，要求能同时从运输工具和车辆上装卸搬运多个品种的货物，要求库场内有众多的货堆。在分票多、货堆小的时候，货物品种往往会影响货堆的高度，并影响库场面积和机械堆高性能的充分利用。

（3）货堆的脆弱性和包皮的牢固性。该性能一般会影响装卸搬运方法和货堆高度，要求港站在装卸搬运货物时选用"接头"最少的输送机系统，避免采用刮运或抛掷的原理来运移货物。受震易坏的货物，如收音机等不能用滑板装卸搬运，焦炭不宜用抛射式平舱机搬运，怕压的杂件货在库内堆存时要用货架等。

（4）货物的冻结性和凝结性。该性能对装备的有效应用会产生重大影响，如果设计时考虑不周，有时甚至会导致整个装备无法使用。例如，盐、化肥散运时会因凝结而结壳，煤炭、矿石在冬季运输时会冻结，而且水分越大，越易冻结。由于冻结的货物不能自流，因此会影响到底开门车和露天地下坑道的有效应用。为使货物不冻，或使已冻的货物松碎，需要根据不同情况对散货进行脱水、加防冻剂、加热、用机械松碎等方法。对于黏度大、易凝结的石油，设计装卸搬运输送系统时要采取加热保温措施。

（5）货物的磨损性和腐蚀性。该性能会加速机件的损坏，因此需要特别的防护与维修。

（6）货物的易燃、易爆、扬尘性。该性能要求在设计装卸搬运机械化系统时从安全、环保的角度采取有效措施。

此外，在设计机械化系统时，还需要考虑因货物特性引起的某些辅助作业装备的需要，如干燥、净化、精选、粉碎、分票、选材、称量、计数等装备。

2. 操作量

操作量大小关系到是否需要设置专业化泊位和采用专业化机械。港站的专业化生产是社会化大生产的产物，也是现代化大工业发展的客观规律和基本特征。港站装卸搬运作业的条件虽然与工业企业不尽相同，但动作节约的基本原则对港站工作同样是适用的。例如，装卸搬运工人操作时须按照小动作代替大动作的原则，利用齐肩的货台，降低载货工具的高度，货组送达点接近货垛等都可缩减动作幅度，减小工人劳动强度。

但是，专业化生产要取得良好的经济效果，关键的因素是要具备一定的产量。如果产量不足，专业化生产反而会因装备利用不足而提高成本。同样的道理，操作量大小也关系到机械装备应具有的生产能力，从而影响到所需配备的机械装备的类型和数量。当操作量大时，应设置生产能力较高的机械装备以获得较高的港站通过能力；当操作量很小时，最好采用构造简单，造价低廉而又能保持相当生产能力的机械化系统。对生产任务显著不均衡的受季节性影响大的货物，则要考虑在空闲季节充分利用泊位的问题。

3. 货物流向

货物流向是影响机械装备选择的又一重要因素。例如：港口的水运货物是经铁路还是水路转运；是双向货流还是单向货流；货物是全部需要经过库场还是有很大比重直接换装，这些对机械装备选择都有很大影响。双向货流要求机械在装船与卸船的两个方向（船—岸和岸—船）都能进行工作。在这方面，起重机系统较输送机系统更为优越。

　　货物是否经过仓库对机械化系统也有重大影响。货物完全不经过仓库，当然可以使机械化系统简单、经济。但是促使货物经过仓库的原因有很多。例如，货物的特殊要求（木材的分类和加工，杂件货的分票，谷物的精选、干燥和熏蒸等）。

　　货物装卸搬运效率越高，组织直接换装越困难。以港口为例，一条船的载重量为12 000t，一列车的载重量为2 000t，则一条船要 6 列车疏运。如发船间隔为 72h，卸船时间为 48h，而装一列车的时间为 8h，且是匀速到达，则在 48h 的卸船时间内，能车船对口的车为 4 列，约占 67%。如果卸船效率提高 1 倍，卸船时间缩短为 24h，而装一列车的时间缩短为 4h，那么卸船时间内能车船对口的仅有两列车，约占 33%。由此可见，装卸搬运效率越高，作业衔接越困难。当然在运行组织上，物流的前置环节物流量可以根据后置环节的物流量确定密度，但这要具备一定的条件，如物流量是否可以进行调节和是否影响其他装卸搬运点的作业等。正是由于存在着这些情况，港站在组织全部直取作业时才会经常发生装装停停的情况，以致出现停机窝工、船期延长等问题。更不要说由于自然条件影响，物流量很难完全按照计划保证这样一些更复杂的因素了。正是从这种观点出发，一般来说，港站必须安排一定容量的库场，作为车船不能完全对口的缓冲，库场功能的健全是货物在港站顺利集疏的必不可少的条件。

　　除此之外，货物方面还应考虑流量、流向的稳定程度，因为这关系到是否适宜采用专业化装卸搬运装备。

4. 其他影响因素

　　以上是货物方面影响机械装备选择的主要因素。设计机械化系统时要注意重点掌握以下情况。

　　（1）散货的品种、数量、流向、块度、容重、自然堆积角。

　　（2）重、大件货物的数量、流向、最大件重量及尺寸。

　　（3）散装流体货的品种、数量、流向、黏度、相对密度、含蜡量、燃点、爆炸极限等。

　　（4）危险品货物的主要品种、数量、性质及安全要求。

　　（5）其他在运输中有特殊要求的货物的品种、数量、流向及其特性。

　　（6）海河联运货物的品种和数量。

　　（7）季节性运输货物的品种、数量及运输季节。

4.6.2　装卸搬运工具选型

　　装卸搬运工具主要包括运输工具和车辆两个方面。

1. 运输工具选型

　　对于运输船舶而言，码头泊位长度主要根据船长决定，船宽则关系到岸上机械的臂幅。

船舷及上层建筑高度决定起重机门架及输送机栈桥的高度和岸上机械具备升降式或伸缩式悬臂的必要性。舱口数影响岸上机械的数量，舱口尺寸影响作业方法和装卸搬运效率，舱口面积与货舱面积之间比例的大小影响舱内作业效率，而舱内作业往往成为限制装卸搬运效率的主要因素。船舱结构（舱内是否有支柱、隔板、轴隧，二层舱舱口围板是否平正，二层舱的高度等）影响舱内机械的采用。舱门位于上层建筑里面的容货船要求采用特殊的装卸搬运方法。

在进行机械化系统技术经济指标计算时，传统上是根据设计任务中所提供的设计代表船型来测算，但工艺上往往不能满足于设计代表船型。一般来说，专业化的车型和船型有利于采用专用机械，有利于提高装卸搬运效率。但由于我国车船类型比较复杂，存在着各种车船类型到港作业的可能性，因此设计机械化系统时通常需要考虑一定的灵活性。

（1）港口设计船型既要考虑现在参加运输的船型，也要考虑远景发展船型。因为现有运输工具尚须充分利用，新船只能逐步增加，从旧到新需要一个过渡期间。

（2）在有外贸任务的港站，设计船型既要考虑我国船型，也要考虑外国船型及国外发展趋势。

（3）对于装运散货的船型更要做比较仔细的调查，以便装卸搬运船的机型和机械化系统布置能适应大多数船型，保证装卸搬运机械充分发挥作用。

（4）我国除现代化的船队外，同时还存在着大量的吨位很小的木帆船，它们在完成运输任务方面的作用仍然不可忽视。对一些运输任务主要由木帆船完成的中小港，可以用比较简易的小型的机械装备。对一些运输任务主要由现代化运输工具完成，但仍有木帆船作为运输或接运工具的港站，在为现代化运输工具装卸搬运考虑高效率的机械装备时，也要照顾到机械化系统同时能为木帆船服务。

设计机械装备系统时，对于要调查的船型资料主要需要了解以下情况。

（1）运输工具载货吨数，对于运输散货的运输工具要了解各舱的载货吨数。

（2）运输工具总长、型宽、型深、空船和满载时的吃水，如考虑采用专用或固定机型时，须了解空船和满载时的船舷高度。

（3）舱口数量、舱口尺寸、各舱口之间的距离。

（4）甲板层数。

（5）上层建筑的位置和高度，机舱的位置。

（6）如考虑用运输工具吊杆装卸搬运，则需要了解运输工具吊杆的负荷量；对于装运重件的运输工具，则需要了解重吊杆的负荷量。

2. 车辆类型

关于车型，除特定的情况（如用自卸车运散货）外，我国目前还很少用某一种车型装运一种货物。因此，除有特殊要求者外，一般只需要了解是否有棚车或有敞篷卡车装运散货的情况。

本章小结

装卸搬运作业需要占用很多时间、消耗很多劳动，是影响物流速度和成本的重要因素。本章先从装卸搬运的概念讲起，描述了其 3 个特点，紧接着描述了装卸搬运的地位及构成，并对装卸搬运机械的 5 种分类方法进行了讲解，重点表述了装卸搬运合理化目标主要包括的 4 个方面。

对装卸起重技术与装备和连续运输技术与装备针对指标参数、分类、起重机的类型和选型等方面进行了讲解，而后对工业搬运车辆和自动引导车及物流装卸搬运系统的设计及选用进行了介绍。

复习思考题

一、填空题

1. 在同一地域范围内，以改变物资的（　　　）和（　　　）为目的的活动称为装卸搬运。"装卸"是指以（　　　）为主的实物运动形式，"搬运"是指以（　　　）为主的实物运动形式。

2. 装卸搬运机械装备是指用来（　　　）、（　　　）、（　　　）物料的机械装备。

3. 搬运活动可以分解为（　　　）、（　　　）和（　　　）。

4. 常用的叉车有（　　　）、（　　　）、（　　　）。

5. 装卸搬运机械装备不仅用于生产企业内部物料或工件的（　　　）、用于船舶与车辆货物的（　　　），而且用来完成库场货物的（　　　）、（　　　）、（　　　）以及舱内、车内、库内货物的（　　　）。

6. 装卸搬运机械装备按照主要用途或结构特征可分为：

①（　　　）；②（　　　）；

③（　　　）；④（　　　）。

7. 装卸搬运技术装备的特点有：（　　　）、（　　　）、（　　　）。

8. 起重设备按其结构特点和用途可分为：（　　　）、（　　　）、（　　　）。

9. 起重设备的工作程序是：（　　　）货物，提升后进行一个或数个动作的（　　　），将货物放到卸载地点后（　　　），然后返程做下一次动作准备，是一种（　　　）动作的设备。

10. 臂架式起重设备的工作机构有（　　　）、（　　　）、（　　　）和（　　　）四大机构。

11. （　　　）是门式起重机的另一种形式，其跨度大于 35m、起重小车运行速度较高、起重量不大于 40t、同时具有刚性和柔性支腿，工作对象都是大批量的散状物料或成批件物品。

12. 臂架式起重机由（　　　）、（　　　）、（　　　）、（　　　）四个机构组成。通过这些机构的配合动作可使起重机在一个（　　　）空间范围内起重和搬运货物。随着幅度增加或吊臂仰角的减小，起重量要（　　　）。

13. 岸边集装箱起重机由（　　　）和（　　　）组成的门架，沿着与岸边（　　　）的轨道行走，桥架支承在（　　　）上，行走小车沿着（　　　）轨道往返于水、陆两侧吊运集装箱，进行装船和卸船作业。

14.连续输送机械是以（　　　　　）的方式沿着一定的线路从装货点到卸货点（　　　　　）输送（　　　　　）和（　　　　　）货物的机械装置。

15.连续输送机械一般由（　　　　　）、（　　　　　）、（　　　　　）等构成。

16.机械式输送机械是依靠（　　　　　）运动进行输送的。按其结构形式不同又可分为（　　　　　）、（　　　　　）的连续输送机械。

17.散粒货物的物理机械特性有：（　　　　　）、（　　　　　）、（　　　　　）、（　　　　　）、（　　　　　）等。

18.带式输送机是以带条作为（　　　　　）和（　　　　　）的连续输送机械，它具有（　　　　　）、（　　　　　）、（　　　　　）、（　　　　　）、（　　　　　）和（　　　　　）等优点。

19.橡胶带常用的连接方法有（　　　　　）、（　　　　　）和（　　　　　）接法三种。

20.托盘按其基本形状和用途分为（　　　　　）、（　　　　　）、（　　　　　）、（　　　　　）、（　　　　　）。

21.叉车按货叉安装位置的不同，分为（　　　　　）、（　　　　　）和（　　　　　）等。

22.装卸搬运机械一般由（　　　　　）、（　　　　　）组成。装卸搬运机械的技术性能有（　　　　　）和（　　　　　）。

23.叉车是由（　　　　　）、（　　　　　）和（　　　　　）三大部分组成的，其底盘由（　　　　　）、（　　　　　）和（　　　　　）组成。

24.叉车的起升机构由（　　　　　）、（　　　　　）、（　　　　　）和（　　　　　）组成。

二、选择题（包括单选与多选）

1.（　　　　　）是指货物装卸与保管之间的环节，依靠改进装卸、搬运技术，提高其技术效益。

　　A.运输功能　　　　　　B.储存功能　　　　　　C.搬运功能　　　　　　D.包装功能

2.（　　　　　）的主要业务是组织各种装卸机械在各个不同的运输环节中迅速有效地进行集装箱装卸和换装作业，以及负责装箱和箱内货物的交接或保管。

　　A.集装箱码头　　　　　B.集装箱场堆　　　　　C.集装箱　　　　　　　D.集装箱船泊

3.装卸搬运活动可以分解为（　　　　　）。

　　A.堆码取拆作业　　　　B.挪动移位作业　　　　C.分拣集货作业　　　　D.搬运组织作业

4.无人搬运车有（　　　　　）。

　　A.LHV　　　　　　　　B.AGV　　　　　　　　C.LGV　　　　　　　　D.AHV

5.下列不属于装卸搬运设备的是（　　　　　）。

　　A.分拣设备　　　　　　B.托盘　　　　　　　　C.起重堆垛设备　　　　D.带式输送机

6.下列不属于装卸搬运技术装备应用特点的是（　　　　　）。

　　A.适应性强　　　　　　B.单位成本高　　　　　C.设备能力强　　　　　D.机动性较差

7.门式起重机属于（　　　　　）。

　　A.轻小型类起重机械　　　　　　　　　　　　　B.桥式类起重机械

C. 臂架类起重机械　　　　　　　　　D. 堆垛类起重机械

8. 流动式和轨道式起重机械的分类是按（　　　）。

A. 综合特性分类　　B. 用途分类　　　C. 使用场合分类　　D. 体积大小分类

9. 反映起重机械工作繁忙程度和载荷轻重程度的参数是（　　　）。

A. 工作级别　　　　B. 轮压　　　　　C. 起重力矩　　　　D. 起升高度

10. 下列属于输送机械的是（　　　）。

A. 堆料机　　　　　B. 斗式提升机　　C. 机船　　　　　　D. 翻车机

11. 下列运输机械中与其他三种不是同一类的是（　　　）。

A. 气力输送机　　　B. 斗式提升机　　C. 机船　　　　　　D. 辊子输送机

12. 中短距离曲线路径输送需烘干的稻谷，可应用下列哪种机械?（　　　）

A. 板式输送机　　　B. 刮板式输送机　C. 振动式输送机　　D. 气力输送机

13. 下列不属于堆垛用起升车辆的是（　　　）。

A. 平衡重式叉车　　B. 插腿式叉车　　C. 托盘搬运车　　　D. 托盘堆垛车

14. 应用最广泛的叉车是（　　　）。

A. 平衡重式叉车　　B. 插腿式叉车　　C. 内燃式叉车　　　D. 前移式叉车

15. 适合于窄通道作业，有利于装搬条形货物的叉车是（　　　）。

A. 内燃式叉车　　　B. 电动式叉车　　C. 插腿式叉车　　　D. 侧面式叉车

16. 下列属于臂架类起重机械的有（　　　）。

A. 桅杆起重机　　　B. 甲板起重机　　C. 流动起重机

D. 门座起重机　　　E. 浮式起重机

17. 起重机的工作速度有（　　　）。

A. 起升速度　　　　B. 变幅速度　　　C. 旋转速度

D. 变频速度　　　　E. 下落速度

18. 下列运输机械中能用于中短距离需倾斜给料的场合的有（　　　）。

A. 带式输送机　　　B. 刮板式输送机　C. 埋刮板式输送机

D. 斗式提升机　　　E. 辊子输送机

19. 带式输送机的布置形式有（　　　）。

A. 水平式　　　　　B. 倾斜式　　　　C. 带凸弧曲线式

D. 带凹弧曲线式　　E. 带凸凹弧曲线式

三、问答题

1. 物流装卸搬运的特点和构成分别是什么?
2. 物流装卸搬运的地位如何?
3. 桥式起重机、龙门起重机（门式起重机）的结构及特点是什么?
4. 汽车起重机与轮胎起重机的区别有哪些（从底盘、驾驶室、行驶速度等方面分析）?

第5章

*C*HAPTER5

物流分拣技术与装备

| 学习目标 |

1. 掌握分拣技术的分类与特点。

2. 理解自动分拣的作业流程。

3. 掌握摘取式和播种式拣选的特点。

4. 掌握自动分拣系统的一般特点、构成及其性能。

5. 了解常见的自动、半自动分拣装备。

| 导入案例 |

学习指引：导入案例视频

推荐扫描左边二维码观看具体视频内容。

我国快递企业雇机器人分拣包裹，省一半人工

我国企业雇用"机器人军团"，日分拣20万个快递包裹，将人力减半。最近的一段视频展示了我国东部一家仓储中心，一个由橘黄色机器人组成的"军团"正在分拣快递，每一个

包裹都经过机械手的分拣，传送带上的包裹越来越少。这一画面迅速传遍了我国各大社交网站，说明了在我国，有更多的机器人代替了工厂中的手工工作。

而这一幕，正是来自中国快递巨头——申通快递公司的一个分拣中心。从视频中可以看到，在浙江省杭州市的一座巨大的仓库里，几十个橘黄色的、只有垫子大小的机器人在忙碌着。

在视频中，作者看到，一名工作人员正在为机器人放置包裹，然后由机器人将包裹运送到分拣中心的各个地方，最后，翻转箱盖，将包裹卸到地板下面的凹槽中，从而完成对货物的分类。据介绍，这种机器人可以通过对每一个包裹进行智能扫描，以确定它们的去向，这样就可以最大限度地减少分类误差。它们每天可以分拣出 200 000 个包裹，并且可以给自己充电，也就是说它们可以 24h 工作。

申通一位员工说，使用机器人可以帮助企业节约 50% 的人力费用。他表示，它们可以将分类效率提升 30%，而且精确度也达到了最大化。这位发言人表示："现在，我们已经将这种机器人应用于杭州的两家分拣中心。我们计划在全国范围内推广，尤其是我们的大型中心。"虽然这些机器人可以一天 24h 不间断地工作，但是它们现在只有在下午 6 点才能投入工作，一次工作 6～7 个 h。

资料来源：环球时报 http://oversea.huanqiu.com/article/2017-04/10460666.html。

思考分析：

1. 机器人的主要功能是存储还是分拣？
2. 你知道的分拣装备有哪些？

5.1　分拣技术与装备概述

5.1.1　分拣概述

党的二十大报告指出"推动战略性新兴产业融合集群发展，构建新一代信息技术、人工智能、生物技术、新能源、新材料、高端装备、绿色环保等一批新的增长引擎""加快发展物联网，建设高效顺畅的流通体系，降低物流成本"。智能化的物流分拣技术与装备是提高物流效率、降低物流成本的重要构成因素。

在大型自动化立体仓库和配送中心中，分拣工作十分繁忙，为了实现大批量货物的高效率、少出错的拣选、分货、分放等作业，必须运用自动化程度较高的分拣装备。近年来，随着分拣技术的迅速发展，分拣系统的规模越来越大、分拣能力越来越高、应用范围越来越广，分拣装备已成为仓储装备中的重要装备。

分拣作业就是根据顾客的要求，迅速、准确地将货物从其储位拣取出来，并按照一定的方式进行分类、集中，等待配装送货的作业过程。

分拣装备是完成仓库与配送中心拣选、分货、分放作业的现代化装备，是开展分拣、配送作业的强有力的技术保证，也是分拣技术的重要组成部分。目前国内外出现的大容量的仓库和配送中心里几乎都配备有自动分拣机。自动分拣机具有很高的分拣能力，能处理各种各样的货物。例如，日本福冈配送中心采用的灯光控制分拣系统，就是一种较为先进的分拣系统，可对到达、中转、发送的货物进行灯光控制处理。分拣系统的处理量包括灯光控制系统及其他系统的处理量，一般日处理量为 17 000 个，冬夏旺季日处理量可达 75 000 个。分拣系统采用直线分拣机。方式为倾斜式托盘，分拣能力为 8 160～10 880 箱/h，分拣货物质量最大为 50kg，最小为 0.1kg。

实践表明，分拣装备具有劳动生产率高、自动化程度高、技术密集、分拣能力高等优点，是现代仓库不可缺少的先进的装备，决定着仓库的作业能力和作业规模，反映着物流技术水平的高低。

根据分拣装备的作业性质，常把分拣装备分为拣选机械装备和分货机械装备两大类。拣选机械装备主要包括拣选式叉车、拣选式升降机、拣选式巷道堆垛机等。使用回转货架，拣选货物单元重量一般在 100kg 以下，拣选的生产率范围为 15～60 件/s，拣选的物品一般为 400～800 种，最高可达 2 000 多种。现代仓库和配送中心的分货工作，大多由自动分拣机来完成。本章主要介绍自动分拣机。分拣装备具有以下一些特点。

1. 能连续、大批量地分拣货物

由于采用大生产中使用的流水线自动作业方式，自动分拣不受气候、时间、操作员体力的限制，可以连续运行 100h 以上，同时由于自动分拣装备单位时间分拣货物件数多，因此分拣能力是人工分拣系统的数倍。

2. 分拣误差率很低

分拣误差率的大小主要取决于输入分拣信息的准确性的高低，而分拣信息的准确性又取决于分拣信息的输入机制。如果采用人工键盘或语音识别方式输入，则误差率在 3% 以上；如果采用条形码扫描输入，那么除非条形码的印刷本身有差错，否则不会出错。目前，分拣装备系统主要采用条形码技术来识别货物。

3. 分拣基本实现了无人化

自动分拣装备系统能最大限度地减少人员的使用、减轻员工的劳动强度。分拣作业本身并不需要使用人员，能基本实现无人化作业。

5.1.2 分拣装备的构成及工作过程

1. 分拣装备系统的构成

一个分拣装备系统主要由设定装置、控制装置、自动分拣装置、输送装置、分拣道口等五个部分构成。

（1）设定装置。设定装置的作用是在货物的外包装上贴上或打印上表明货物品种、规格、数量、货位、货主等的标签。根据标签上的代码，在货物入库时，可以确定货物入库的货位，在输送货物的分叉处，可以正确引导货物的流向，堆垛起重机可以按照代码把货物存入指定的货位。当货物出库时，标签可以引导货物流向指定的输送机的分支，以便集中发运。

设定装置所用标签代码的方式很多，在自动分拣机上可使用条形码、光学字符、无线电射频码、音频码等。其中，条形码是国际通用码，应用极为广泛。

（2）控制装置。控制装置的作用是识别、接收和处理分拣信号，根据分拣信号的要求指示自动分拣装置对货物进行分拣。可通过磁头识别、光电识别和激光识别等多种方式将分拣信号输入分拣控制装置中，分拣控制装置对这些分拣信号进行判断并决定某一种商品应该进入哪一个分拣道口。

（3）自动分拣装置。自动分拣装置的作用是根据控制装置传来的指令，对货物进行分拣，并把货物输送到按照货物的类型、尺寸、重量或货主等分类的输送机分支或倾斜滑道上去，完成货物的分拣输送。一般的仓库或配送中心要在入库端、出库端、输送机分叉处设置若干个自动分拣机，引导货物的正确流向。小型仓库或配送中心也可利用输送机进行分拣，由输送机连续输送货物，在输送机的有关位置设立分拣工位，配备分拣人员，根据标签编号、地标等分拣标志进行分拣，并放入到边上的简易传递带或小车上。

（4）输送装置。输送装置的主要组成部分是传送带或输送机。其主要作用是将待分拣商品送至控制装置和自动分拣装置。在输送装置的两侧，一般会连接若干分拣道口，使分好类的货物滑下主输送机，以便进行后续作业。大型仓库或配送中心设置的大型分拣输送机可以快速把货物分送到数十条输送分支上去，完成众多货主的配货工作，是配货发送场的主机。

（5）分拣道口。分拣道口是已分拣货物脱离主输送机（或主传送带）进入集货区域的通道。一般由钢带、皮带、滚筒等组成滑道，使商品从主输送装置滑向集货站台，工作人员在集货站台将该道口的所有货物集中后，或入库储存，或组配装车并进行配送作业。

以上五部分装置通过计算机网络连接在一起，配合人工控制及相应的人工处理环节，构成一个完整的分拣装备系统。

2. 分拣装备系统的工作过程

分拣作业用的分拣机利用电子计算机，可在其显示盘上显示要求拣选货物的品种、数量、层数，分拣人员根据显示盘的指令，便可把分拣机上升或下降到指定位置，直接进行拣选作业。若采用的是回转货架，则在拣选过程中，计算机会根据指令让货架回转，回转货架把下一个要拣选的货格回转到拣选位置，当拣选完一种货物之后，只要按一下电钮，分拣机就会上升或下降到下一个需要拣选的货架前，实现连续拣选。

各种分拣机分拣的程序基本相同。在货物到达分拣点以前，先要经过输送、信号设定、合流、主传送带等工作过程，到达分拣点时，发出指令把货物传送到分拣机，由分拣机将货物分拣到指定的滑道。

为了把货物按要求分拣出来，并送到指定地点，一般需要对分拣过程进行控制，通常是把分拣的指示信息储存在货物或分拣机上。当货物到达时，分拣机将其识别并挑出，再开启分支装置，让其分流。控制方式分为外部记忆和内部记忆两种方式。外部记忆是把分拣指示标贴在分拣货物上，工作时用识别装置将其区分，然后进行相应的操作。内部记忆是在自动分拣机的货物入口处设置控制盘，操作者在货物上输入分拣指示信息，当货物到达分拣位置时，分拣机接收到信息，开启分支装置。

在设计分拣系统时需要考虑的一个重要因素是控制方式，它对分拣系统的分拣能力和成本有很大的影响。目前比较常用的分拣控制方式是扫描识别方式：在货场的固定位置上贴上某种标识，当货物到达分拣位置时，用扫描仪对标识进行扫描识别，然后按预先设定的程序运行，将货物按指定路线运送到指定的滑道滑下，完成分拣作业。

5.2   自动分拣技术与作业方式

5.2.1   自动分拣技术

分拣系统按识别方式可以分成两类：一类是根据被分拣对象的固有属性（如重量、尺寸、外形、硬度等）就可以将它们分拣开来的，这类识别方式采用化感器、摄像头等，能直接添加对象的属性，然后由控制器根据获取的属性数据控制机械和电气系统动作，达到分拣目的；另一类是根据被分拣对象的固有属性不能或者很难将它们分拣开来的（如邮件、包裹等），对于这些对象，必须给它们外加一个统一的身份标识（如条形码等），当它们通过身份标识识别装置（如条形码阅读器等）的时候，就能识别出它们的身份，然后由控制器发出分拣指令，控制机械和电气系统动作，以达到分拣的目的。

自动分拣采用的身份标识技术有条形码技术、电子标签技术和射频识别技术。

1. 条形码技术

在物流分拣作业中，尤其是在配送中心，条形码技术发挥着重要的作用。总部或配送中心接受客户的订单后，将订单汇总，并分批发出印有条形码的拣货标签，这种条形码包含这件商品要发往的连锁店的信息。分拣人员根据计算机打印出来的拣货单，在仓库中进行拣货，并在商品上贴上拣货标签（在商品上已有包含8种基本信息的条形码标签）。稍后，再将已经拣出来的商品运到自动分类机，旋转于感应输送机上。激光扫描器对商品上的两个条形码进行自动识别，检验所分拣的货物是否有差错。如果没有差错，商品即分别流入按分店分类的滑槽中。然后将不同分店的商品装入不同的货箱中，并在货箱上贴上印有条形码的送货地址卡，这种条形码包含有商品到达区域的信息。条形码的应用大大提高了信息传递的速度和数据的准确性，提高了拣货的效率，从而令控制者可以实时跟踪整个配送中心的运营状况。

2. 电子标签技术

另一种比较常见的分拣技术是电子标签技术。电子标签与单纯的条形码标签最大的不同是，条形码必须单个识别，而电子标签却可以被批量识别。例如，若超市使用电子标签结账，那么顾客就可以将贴有电子标签的商品放在购物篮中，集中通过识别器，而不必一件件分别通过识别器，而收款机可即时显示合计，从而大大简化了顾客付款的流程，减少了排队等候的时间。虽然目前电子标签单位成本在 1 美元左右，还没有进入批量应用的阶段，但是这种技术在物流领域中的应用前景还是很广阔的，例如，在产品的周转箱上使用电子标签，对于货物分拣就非常适合。拣货时，在操作台上把客户的订单输入计算机，存放各种商品的货架上的货位指示灯和品种显示器就会立刻显示出拣选商品在货架上的具体位置及所需数量，作业人员便可以从货架上取出相应的商品，放入周转箱，配齐订单商品的周转箱由输送带送入自动分拣系统。电子标签可以自动引导作业人员进行拣选作业，从而大大提高处理速度，减轻作业强度，使差错率大幅度下降。

3. 射频识别技术

射频识别技术（radio frequency identification，RFID），常称为感应式电子晶片或近接卡、感应卡、非接触卡、电子标签、电子条形码等。其原理为：由扫描器发射一种具备特定频率的无线电波给接收器，该电波可以驱动接收器电路将其内部的代码送出，而此时，扫描器便会将此代码接收。

接收器的特殊之处在于免用电池、免接触、免刷卡，故不怕脏污，且晶片密码为世界上唯一无法复制的密码，安全性高、寿命长。RFID 的应用非常广泛，目前其典型应用有：动物晶片、汽车晶片防盗器、门禁管制、停车场管制、生产线自动化、物料管理。

5.2.2　作业方式

随着互联网及电商时代的到来，我国物流业迅猛发展，传统的以人工分拣为主的物流企业越来越力不从心，人力成本不断上升，运营成本持续增加，因此，使用自动分拣系统就显得尤为重要。目前，物流快递公司都在使用自动分拣系统。在物流配送中心，根据订单和拣取商品的对应关系、操作流程，可以将作业方式分为两大类：摘取式拣货和播种式拣货。

1. 摘取式拣货

摘取式拣货通常是由拣货人员将每张订单中的货品逐一选出。这种拣货方式多应用于多订单配送、货品品项多但商品储位相对固定的情形，一般拣货 SKU（最小存货单位）小于货品总 SKU 的 50%。摘取式拣货的优点是：①作业方法单纯；②订单处理前置时间短；③导入容易且弹性大；④作业员责任明确，派工容易、公平；⑤拣货后不必再进行分类作业，适用于多订单的拣货作业处理。缺点是：①商品品项多时，拣货行走路径较长，拣取效率降低；②拣取区域大时，搬运系统设计困难；③少量多次拣取时，造成拣货路径重复、费时、效率降低。

2. 播种式拣货

播种式拣货是指先把多张订单根据商品品项数合并成批，再依据客户订单分配。播种式拣货通常适合处理客户数多、商品种类少、商品储位经常移动的情况，一般拣货 SKU 大于货品总 SKU 的 50%。播种式拣货的优点是：①适合订单数最庞大而商品品项少的系统；②可以缩短拣取时行走搬运的距离；③货品量越少，配送次数越多，批量拣取就越有效。缺点是：对订单的到来无法做出及时的反应，必须等订单达到一定数量时才能做一次性处理，因此会有停滞时间。只有根据订单到达的状况做等候分析，决定适当的批量大小，才能将停滞时间减至最低。

5.3　分拣装备的主要类型

按照其用途、性能、结构和工作原理，一般分为带式、托盘式、浮出式等多种类型。

5.3.1　带式分拣机

带式分拣机是利用输送带载运货物完成分拣工作的机械装备，按输送带的设置形式，可以分为平带式分拣机和斜带式分拣机两种；按输送带的材料，可以分为胶带式分拣机和钢带式分拣机两种。

平带式分拣机分拣过程如下：分拣人员根据编码带上的货物地址，在编码键盘上按相应的地址键，携带有地址代码信息的货物即被输送至缓冲储存带上排队等待。当控制柜中的计算机发出上货信号时，货物即进入平带式分拣机。当货物的前沿挡住货物探测器时，探测器发出货到信号，计算机控制紧靠探测器的消磁、充磁装置，首先对钢带上的遗留信息进行消磁，再将该货物的地址代码信息以编码的形式记录在紧挨货物前沿的钢带上，成为自携地址信息，从而保持磁编码和货物同步运动的关系。

在分拣机每一个小格滑槽的前面都设置了一个磁编码信息读取装置，用来阅读和货物同步运行的磁编码信息。当所读信息就是该格口滑槽代码时，计算机就控制导向挡板，快速地运动到钢带上方，导向挡板和钢带运动方向呈 35° 左右的夹角，以便顺利地将货物导入滑槽，完成分拣任务。

平带式分拣机的适用范围较大，除了易碎、超薄货物及木箱外，其余货物都能分拣，最大分拣质量可达 70kg，最小分拣质量为 1kg，最大分拣尺寸为 1 500mm × 900mm × 900mm，最小分拣尺寸为 50mm × 150mm × 50mm，分拣速度可达 500 箱 /h，甚至更高。该分拣机的主要优点是强度高、耐用性好、可靠性高；缺点是设置较多的分拣滑道较困难、系统平面布局较困难，另外其对货物的冲击较大、运行费用较高、价格较高。

斜带式分拣机的最大优点是利用重力卸载，因而卸载机构比较简单，同时可设置较多的分拣滑道。

5.3.2　托盘式分拣机

托盘式分拣机使用十分广泛，主要由托盘小车、驱动装置、牵引装置等构成。其中，托盘小车形式多种多样，有平托盘小车、V 形托盘小车、交叉带式托盘小车等。传统的平托盘小车、V 形托盘小车利用盘面倾翻、重力卸落货物，结构简单，但存在着上货位置不准、卸货时间过长的缺点，会造成高速分拣时不稳定及格口宽度尺寸过大等问题。

以下介绍几类常用的托盘式分拣机。

1. 交叉带式托盘分拣机

如图 5-1 所示，交叉带式托盘分拣机由主驱动带式输送机和载有小型带式输送机的台车（简称"小车"）连接在一起，当"小车"移动到规定的分拣位置时，转动皮带，完成把商品分拣送出的任务。因为主驱动带式输送机与"小车"上的带式输送机呈交叉状，因此该分拣机被称为交叉带式托盘分拣机。根据作业现场的具体情况，可将交叉带式托盘分拣机细分为水平循环式或直行循环式分拣机。该分拣机的分拣能力非常强，每小时能分拣 6 000～7 700 件物品，非常适合机场行李分拣和安检系统。

图 5-1　交叉带式托盘分拣机

交叉带式托盘分拣机的特点是取消了传统的盘面利用重力卸落货物的结构，而在车体上设置了一条可以双向运转的短传送带（称为交叉带），用它来承接从上货机来的货物，由链牵引运行到相应的格口，再通过交叉带的运转，将货物强制卸落到左侧或右侧的格口中。

交叉带式托盘分拣机有以下两个优点。

（1）能够按照货物的质量、尺寸、位置等参数来确定托盘带承接货物的启动时间、运转速度大小和变化规律，从而摆脱了质量、尺寸、摩擦系数的影响，能准确地将各种规格的货物承接到托盘中部位置。这样一来，就扩大了上机货物规格范围，在业务量不大的中小型配送中心，可按不同的时间段，处理多种货物，从而节省装备的数量和场地。

（2）卸落货物时，同样可以根据货物质量、尺寸及在托盘带上的位置来确定托盘的启动时间、运转速度，可以快速、准确、可靠地卸落货物，能够有效地提高分拣速度、缩小格口宽度，从而缩小机器尺寸，实现较好的经济效益。

交叉带式托盘分拣机的使用范围比较广泛，对货物形状没有严格限制，箱类、袋类，甚至超薄形的货物都能分拣，分拣速度可达 10 000 件/h。

2. 翻盘式分拣机

如图 5-2 所示，翻盘式分拣机是链式分拣机的主要机型。它在沿分拣机全长的封闭环形导轨中设置驱动链条，并在驱动链条上安装一系列载货托盘，将分拣物放在载货托盘上输送，当输送到预定分拣出口时，倾翻机构使托盘向左或向右倾斜，令分拣物滑落到侧面的溜槽中，以达到分拣的目的。

翻盘式分拣机各托盘之间的间隔很小，而且可以向左右两个方向倾翻，所以可以设置多个分拣口。由于驱动链条可以在上下和左右两个方向弯曲，因此，这种分拣机可以在各个楼层之间沿空间封闭曲线布置，总体布置方便灵活。分拣物的最大尺寸和质量受托盘的限制，但对分拣物的形状、包装、材质等适应性好，适用于要求在短时间内大量分拣小型物品的系统。

3. 翻板分拣机

如图 5-3 所示，翻板分拣机又称条板倾斜式分拣机，是用途较为广泛的板式传送分拣装备，其结构与翻盘式分拣机基本相似，只是将承载托盘做成没有边缘的平板形。翻板分拣机由一系列相互连接的翻板导向杆、牵引装置、驱动装置、支承装置等组成。

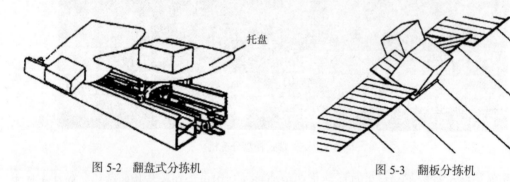

图 5-2　翻盘式分拣机　　　　　　　　　图 5-3　翻板分拣机

当货物进入分拣机时，光电传感器检测其尺寸，连同分拣人员按键的地址信息一并输入计算机中。当货物到达指定格口时，符合货物尺寸的翻板即受控倾翻，驱使货物滑入相应的格口中。每块翻板都可由倾翻导轨控制向两侧倾翻。每次有几块翻板翻转，取决于货物的长短，而且货物翻落时，翻板依序翻转，可使货物顺利地进入滑道，这样就能够充分利用分拣机的长度尺寸，从而提高分拣效率。

翻板分拣机的适用范围大，可分拣箱类、袋类等货物。这种分拣机打破了托盘之间的界限，扩大了对大型分拣物的适用性，它的分拣能力可达 5 400 箱/h，但该分拣机分拣席位较少，且只能直线运行，占用场地时间较长，控制较复杂。

4. 翼盘式分拣机

翼盘式分拣机的托盘由像鸟翼一样的两块板组成，中间由铰链连接。平时翼盘呈 V 字形被分拣物承载其中。分拣时，两块翼板分别向左右翻转使分拣物落入溜槽。这种分拣机可以分拣易滚动的圆柱形物品。

5.3.3　浮出式分拣机

浮出式分拣机是把货物先从主输送机上托起，再将货物引导出主输送机的分拣机。根据结构，它可以分为滚轮浮出式分拣机和皮带浮出式分拣机两种。

如图 5-4 所示，滚轮浮出式分拣机主要由两排旋转的滚轮组成，滚轮设置在传动带下面，每排由 8 ～ 10 个滚轮组成。滚轮的排数也可设计成单排，主要根据被分拣货物的重量来决定采用单接或双排，滚轮接收到分拣信号后立即跳起，使两排滚轮的表面高出主传送带 10mm，并根据信号要求向某侧倾斜，使原来保持直线运动的货物在一瞬间转向，实现分拣。

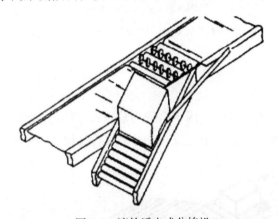

图 5-4　滚轮浮出式分拣机

浮出式分拣机由于分拣滑道多，输送带长，因此不可能只有一条上料输送带，一般有 5 条，比仅有 1 条输送带的速度要快得多。该分拣机对货物的冲击力较小，适合分拣底部平坦的纸箱、用托盘装的货物，但不能分拣很长的货物和底部不平的货物。

浮出式分拣机适用于包装质量较高的纸制货箱，一般不允许在纸箱上使用包装袋，分拣能力可达 7 500 箱 /h。该分拣机的优点是可以在两侧分拣，冲击力小、噪声低、运行费用低、耗电少，并可设置较多分拣滑道。但它对分拣货物包装形状要求较高，不能分拣重物或轻薄货物，同时也不适用于分拣木箱、软性包装货物。

5.3.4　悬挂式分拣机

悬挂式分拣机是用牵引链（或钢丝绳）做牵引件的分拣装备，用于分拣、输送货物，它只有主输送线路，吊具和牵引链是连接在一起的。悬挂式分拣机主要由吊挂小车、输送轨道、驱动装置、张紧装置、编码装置、夹钳等组成（见图 5-5）。分拣时，货物吊夹在吊挂小车的夹钳中，通过编码装置控制，由夹钳释放机构将货物卸落到指定的搬运小车或分拣滑道上。悬挂式分拣机具有悬挂在空中、利用空间进行作业的特点。它适合于分拣箱类、袋类货物，对包装物形状要求不高，可分拣货物质量最大，但该分拣机需要专用场地。

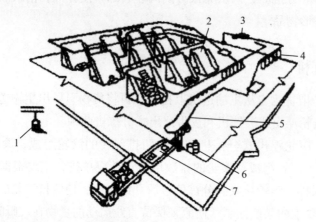

图 5-5　悬挂式分拣机

1 — 吊挂小车　2 — 格口　3 — 张紧装置　4 — 货物　5 — 输送轨道　6 — 编码台　7 — 传送带

5.3.5　滚柱式分拣机

如图 5-6 所示，滚柱式分拣机是用于对货物输送、存储与分路的分拣装备，按处理货物流程需要，可以布置成水平形式，也可以和提升机联合使用，构成自动化立体仓库。

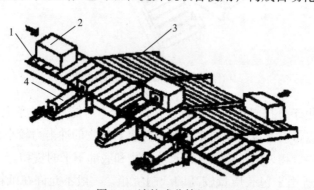

图 5-6　滚柱式分拣机

1 — 滚柱机　2 — 货物　3 — 支线滚柱机　4 — 推送器

滚柱式分拣机一般由 3 ～ 4 个滚柱组成，与货物宽度或长度相当，均各自具有独立的动力，可以根据货物的存放和分路要求，由计算机控制各组滚柱的转动或停止。货物输送过程中在需要积放、分路的位置均设置光电传感器进行检测。当货物输送到需要分路的位置时，光电传感器给出检测信号，由计算机控制货物下面的那组滚柱停止转动，并控制推进器开始动作，将货物推入相应支路，实现货物的分拣工作。滚柱式分拣机一般适用于包装良好、底面平整的箱装货物，其分拣能力高但结构较复杂，价格较高。

5.3.6　其他分拣机类型

随着电子商务时代的到来，为了满足电商们不断提出的苛刻需求，还有些分拣机应用非常广泛，除 5.3.2 节中介绍的交叉带式托盘分拣机外，仓储物流市场中还出现了滑块式分拣机、斜导轮式分拣机、摇臂式分拣机。这三款分拣机各有特色，适用于不同的行业和产品。

1. 滑块式分拣机

如图 5-7 所示，滑块式分拣机由链板式输送机和具有独特形状的滑块，以及在链板间左右滑动进行商品分拣的推块等组成。机身长达 110m，但是由于分拣时所需商品间隙小，所以滑块式分拣机有众多出口，还可以向左、右两侧分拣，在分拣过程中非常轻柔，避免了暴力分拣，而且能准确地完成分拣。

图 5-7　滑块式分拣机

2. 斜导轮式分拣机

如图 5-8 所示，斜导轮式分拣机是第二次世界大战后在美国、日本的物流中心中广泛采用的一种自动分拣系统，当转动着的斜导轮在平行排列的主窄幅皮带间隙中浮上、下降时，即达到商品分拣的目的。斜导轮式分拣机可以在最短的时间内从庞大的高层货架存储系统中准确找到要出库的商品位置，并按所需数量出库，将从不同储位上取出的不同数量的商品按配送地点的不同运送到不同的理货区域或配送站台集中，以便装车配送。斜导轮式分拣机在分拣时对商品的冲击力非常小，而且速度和准确率都非常高。

3. 摇臂式分拣机

如图 5-9 所示，摇臂式分拣机是分拣作业基本实现无人化的自动分拣系统。该分拣机的分拣能力非常强，它把被分拣的物品放置在钢带式或链板式输送机上，当到达分拣口时，摇臂转动，物品沿摇臂杆斜面滑到指定的目的地，而且误差率非常低，分拣误差率大小主要取决于输入分拣信息的准确性大小，而信息的准确性又取决于分拣信息的输入机制，如果采用人工键盘或语音识别方式输入，则误差率在 3% 以上，如果采用条形码扫描输入，除非条形码的印刷本身有差错，否则不会出错。因此，目前摇臂式分拣机主要采用条形码技术来识别货物。不仅如此，摇臂式分拣机能连续、大批量地分拣货物，不受气候、时间、人的体力等的限制，可以连续运行，同时由于摇臂式分拣机单位时间分拣件数多，因此其分拣能力是人工分拣系统的数倍，可以连续运行 100h 以上，每小时可分拣 7 000 件包装商品。

图 5-8　斜导轮式分拣机

图 5-9　摇臂式分拣机

表 5-1 显示了上述三种分拣机与 5.3.2 节中介绍的交叉带式托盘分拣机的对比情况。

表 5-1 三种分拣机与交叉带式托盘分拣机对比表

项目	滑块式分拣机	斜导轮式分拣机	摇臂式分拣机	交叉带式托盘分拣机
分拣能力	18 000 个 /h	3 000 件 /h	7 000 个 /h	6 000 ~ 7 700 个 /h
产品特点	①处理物件规格范围大；②分拣轻柔、准确；③可向左、右两侧分拣，占地空间小	①对商品冲击力小，分拣轻柔；②分拣快速、准确	①分拣误差率极低；②能连续、大批量地分拣货物；③能最大限度地减少人员的使用，基本做到无人化	①可处理极其多样化的货物；②节省地面空间并且以较小的单元间距将生产量最大化
适用范围	适应不同大小、重量、形状的各种商品；常用于快件、医药、图书、烟草、百货等行业	主要用于物件规格相对规整、分拣效率要求不是很高的箱包类物件	主要用于有连续分流的物流作业中	一般应用于机场行李分拣和安检系统

现代化分拣装备是仓库的重要生产工具，在选用分拣装备时，要根据仓库的分拣方式、使用目的、作业条件、货物类别、周围环境等条件慎重认真地选用。一般来说，应考虑装备的先进合理性、经济实用性、上机率、相容性和匹配性，符合所分拣货物的基本特性、适应分拣方式和分拣量的需要等要求。总之，在选用分拣装备时，既要做好技术经济分析，尽量达到经济合理的要求，又要考虑分拣作业方式、作业场地以及与系统匹配等综合因素，以保证分拣作业正常、安全运行，提高经济效益。上文中讨论的几种分拣机，在运用时具体选择哪种类型，需要综合考虑以下因素才能决定：分拣货物的形状、体积、重量、数量；输送的路线及变动性；单位时间内的处理能力；分拣量；装备费用、占地面积、周围环境等。

常用自动分拣机的适用范围及特点如表 5-2 所示。

表 5-2 常用自动分拣机的适用范围及特点

类 别	适用范围	特 点
带式分拣机	适用范围较大，除了易碎、超薄货物及木箱外，其余货物都能分拣	强度高，耐用性好，可靠性程度高，利用重力卸载，卸载机构比较简单。但设置较多的分拣滑道较困难，系统平面布局比较困难，对货物的冲击力较大，运行费用较高，价格较高
托盘式分拣机	适用范围比较广泛	对货物形状没有严格限制，箱类、袋类甚至超薄的货物都能分拣，分拣能力较强
翻板分拣机	适用范围大，可分拣箱类、袋类等货物	分拣能力强，但分拣席位较少，且只能直线运行，占用场地时间较长
浮出式分拣机	适用范围较小	可以在两侧分拣，冲击力小、噪声小、运行费用低、耗电小，并可设置较多分拣滑道。但它对分拣货物包装形状要求较高，对重物或轻薄货物均不能分拣，同时，也不适用于木箱、软性包装货物的分拣
悬挂式分拣机	适合于分拣箱类、袋类货物	具有悬挂在空中、利用空间进行作业的特点，对包装物形状要求不高，分拣货物重量大，一般可达 100kg 以上，但该机需要专用场地
滚柱式分拣机	适用于包装良好、底面平整的箱装货物	分拣能力高，但结构较复杂，价格较高

5.4 自动分拣系统

5.4.1 半自动拣选系统

半自动拣选系统是指利用计算机信息处理技术、自动控制技术与自动化装备配合，在非关键工序使用作业人员，将订单需求的货物拣选出来的拣选方式。

　　这种模式的装备涉及分拣机（以烟条分拣为例，有塔式烟条自动分拣机、立式烟条自动分拣机、卧式烟条自动分拣机、通道式烟条自动分拣机和叠式烟条自动分拣机）、中心带输送机、分流输送机、缓存输送机和装箱台等装备，这些装备组成了一条半自动的分拣线，需要作业人员 5～7 人。该模式的分拣能力与分拣机的单通道能力有关，系统能力消除组单损耗能力后，为单通道能力的 60%～85%。图 5-10 是目前常用的立式烟条自动分拣机。这种分拣机包括放置烟条的货架、烟条自动拨头及其下端的自动输送装备等。其单通道分拣能力为 12 000～15 000 条 /h，系统分拣能力达 8 000～12 000 条 /h。

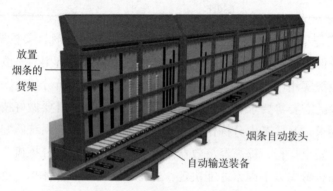

放置烟条的货架

烟条自动拨头

自动输送装备

图 5-10　立式烟条自动分拣机

　　如图 5-11 所示，卧式烟条自动分拣机的结构与立式烟条自动分拣机相似，也包括放置烟条的货架、烟条自动拨头及其自动输送装置等装置，所不同的是立式烟条自动分拣机的"弹仓"垂直向上，而卧式烟条自动分拣机最高只能摆放 5 条烟，"弹仓"向水平方向延伸。其单通道分拣能力也为 12 000～15 000 条 /h，系统分拣能力超过 8 000 条 /h。

图 5-11　卧式烟条自动分拣机

　　图 5-12 是通道式烟条自动分拣机，包括缓存烟条的通道、烟条自动拨头及其下端的自动输送装置等装置。通道式烟条自动分拣机的最大特点是可以件烟补货，也可以一次自动拨单条烟，还可以一次拨 5 条卷烟，其分拣效率高，缓存烟条的通道能够缓存 6 件卷烟。通道式烟条自动分拣机的单通道分拣能力最大约为 15 000 条 /h，其系统分拣能力超过 9 000 条 /h。

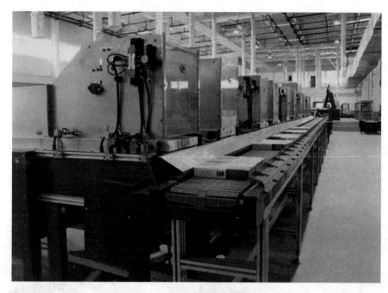

图 5-12　通道式烟条自动分拣机

　　另外一种超高速的烟条分拣装备为叠式烟条自动分拣机，其理论设计单通道分拣能力为 36 000 条 /h，与之相配套的有输送装备、分流装备、电控系统及控制算法等装备。叠式烟条自动分拣机的技术难度大，目前正在研发过程中。

5.4.2　自动分拣机分拣系统

　　采用自动分拣机使分拣装备系统的分拣处理能力大大提高，其分类数量更大，准确率更高。

　　自动分拣机一般称为盒装货物分拣机，是药品配送中心常用的一种自动化分拣装备。这种分拣机有两排倾斜的放置盒状货物的货架，货架上的货物由人工按品种、规格分别分列堆码；货架的下方是皮带输送机，根据集货容器上条形码的扫描信息可控制货架上每列货物的投放，投放的货物可直接装进集货容器，也可先落在皮带上，再由皮带输送机送入集货容器。显然前者的分拣能力大于后者。自动分拣机分拣时，货物的拣选是并行的，分拣效率可达 2～5 件 /s，皮带输送机的速度为 1m/s。在皮带输送机的出口，还有一个称重装置，该装置用于检查每个集货容器的总重是否与标准一致，避免分拣错误的发生。采用自动分拣机可实现分拣工作的自动化，其分拣精度好、效率高，可同时完成多张订单所要求的货物分拣。但其缺点是：只适合于尺寸较小的圆柱状、盒状货物的分拣；对每一张订单所要求的货物数量有限制，否则货架会很长；补货只能通过人工进行，对准确率的要求很高。

5.4.3　机器人分拣系统

　　与自动分拣机分拣相比，机器人分拣具有很高的柔性。为了保证机器人作业的效率，包装的样式要统一，尺寸的误差也不能过大。但如果采用电子耦合器件（CCD），则机器人可通过传感系统了解货物储位和包装的变化，并向机器人控制系统发出指令，机器人就可自行变更预定的运动路线，系统可获得更大的灵活性。国内京东、阿里巴巴、申通等都已开始用智能机器人进行自动分拣。一个典型的机器人分拣作业流程如图 5-13 所示。

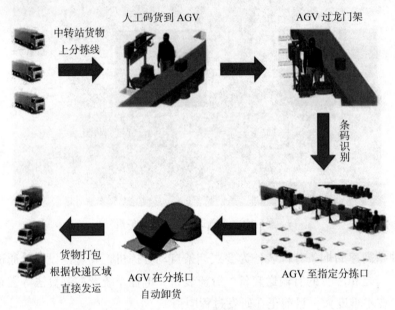

图 5-13　机器人分拣作业流程

（1）揽件。当包裹到达分拣中心后，卸货至皮带输送机，由工作人员控制供件节奏，包裹经皮带输送机输送至二楼的拣货区工位。

（2）放件。工人只需将包裹以面单朝上的方向放置在排队等候的自动分拣机器人上，机器人即搬运包裹过龙门架进行面单扫描以读取订单信息，同时自动完成包裹称重，该包裹的信息将直接显示并上传到控制系统中。

（3）机器人分拣。所有分拣机器人均由后台管理系统控制和调度，并根据算法优化为每个机器人安排最优路径进行包裹投递。Geek+ 的 S 系列分拣机器人在分拣作业过程中具有互相避让、自动避障等功能，系统会根据实时的道路运行状况尽可能使机器人避开拥堵。当机器人运行至目的地格口时，停止运行并通过机器人上方的辊道将包裹推入格口，包裹顺着滑道落入一楼集包区域。目的地格口按照城市设置。未来随着业务量的增加，格口数量可灵活调节，甚至为一个城市分布多个格口。

如图 5-14 所示，与快递行业的交叉带分拣机相比，分拣机器人系统作为新型自动分拣技术，最高可实现 15 000 件 /h 的拣选速度，并且在系统灵活性、易扩展性等方面更具优势，具体表现为以下几点。

（1）系统可拓展性强。交叉带分拣机的格口是固定的，而分拣机器人系统可根据业务增长的需要进行拓展。

（2）人工成本低。分拣机器人系统的人员工位布置紧凑、人均效能高，在相同处理效率下相较交叉带分拣机可节约用工约 40%，解决了快递行业暴力分拣问题，很好地保证了包裹的安全。

（3）分拣差错小。分拣机器人采用静态卸载方式，只要包裹面单信息正确，理论分拣差错率为 0。

（4）系统可靠性高。分拣机器人系统由众多独立运行的分拣机器人组成，不会受某台机器人故障影响而减慢整个系统的运行效率；且系统支持远程升级及调试，相关技术人员可远程解决系统调度问题，所需时间也很短。

（5）节能环保。分拣机器人用电功率较相同规模的交叉带分拣机的实际消耗功率低，且均由低功率直流可充电电池供电。绿色清洁能源的使用能够为企业级客户的提效降本做出一定贡献。

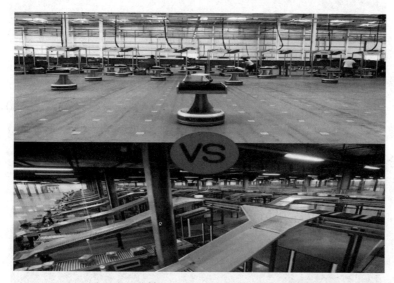

图 5-14　分拣机器人与交叉带分拣机对比图

■ 阅读材料

邮政最大机器人分拣系统在武汉启用：320 台机器人很忙碌

武汉邮件处理中心的分拣项目全部由中国邮政自主研发，整个机器人分拣区域分为三层。其中，已经上线工作的有分拣大包裹的大机器人 80 台（可依据需要再扩充 40 台），分拣小件包裹的小机器人 240 台（见图 5-15）。每小时分拣邮件超过 2 万件，节约人员 50% ～ 70%。

当货车到达中心之后，工作人员会将快递包裹直接搬上传送带，经过传送带到达分拣区域的包裹会由工作人员放在工作台上由高速相机自动进行面单扫描，之后的整个分拣就由邮件来完成了。机器人可以自动规划最优路线，自动分拣，自动归队取邮件，还会自动充电。一台大卡送来的包裹最终将分拨给最近的网点进行投递。目前，该邮件处理中心每天可以处理邮件 30 万件，再加上 2015 年投入使用的每天可处理 30 万件包裹的自动分拣机，中国邮政速递物流华中（武汉）陆路邮件处理中心每天可以处理 60 万件以上包裹。

图 5-15 分拣机器人

1. 多型号机器人分拣解决方案

Geek+ 自主研发的分拣机器人型号主要有三种，分别是 S10、S20 和 S500。其中根据搭配载具的不同又分为 S10c、S10t 及 S500c。"c"代表辊道载具，"t"代表翻板载具。

2. 小件分拣解决方案

S10c 分拣机器人在中国邮政的应用场景，如图 5-16 所示。

图 5-16 S10c 分拣机器人作业图

S10c 分拣机器人主要处理 10kg 以下，规格在 300 ~ 400mm 的小包裹分拣作业。单台机器人在供件处可以装载一件包裹，然后分拣到格口。移载机构支持双向投递分拣，需要在格口处支持向两侧投递包裹。投递格口尺寸为 600mm×600mm 能够适应大多数尺寸的小件包裹投递。

Geek+ 分拣机器人系统的功能模块包括自动充电及电量平衡系统、路径规划与智能调度系统、自动扫描读码系统、机器人自动避障系统等。

S10c 分拣机器人

小件机器人分拣方案已大规模应用于中国邮政包裹处理中心的分拣场景。1 300 平方米的 S10c 机器人区共有 300 台分拣机器人（见图 5-17）协同作业，另外配合 50 台 S500c 机器人（后文详述），仅需 5 个工人进行作业。机器人运行速度为 3m/s，分拣峰值超过 10 000 件/h。机器人单体可自动充电，充电 5min 可连续运行 4h，实行"浅充浅放"原则。

图 5-17　S10c 分拣机器人

3. 大件分拣解决方案

相比于 S10c 机器人的轻便小巧，S500c 机器人的体积和重量较大，更适用于大件包裹分拣（见图 5-18、图 5-19）。S500c 机器人最多可分拣低于 100kg 的包裹，且双辊道载具支持机器人一次分拣两件包裹。既可以应用于小件包裹的二次分拣，也可以应用于大件、异形件包裹的分拣。

图 5-18　S500c 机器人在邮政大件分拣场景中的应用

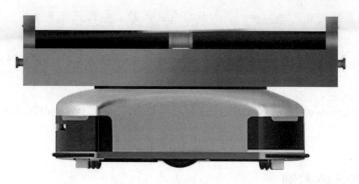

图 5-19　S500c 机器人

大件分拣方案与小件分拣方案可混合使用，目前在中国邮政武汉处理中心已规模化应用。整个机器人区面积 4 000m²，运行 50 台 S500c 及 300 台 S10c 机器人，属于大件、小件包裹混合分拣场景。该场景为国内首创应用，能够大幅度提高分拣效率至 12 000 件/h，同时提高包裹分拣的准确性。

4. 落地式分拣解决方案——国内首创不需钢平台的分拣系统

机器人分拣系统通常需要搭建二层钢平台分散路径交汇，在一层放置邮袋，二层机器人运行将包裹投送至格口，包裹顺着格口落至邮袋中，完成一次分拣。然而，钢平台的搭建对于仓库的改造要求较高，成本约为 3 000 元 /m²，在部署机器人分拣系统时通常需要先对原有仓库进行改造，所需要的成本、工期以及不易搬迁等问题都是部署期间的难题。

Geek+ 基于对分拣流程需求的精准把控，对机器人在包裹分拣系统方案的应用上进行持续的探索和创新，自主研发出不需钢平台的落地式分拣系统，通过高度智能化和柔性化的系统调度，最大限度地减少机器人路径交汇，效率数据可以超越钢平台分拣所达到的峰值。

该落地式分拣系统通过 S20 机器人（见图 5-20）配合后台管理系统完成分拣。S20 机器人由 Geek+ 自主研发，由底部机器人载体搭配束装置及移载辊道，移载辊道高度为 700mm，可直接与笼车进行接驳。S20 机器人与原有的翻板分拣机器人 S10 均使用二维码导航，通过扫描包裹上的二维码确定包裹的去向，再由机器人将包裹移动到相应的笼车进行分拣。S20 机器人分拣重量为 20kg，可分拣尺寸 >

图 5-20　S20 机器人

50cm×50cm 的包裹，与交叉带分拣机相当，具有良好的柔性和可扩展性，分拣效率可以小到 1 000 ~ 2 000 件 /h，大到几万件 /h，充分体现了柔性自动化在分拨场景中的灵活应用。

Geek+ 所设计的全新的落地式分拣系统，为解决中国快递业务发展新常态面临的问题提供了一种投资小、回报快、实施简单、扩展性强、信息化和智能化程度高的战略性解决方案。

华南唯品会仓库于 2017 年 12 月上线，使用 S20 分拣机器人搭配系统调度进行作业。机器人数量 200 台，系统上线后可以 24 小时不间断作业，分拣效率达到 10 000 件 / 时。该分拣系统已成功经历了"双 12"、跨年、"4·18"等大型促销活动，大幅提升了仓库分拣效率。

落地式分拣系统具有更加灵活、更加标准化的特性：它降低了部署实施的难度，减少了工程量以及成本；标准化程度高，施工周期短，20 天即可完成系统上线；具有灵活的布局和应用，尽可能减少场地的改造；既可作为人工分拣的自动化提升，也可作为全自动化分拣系统实施。

资料来源：http://www.chache808.com/News/2018-7-6/A92JC2484HKHIK25845.html。

5.5　自动分拣系统实例

5.5.1　电子标签拣货系统

电子标签拣货系统（electronic labeling system）是一组安装在货架储位上的电子设备，透过计算机与软件的控制，借由灯号与数字显示作为辅助工具，引导拣货工人正确、快速、轻松地完成拣货工作。

Able Pick 电子标签辅助拣货系统（pick to light system）是采用先进电子技术和通信技术开发而成的物流辅助作业系统，通常应用于现代物流中心货物分拣环节，具有拣货速度快、效率高、差错率低、无纸化、标准化的作业特点。电子标签辅助拣货系统作为一种先进的作业手段，与仓储管理系统（WMS）或其他物流管理系统配合使用效率更高。

电子标签拣货系统在日本、欧美等国家和地区的集中式配货运作中已被广泛采用。目前，上海联华集团配货中心、上海光明乳业集团配货中心、上海医药配送中心等已率先引进了电子标签拣货系统。电子标签具有弹性控制拣货流程、即时现场控制、紧急订单处理功能，并能降低拣货错误率，加快拣货速度，免除表单作业，节省人力资源。

电子标签拣货系统通过固定货架上的电子标签分拣货物，由后台计算机系统控制的电子标签自动显示货物数量，分拣员只需要按照数量提取货物并按确认按钮就可以完成分拣工作。这是一种具有广泛用途的数字化分拣设备，无论是少量、多品种还是大量、少品种，都可以实现分拣的自动提示和自动记录。

传统拣货模式的缺陷：依据拣货表单指示进行拣货作业，拣货速度与效率低；操作人员需对储存环境与商品属性有认知，培养操作人员需要的教育训练时间长；操作人员视觉的误差容易导致拣货错误。

电子标签辅助拣货系统的优点：提升作业速度与品质；降低前置作业时间并大幅降低错误率；实现无纸化、标准化作业；缩短操作人员上线的培训时间。

使用电子标签辅助拣货系统为辅助拣货工具时有两种不同的拣货模式。

1. 摘取式拣货

摘取式拣货通常应用于采取订单拣货的场合，依照灯号和数字的显示，能快速、简单地引导拣货人员找到正确的储位。原则上一个电子标签对应一个储位品项。此外，该灯号除了能引导拣货人员到达正确的位置，还可以显示出拣货的确切数目，当拣货完成后亦要求拣货人员按下确认键确认。

2. 播种式拣货

播种式拣货通常应用于采取批次拣货的场合，它的功能和摘取式正好相反。一个电子标签对应一个门店或者一张订单，当订单的商品被批次汇总到储存区时，就用播种式系统。拣货人员将批次汇总后的商品经由扫描仪读取信息，此时，相应的电子标签会显示商品所需数量，拣货人员拿取相同数量的商品并分配到与标签对应的储位上，然后熄灭标签，完成拣货。

■ 阅读材料

企业常用的几种拣货模式

1. "RF（radio frequency）拣货 +PTL（pick to light）分播" 模式

"RF 拣货 +PTL 分播"是指物流中心在接收到客户销售订单后，根据配送站点、配送时间、快递公司次序等启动拣货作业，将众多订单拆分成一个个拣货波次。每个波次包括多个订单，生成一张拣货集合单。如果仓库内部分成多个拣货区域，那么为了提高拣货效率，会把拣货集合单进一步拆成多个小拣货集合单，每张小拣货集合单对应一个拣货区域。使用RF 在各区域拣货，将已拣货品合流到一个周转箱里。再将周转箱运至 PTL 分播货架，将货品分播到一个个客户。然后对各客户的货品进行复核，最后打包、集货到客户对应的配送站点集货位。

（1）流程说明。有关此种拣货方式的流程说明如下。

1）启动波次。生成拣货集合单和小拣货集合单，将拣货单发送至 RF 开始拣货。

2）拣货。拣货员使用拣货车进行拣货，一辆拣货车上同时放多个周转箱，通常为 6～8个，这些周转箱是在物流中心内部使用的。使用 RF 从各个拣货位上拣取货品并放入周转箱内。一个拣货区域拣完后，将已拣货品放在预拣选货架上。

3）合流。用合流周转箱依次将各区预拣选货架上的货品集合，一个合流周转箱收集一个拣货集合单的货品，对应多个客户订单。合流完成后，将周转箱运送至 Rebin Wall 分播区。

4）PTL 分播。扫描周转箱条码，扫描货品条码，根据电子标签灯的指示，将货品放入客户分播货位。

5）打印单据。分播完成后，打印客户出货单、发票、面单。

6）打包。将出货单、发票、货品放在包装箱/袋内，打包，将面单贴在外箱/袋上。

7）集货。集货员将客户包裹集货到配送站点的集货位上。

（2）适用范围。年配货金额大、单体仓库大、硬件投资水平高、拣货准确性要求高的物流中心，适合采用"RF 拣货+PTL 分播"的拣货模式。对大型的物流中心，可以结合应用自动分拣机，自动将客户包裹分播到各个配送站点的集货位或者集货笼车，大幅提高分拣效率。

2."标签拣货＋标签二次分播作业"模式

"标签拣货＋标签二次分播作业"是指由物流中心启动拣货波次，每个波次包括多个客户订单，打印该波次的拣货标签，一件货品对应一个标签（包括客户订单号、拣货货位等信息）；拣货员一次拣一个波次的货品，根据标签将货品拣出来放在拣货车里；一个波次拣完后，将拣货车拉到分播区，将货品放入客户分播货位，并用 RF 关联货品拣货标签与分播货位；分播完成后，打印出货单、发票、面单，并放入客户分播货位。然后，复核货品与单据，打包，称重，集货。

（1）流程说明。有关此种拣货方式的流程说明如下。

1）接收客户销售订单。通过 WMS（仓库管理系统）接收 ERP 系统的客户销售订单，生成 WMS 里的配货通知单。

2）启动波次。配货作业，也称"波次管理"，通过订单来源、快递公司、是否有发票、是否是 VIP 客户等多种方式，筛选配货通知单，区分波次，启动仓库内部作业，生成仓库内部拣货使用的拣货单。同时，系统自动根据货品的波次需求数量与拣选位现有数量，判断是否需要从存储位补货到拣货位，如需要补货，则自动生成补货单，发送补货指令到补货员的 RF 上。

3）补货。补货员对拣货位库存不够的商品进行补货；支持多种补货时机和补货策略，包括在拣选前将一个波次需求的数量都补到拣货位上，在拣选中分多次将货品补货至拣货位上等几种运作方式；支持按客户个性化需求定制补货策略与补货算法。

4）标签拣货。每个拣货员在拣货时，可以同时作业多张订单，例如 50 单，或者 100 单，主要取决于他能够拣取的数量。订单行为 1 的货品摆放在拣货台车一层，非 1 的货品摆放在拣货台车二层。为了便于考核工作量，拣货员在领取拣货标签时，刷员工卡，统计工作量。

5）分播。拣完货之后，将货品放在分播货位上。一个订单对应一个分播货位。货品放入货位时，用 RF 扫描货品拣货标签、集货位条码，将两者关联，并通过 RF 将关联结果返回 WMS 系统。

6）打印出货单、快递单、发票，并播种到订单对应的集货位上。支持 RF 扫描式播种单据，将单据条码与集货位信息关联。

7）复核、打包、称重。在集货位对所有整箱货品和拆零货品清点总件数，用 RF/ 扫描平台扫描货品、单据和集货位信息。复核完成后，选择大小合适的纸箱，将集货位货品装箱，然后称重。

复核：为了提高拣货准确性，减少由差错引起的大量后续纠错工作量，需要对货品进行复核。采用扫描平台的方式，可以提高复查效率：通过扫描平台逐一扫描货品拣货标签、出货单、快递单、发票，待扫描复查完成后，将箱子推入打包区域。

打包：将快递单取出，用塑胶带进行封箱，将快递单贴在外箱上。

称重：将箱子放在电子秤上，扫描快递单条码，称重，重量自动记入系统中，并在屏幕上显示。称重员将屏幕上的重量手工记录在快递单上，然后将箱子放在待出货区。

快递公司来取货时，会与称重员交接快递货箱。交接完成后，称重员在系统中记录交接完成，并将信息发到 ERP 系统中，用于通知客户物流作业进度。

（2）适用范围。"标签拣货 + 标签二次分播作业"模式适合于仓库规模小、货品单价高、每日出货量在 1 万单以内的物流中心，例如李宁这类品牌供应商的电商物流中心。

3."表单拣货 + 表单分播作业"模式

"表单拣货 + 表单分播作业"模式是指由物流中心启动拣货波次，生成拣货集合单和出货单并打印，接着打印面单与发票，一起装订。拣货员按照拣货集合单拣货，将已拣货品拉到分播区，根据出货单将货品放入客户分播货位。分播完成后，根据出货单复核，并分播发票与面单。最后打包，称重，集货。

（1）流程说明：作业流程类似标签拣货，只是将电子标签换成了纯表单作业。

（2）适用范围："表单拣货 + 表单分播作业"模式适合初期开展电子商务配送的物流中心。

资料来源：物联云仓 https://www.50yc.com/information/jishu-zidonghua/10684。

5.5.2　药品自动分拣系统

药品自动分拣的概念最早出现于 20 世纪 80 年代，发达国家较早开展了药品自动分拣技术的研究。信息技术、自动化技术和医疗保障体系的发展，促进了药品自动分拣技术的不断进步和成熟。近年来，国内外各种形式的药品自动分拣装备不断涌现。从应用领域分类，可分为面向医药配送中心、医院药房、零售药店 3 类；从自动化程度分类，可分为人工辅助、半自动、全自动 3 类。

目前，德国、美国、日本等国家已开发出了多种与其国情相适应的药品自动分拣装备，其中用于医药配送中心的主要有有轨巷道堆垛机、A 字机、电子标签分拣系统等；用于医院药房和零售药店的主要有直角坐标式拣选机械手、斜槽式自动分拣机、片剂分包机、注射剂摆药机等。

我国对药品自动分拣技术的研究虽然处于起步阶段，但也开发出了多种药品自动分拣装备，如深圳三九药业有限公司研发的"盒装药品自动售药机"，苏州艾隆科技有限公司开发的"自动化药房"等。但总体说来，目前国内开发的药品自动分拣装备尚未形成完整的系列，其市场占有率也较低。

1. 药品整件分拣

药品分拣作业包括托盘到托盘分拣（P-P）、托盘到包装箱分拣（P-C）和包装箱到包装箱分拣（C-C）等。

（1）托盘到托盘分拣。药品以托盘为单位进行存储、输送和分拣，订单信息由上位机通过仓库处理系统传输到自动仓储系统的计算机上，后者控制堆垛机或叉车将整托盘药品从储位取出，经由输送机或穿梭车将整托盘药品输送到指定的发货位置。由于现实中很少会有客户一次性需要这么大量的药品，因此托盘到托盘分拣主要采用播种式分拣手段，作为药品按线路配送的前期预分拣来使用。

（2）托盘到包装箱分拣。药品以托盘为单位进行存储和输送，但是以包装箱为单位进行分拣，可使用多自由度关节式机器人进行分拣，相当于拆盘作业，具有机动灵活、适应性强的优点；也可以采用框架式直角坐标式拣选机械手，针对某一特定药品包装，具有结构简单、成本低的优点，分拣出来的成箱药品可以由机器人直接码垛，也可以采用输送机汇集到指定的位置。

（3）包装箱到包装箱分拣。药品以包装箱为单位进行存储、输送和分拣，一般使用各种输送式分拣装备（如斜辊式分拣机、摆臂式分拣机、堆块式分拣机等）将分拣出来的成箱药品利用输送机汇集到指定的发货位置。

药品整件分拣主要适用于药品配送中心，根据配送中心类型的不同，整件分拣所占作业量的比例也有差别。以某物流企业为例，以批发为主的配送中心整件分拣量要占到总分拣量的 80% 以上；以快速配发为主的配送中心整件分拣量则大约在 30%。

2. 药品拆零分拣

药品拆零分拣即以上一级包装之内的次一级包装物品为单位进行的分拣作业，该次一级包装之内可以含有更次一级的包装，也可为单品。药品拆零分拣广泛适用于医药配送中心、医院药房和零售药店等场合。目前，用于药品拆零分拣的装备主要有电子标签分拣系统、垂直旋转货柜、人字机、立角坐标式拣选机械手、斜槽式自动分拣机、片削分包机、自动分拣药库等。本书将常见装备的介绍及其性能比较归纳如下。

（1）电子标签分拣系统与垂直旋转货柜。电子标签分拣系统在药品分拣领域较早得到了应用，虽然其本质属于计算机信息系统辅助下的人工分拣系统，但由于实现了信息自动处理，节省了人工进行判断、识别的时间，从而极大降低了拣货错误率，提高了拣货效率，因而目前仍在广泛使用。由于该装备靠人工完成分拣作业，所以特别适合处理一些不规则形状、大包装、贵重及易碎药品。

将垂直旋转货柜与电子标签分拣系统相结合，可进一步减少分拣作业人员的走动距离，大幅度降低作业人员的劳动强度，提高分拣效率。垂直旋转货柜还具有占地面积小、空间利用率高、可实现药品的封闭式存储等特点。

（2）A 字机与立式药品分拣机。A 字机是一种比较常见的通用分拣装备，主要用于分拣外形规则的小件物品，在医药分拣领域应用也比较广泛。传统形式的药品分拣 A 字机由两侧连续排列的储药槽、槽底部的分拣机构、连续输送机构及控制系统等组成。在接收到订单后，系统通过计算机上的控制系统下达分拣指令，槽底部的分拣机构动作，拣出所需的药品，药品通过波板滑到连续输送机构上，然后输送到指定位置。A 字机具有制造成本低，分拣速度快，使用、维护方便等特点，但由于一般采用人工补货，当遇到分拣量大的情况时，补货压力亦较大，往往影响分拣效率。因此比较适合频次较低，多品种、小批量药品的分拣。

（3）直角坐标式拣选机械手。直角坐标式拣选机械手是将抓取药品的机械手安装在垂直而上的直角坐标移动装置上实现机械手的上、下、左、右移动，从矩阵式分布的药品储位上拣取药品。机械手用于抓取瓶装药品和盒装药品。其工作原理是，当需要取药时，控制系统发出指令，机械手在直角坐标移动机构带动下移动到指定药品的储位，然后电磁铁通电吸合将药瓶吸出，实现拣取动作。

（4）斜槽式自动分拣机。斜槽式自动分拣机是利用在垂直方向上呈矩阵排列的倾斜滑槽储放盒装药品，在每个滑槽的底端出口安装分拣机构实现药品的分拣。当排在前面的药盒分拣出去后，后面的药盒在重力作用下立即补充上去。分拣机构按有无动力可分为主动式和被动式两类。斜槽式自动分拣机较直角坐标式拣选机械手的分拣效率要高得多，适合于发药频次最高、出库量最大的药品的自动分拣作业。

（5）片剂分包机。片剂分包机可为医院住院药房的患者提供按每次服用量分包的药品分拣服务。其工作原理是将药片或胶囊散装在特制的罐体中，罐体的底部有闸板控制药片的漏出，装备上可安装上百个罐体，能储存上百种药品，通过控制系统控制罐体底部闸板的动作来实现药品的自动分拣，分拣出的药品自动装入塑封袋封口，并贴上带有患者姓名和用法用量等信息的标签。

（6）注射剂摆药机。注射剂摆药机主要针对注射剂类药品分拣。其主要由供筐机、摆药机、计算机控制系统、打印系统和自动码筐机等组成，系统运行后根据医嘱单将药品自动摆入药筐，再通过排出装置送入自动码筐机以完成摆药的全过程。该装备提高了药品的发放准确率，确保了患者用药安全，且方便药品管理，提高了工作效率。

3. 自动分拣药库

自动分拣药库可以看作是在斜槽式自动分拣机或直角坐标式拣选机械手的基础上进一步发展而来的，它具有更大的储药量，增加了自动补药装置，有相对封闭的存储空间，是集药品储存与分拣于一体的现代医药物流装备，可实现药品的自动入库和按订单处理要求分拣出库。自动分拣药库有望成为未来大型医院和药店的主流配置装备。

4. 药品分拣管理系统

药品分拣管理系统是自动分拣装备的神经中枢，是集信息、控制、管理于一体的复杂系统。该系统具有药品信息采集、通信管理、装备状态监控、格口记数、报表打印、与其他网络互通、系统维护等功能。医院药品分拣管理系统一方面要实现与医院信息系统（HIS）对接，实时接收来自 HIS 的处方信息；另一方面要实现上药、出药、分拣的协调动作。该管理系统可对药品名称、规格、生产厂家、批号、生产日期、有效期等药品基本信息进行设置，对分拣货位进行编码并存储在系统的数据库中，使系统能有效追踪药品位置。在分拣药品时，分拣管理系统接收人工输入订单信息或 HIS 传达的医嘱信息，将格式转换为对应的药品的识别数码、分拣目的位置等一系列分拣控制信息和指令，输送给分拣控制器，并根据货位布局确定拣选顺序和拣选路径，打印相应的清单、文件和药品标签。分拣控制器对照分拣信息和指令对该药品的分拣要求，识别其在分拣线上的准确位置，由此产生控制指令传输给控制输送和分拣装置的可编程控制器（PLC），将药品准确输送到分拣格口。当药品完成分拣被输送并经过激光扫描或射频识别等识别系统装置时，该药品的分拣信息被提取，并修改库存信息。系统通过自动补货算法，确保装备存货量，提高空间利用率。

🌑 本章小结

本章主要介绍了物流分拣过程中涉及的技术与装备。首先介绍了常见的自动分拣作业方式，然后重点介绍了分拣装备的几种主要类型的特点及适用条件，最后介绍了自动分拣系统的构成，自动分拣机分拣系统和机器人分拣系统的特点，并通过企业实例介绍了电子标签拣货系统和药品自动分拣装备的特点及功能。

复习思考题

一、选择题（包括单选与多选）

1. 在分拣装备系统中，属于识别、接收和处理分拣信号的装置是（　　）。

A. 设定装置　　　　B. 控制装置　　　　C. 自动分拣装置　　　D. 输送装置

2. （　　）是指具有电磁或光学导引装置，能够按照预定的导引路线行走，具有小车运行和停车装置、安全保护装置以及各种移载功能的运输小车。

A. 叉车　　　　　　B. 自动导引车　　　　C. 重型货车　　　　　D. 牵引汽车

3. 一个分拣装备系统主要由（　　）等五个部分构成。

A. 设定装置　　　　　B. 控制装置　　　　　C. 自动分拣装置

D. 输送装置　　　　　E. 分拣道口

4. 自动分拣采用的身份标识技术有（　　）。

A. 条形码技术　　　　B. 电子标签技术　　　　C. RFID

二、判断正误题

1. 分拣道口是已分拣货物脱离主输送机（或主传送带）进入集货区域的通道。（　　）

2. 浮出式分拣机适用于包装质量较高的纸制货箱，一般不允许在纸箱上使用包装袋，分拣能力可达 10 000 箱 / 时。该分拣机的优点是可以在两侧分拣，冲击力小，噪声低，运行费用低，耗电少，并可设置较多分拣滑道，但它对分拣货物包装形状要求较高，不能分拣重物或轻薄货物，同时也不适用于木箱、软性包装货物的分拣。（　　）

3. 带式分拣机是利用输送带载运货物完成分拣工作的机械装备，按输送带的设置形式，可以分为平带式分拣机和斜带式分拣机两种；按输送带的材料，可以分为胶带式分拣机和钢带式分拣机两种。（　　）

4. 托盘分拣机使用十分广泛，主要由托盘小车、驱动装置、牵引装置等构成。（　　）

5. 滚柱式分拣机是用于对货物输送、存储与分路的分拣装备，按处理货物流程需要，可以布置成水平形式，也可以和提升机联合使用，构成自动化立体仓库。（　　）

6. 浮出式分拣机是把货物从主输送机上托起，再将货物引导出主输送机的分拣机。根据结构，它可以分为滚轮浮出式分拣机和皮带浮出式分拣机两种。（　　）

三、简答题

1. 物流分拣的作业流程是什么？
2. 常见的分拣方法有哪些？
3. 简要描述电子标签拣货系统的优缺点。

四、案例分析

高效分拣是医药配送的核心：兰剑助力医药供应链高效管理

现代化医药物流的核心是提高订单处理能力，降低货物分拣差错，缩短库存以及配送时间，减少流通成本，提高服务水平和资金使用效益。在这一过程中，高效的分拣策略是配送中心设计的主要环节。

物流振兴计划与新医改政策带来的市场扩容和产业集中度的迅速提高，为我国医药经营企业发展现代医药物流提供了巨大机遇。目前，我国医药物流企业绝大部分依然沿袭原有的经营模式，管理效率不高，流通方式落后，以人工为主的商品储运方法落后且效率低下。面对日益增长的商品吞吐，以及越来越复杂的配送作业，这种运作模式无法适用市场的需求。为促进配送中心的快进快出，需要在物流系统设计中趋向简约化，在设备选型中趋向自动化。

如今，一个中等规模的物流配送中心，药品规格一般在 7 000～15 000 种，品规数量的繁多直接导致药品的包装尺寸、重量以及材质千差万别。其中中药、贵细药品，以及对温度要求较高的药品都需要单独拣选，加上拆零拣选和整件拣选两种状态并存，因此，对医药物流分拣质量也提出了更高的要求。值得注意的是，在整个拆零拣选中，盒装品的拣选品种数量通常占全部品规的 40%～70%，拣选量占拣选总量的 70%～90%。因此解决了盒装品拣选问题，就解决了库区分拣大部分的作业难题。

基于此，山东兰剑物流科技有限公司力求创新，面向医药物流配送中心研发出适用于拆零拣选的瀑布式盒装品快速拣选系统。该系统最大的优势在于，改变了医药流通行业传统的人工分拣和电子标签辅助人工分拣的作业方式，将电子标签拣选技术与 A 字机拣选原理相融合，成功解决了药品拣选中由于"品牌多、尺寸杂、订单小"而带来的"用工多、差错多、强度大"等问题，实现了"分拣效率高，用工人员少，占用空间低，综合效益好"的医药流通行业现代物流管理新模式。

瀑布式盒装品快速拣选系统的主要技术特点是：分拣作业系统采用重力式储药，多层并行发药的方式，在发药过程中，采用光电及动作双重计数，保证了发药的准确性；利用软件控制的订单发药作业，实现实时监控；补货系统采用钢平台暂存，补药小车辅助补药。补药过程中，采用氖灯及 LED 显示屏双重显示，进一步保证了补药的准确性；单机尺寸为 3m×4m×4m，具有占地小的特点。单机通道数在 320～448 个（根据药盒尺寸差异决定）；通道宽度及高度可根据药盒尺寸灵活设置，单机柔性高。系统具有单盒拣选和中包拣选两种装备型号。

针对整件及拆零并存状态，为提高整个仓库的自动化水平以及拣选效率，兰剑结合其他行业设计经验，首创医药整件拣选系统——密集式储分一体系统。其主要技术特点是：主动式仓库。入库、仓储、整件（整托盘）拣选均实现自动化。相对传统的在三层货架和高架立体库中进行整件拣选，此系统最大的优势在于突破单一的存储模式，实现整件药品储分一体。其特点及优势如下。

（1）存储空间"高密"：密集式储分一体系统的储存量是同体积自动化高架立体库的 1.5 倍，是同体积三层货架库的 3 倍。

（2）存取效率"快捷"：密集式储分一体系统采用"装备静止，货物运动"的工作模式，节省了原有叉车或堆垛机装备在货架间穿行存取的动线，缩短高达 70% 的装备行走距离。

（3）作业流程"简约"：在库存周转中自动遵循"先入先出"原则，将集中入库、整件出库和整件入库、集中出库的分拣功能有机结合成一体，完全实现了整托盘货物的自动存取，货物分拣的无人化、智能化。

　　密集式储分一体系统在制药企业以及医药配送中心中完全实现了整托盘货物的自动存取与分拣，可实现全自动密集储分一体化作业，完成对整件药品的储存与分拣。密集式储分一体系统配备了简约自动化的拆盘组盘装备，能够确保整托盘药品的高效入库及药品整件拣选的直接出库。

　　采用瀑布式盒装品快速拣选系统和密集式储分一体系统，一次性投资较以往的仓储及分拣装备（三层货架、高架立体库、电子标签等）偏高，但通过综合对比分析可以看出，瀑布式盒装品快速拣选系统与密集式储分一体系统的装备回收期较短，一般 3～5 年即可收回装备成本。从物流效率提高以及社会影响力方面考虑，这种投资也是必要且成功的。

　　随着医药物流仓库整改需求的不断提高，兰剑物流正不断拓展医药领域的新客户，依托公司强大的医药设计团队力量，在前期设计中，可对现有仓库进行物流诊断，包括人员岗位优化、流程动线优化，通过装备选型提出一体化的解决方案。在后期设计中，运用计算机仿真技术，真实有效做到设计与实际运行关联一致，最终实现整个仓储及分拣系统的高效有序运行。

　　资料来源：http://www.logclub.com/forum.php?mod=viewthread&tid=255825&highlight=%B7%D6%BC%F0。

思考分析：

1. 自动分拣系统有哪些优缺点？
2. 医药自动分拣系统的适用条件有哪些？

第6章

CHAPTER6

物流包装及流通加工技术与装备

|学习目标|

1. 理解物流包装及流通加工技术与装备的概念、分类、特点。
2. 掌握物流包装及流通加工技术与装备的基本知识。

|导入案例|

海南省截获"森林纵火犯"，木质包装中发现活体松材线虫

在我国已吞噬了100多万亩[○]松林的松材线虫，被海南检验检疫部门从日本进口的木质包装中检出。松材线虫（见图6-1）是国际公认的林业特大毁灭性有害生物，一旦入侵，将对海南生态造成严重破坏。

2004年12月，海南检验检疫部门在对日本进口的汽车配件及其木质包装进行检验检疫时，发现其针叶类木质包装箱部分有蓝变现象，经采样送实验室进行室内培养、分离，发现有大量的活体线虫，经鉴定为我国植物检疫二类危险性害虫——松材线虫。该批货物的木质包装箱已在输出国日本进行了热处理，且附有日本官方出具的热处理证书，但我国检验检疫部门仍从中截获了二类危险性害虫。检验结果公布后，该批木质包装箱已按规定在检验检疫人员的监督下进行了烧毁处理。

○ 1亩 =666.6m²。

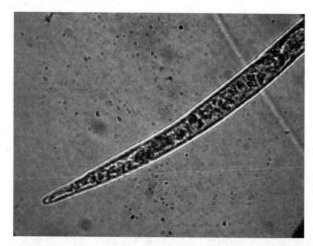 

松墨天牛（本图）是松材
线虫的主要携带传播者

图 6-1 松材线虫及主要携带传播者

据了解，松材线虫是我国禁止入境的植物危险性有害生物之一，有"森林纵火犯"的恶名，主要危害松、柏、杉等针叶树种。松材线虫虫体虽不足 1mm，但对松树等树木的破坏是致命性的。松树感染此虫害后 40 天即可致死，即使是几十年的高大松树也会在 2～3 个月内死亡。至今，此害虫在我国已先后吞噬了苏、浙、皖、鲁等东部省份的 100 多万亩松林，在我国已造成 1 600 余万株松树死亡，直接经济损失 18.2 亿元人民币，造成生态效益损失 200 多亿元人民币。

海南省目前有松林 100 多万亩，分布于全省九个县市。一旦松材线虫传入，对海南省森林、生态环境和旅游资源造成的破坏将不可估量。

资料来源：网易新闻中心，网址：news.163.com/4123019/1812D5N9J0001124T.html，经
　　　　　作者整理得出。

思考分析：

木质包装材料在实际应用中需要注意哪些问题？

6.1　物流包装概述

6.1.1　包装

1. 包装的概念

通常认为包装就是包装手段加内容物。在国家标准《包装术语》（GB/T 4122 系列）中，对包装（package，packaging，packing）是这样定义的："包装为在流通过程中保护产品，方便储运，促进销售，按一定技术方法而采用的容器、材料及辅助物等的总体名称。也指为了达到上述目的而采用容器、材料和辅助物的过程中施加一定方法等的操作活动。"现代包装把包装的物质形态和盛装商品时所采取的技术手段与工艺操作过程，以至于装潢形式和包装

的作用联成一体。因此,包装是包装物和包装操作的总称。

2. 包装的发展

随着社会的进步,生产的发展,包装从无到有、从简到繁,如今已成为社会生产与流通领域不可分割的一项职能活动。

在我国的考古挖掘中,已发现距今 4 500 年前,我国先民曾采用陶瓷作为包装容器,并对其进行工艺装饰。该种装饰不仅有保护商品的功能,而且具有审美价值,在包装技术方面出现了密封、防腐、防潮、防虫、防震、遮光、透气、透明等具有一定技术措施的做法。

(1)近代规模化包装的形成。经过以英国蒸汽机的发明为标志的第一次工业技术革命和以德国电力诞生为标志的第二次工业技术革命,整个资本主义经济进入迅速发展的轨道,各国的生产、流通、消费直接或间接进入国际经济交往。国内外贸易需要经过合理的包装,才能进入流通过程,从而使包装进入一个新的发展阶段,主要表现在以下几个方面。

1)造纸术由我国发明,并传入日本及欧洲后,由于造价昂贵,未能用于包装。直到 1870 年以后,才出现了用于物资包装的折叠纸盒及瓦楞纸箱。

2)17 世纪,商品制造商开始利用石灰石作为防潮包装的吸湿剂,到 18 世纪出现了各种类型的瓶塞和瓶盖,对瓶装的流质产品进行有效的密封,推动了饮料食品工业的发展。商品制造商利用包装图文标记向顾客介绍商品、宣传商品并进行商品信息传递。

3)1852 年美国发明了纸袋机;1855 年印度出现了麻袋编织机;1871 年法国制成氨气制冷机,开创了易腐货物的冷藏包装先例;1871 年美国研制成功高压锅,为罐装食品的产生创造了条件;1888 年法国建成折叠纸盒的生产线;1893 年英国开始使用半自动制瓶机。

(2)现代包装的发展。自 20 世纪以来,包装有了飞速发展,不仅在质量和数量方面发展为一个庞大的包装工业体系,而且在包装功能和作用方面也发生了显著变化,同传统的包装相比,现代包装的特点主要表现在以下几个方面。

1)新的包装材料不断涌现。进入 20 世纪,新的包装材料不断涌现,1908 年瑞士研制出热固性酚醛塑料;20 世纪 20 年代美国先后研制并成功投产了聚氯乙烯塑料等;30 年代,英国发明了低密度聚乙烯,开始生产氯化胶薄膜和聚酰胺塑料;法国开始使用收缩塑料薄膜包装食品,美国研制成可以长期保存食品的聚偏二氯乙烯塑料和用途广泛的聚氨酯塑料;40 年代的主要成就是涂蜡防潮玻璃纸、氟化塑料、聚苯乙烯泡沫塑料,丙酸纤维素、环氧树脂、ABS 塑料和聚三氟氯乙烯塑料等包装材料的生产和使用;50 年代的新成就有美国和德国生产的聚碳酸酯塑料,意大利的合成聚丙烯及多种规格的定向拉伸薄膜、涂布聚丙烯薄膜、复合薄膜等;60 年代合成纸、异质同晶聚合物、聚砜塑料等材料研制成功;70 年代无菌和脱氧包装技术研究成功;80 年代铝箔用电解法制成,为制出多种复合材料创造了条件;90 年代研制成功了可降解和可食用的有机塑料薄膜包装材料。

2)新包装技术的开发。20 世纪利用上述新材料开发出各种各样的包装容器,例如双面衬纸的瓦楞纸板箱等。对于易变质的食品开发出了换气包装、无菌包装、脱氧包装、复合材料包装等,还开发出了自热和自冷罐头。同时还出现了托盘、集装箱等集合包装。

3）包装机械及印刷技术的发展。20 世纪包装机械向多样化、标准化、高速化和自动化的方向发展，提高了包装效率和效益。在包装印刷技术方面移植、渗透了现代科学技术的成果。目前包装机械正在向印刷技术电子化、印刷材料多样化、印刷设备联动化、印刷质量高档化的方向发展。

4）包装设计进一步完善。首先建立了包装定位设计理论，这种理论以人们的需求为核心，以市场销售为出发点，使包装满足社会各层次的需要，达到最佳经济效益和社会效益；使包装技术、艺术和经济三个不同范畴的内容在包装体内形成统一体，即将包装技术的实效性、包装艺术的创造性和包装经济的合理性融合于包装形体之内。在包装设计实践中充分注意了新材料和新技术手段的应用。电子计算机的应用使设计技巧具有更丰富、更奇异的表现能力，并减轻设计人员的劳动强度，缩短包装设计的周期及降低包装设计成本。

5）包装测试手段和技术分支。包装测试是监督包装研究、包装设计、包装生产、包装性能和质量的重要手段。包装测试技术广泛应用的传感、交换、测定、记录、显示、结果分析和处理装置的现代化水平越来越高，包装检验更快速、更方便且数据更精确，包装管理和监督等方面的工作提高到了一个新的水平。

6）包装工业的发展。19 世纪末期，随着工业革命的发展，为了把商品运给消费者就需要大量的运输、搬运、装卸等物流活动，包装由此成了物流活动中商品不受损坏和灭失的保护者。与此同时，生产的发展使消费者的需求也发生了变化，对商品的要求也逐渐提高。要保证商品通过物流活动卫生、无毒、不污染、保质、保量地被送至目的地，包装是必不可少的手段。到了 20 世纪 40 年代，包装不仅起到在物流活动中保护商品的作用，还起到在商流活动中的促销作用，包装发展成为一个独立于商品生产之外的工业门类。随着物流技术的不断开发和应用，物流对包装不断提出新的要求，包装也为现代物流的合理化起到了非常重要的作用。

3. 包装的分类

包装可以理解为一类功能的集合体，在不同的生产、流通过程中，根据包装所起的作用不同，对包装的分类也不相同。包装的科学分类应有利于充分发挥包装在社会经济活动中的作用；有利于商品的物流和商流；有利于包装的标准化、规格化和系列化；有利于物流作业机械化、自动化；有利于对包装的科学管理。

（1）按包装在流通领域的作用划分。按照包装在流通领域中的作用，包装可分为物流包装和商流包装两大类。

1）物流包装。物流包装主要包括运输包装、托盘包装和集合包装。

①运输包装。根据国家有关标准，运输包装定义为：以满足运输储存要求为主要目的的包装。它具有保障商品的安全，方便储运装卸，加速交接和检验的作用。

②托盘包装。根据国家有关标准，托盘包装定义为：以托盘为承载物，将包装件或产品堆码在托盘上，通过捆扎裹包或胶贴等方法加以固定，形成一个搬运单位，以便使用机械装备搬运的包装。

③集合包装。根据国家有关标准，集合包装定义为：将一定数量的包装件或商品，装入具有一定规格、强度，适宜长期周转使用的重大包装容器内，形成一个合适的装卸搬运单位的包装。例如集装箱、集装托盘、集装袋等。

2）商流包装。商流包装是指销售包装，根据国家有关标准定义为：是直接接触商品，并随商品进入零售网点和消费者或客户直接见面的包装。

商流包装在设计时重点考虑的是包装造型、结构和装潢。因为与商品直接接触，因此，在包装材料的性质、形态、式样等方面，都要为保护商品着想，结构造型要有利于流通。图案、文字、色调和装潢能吸引消费者，能激发消费者的购买欲，为商品流通创造良好条件。

另外，包装单位要适宜顾客的购买量和商店设施条件。这种包装同时具有一定的保护功能和方便功能，而更多的是具有促销作用。这类包装大多与物流运动不直接发生关系。

（2）按包装形态层次划分。按包装形态层次分为内包装、中包装、外包装。

1）内包装。它是直接盛装商品的最基本的包装形式。内包装的标识、图案、文字和包装物（如瓶、盒、罐等）起到指导消费、方便销售和购买的作用。

2）中包装。它是介于外包装与内包装之间的，一定数量内包装的组合形式，既可以方便销售，也便于近距离运输。这种包装在方便食品、化妆品、卷烟等的包装中使用较多。

3）外包装。外包装属于物流包装，主要起到保护商品的作用，它可以简化商品计量，方便运输、储存、搬运、装卸等物流作业，对于提高物流作业效率和简化物流作业环节有重要影响。

（3）按包装容器的特征划分。

1）根据容器形状，包装可分为包装袋、包装箱、包装盒、包装瓶、包装罐等。

2）根据容器硬度，包装可分为软包装、硬包装和半硬包装。

3）根据包装造型，包装可分为便携式包装、透明式包装。

4）根据容器使用次数，包装可分为固定式包装、折叠式包装、拆解一次性使用包装、周转使用包装和转作他用包装。

5）根据容器密封性能，包装可分为密封包装、非密封包装和半透膜包装。

6）根据容器档次，包装可分为高档包装、中档包装、普通包装和简易包装等。

（4）按照包装的使用范围划分，包装可分为专业包装、通用包装。

1）专业包装，即针对被包装物品的特点专门设计、专门制造，只适用于某一专门物品的包装。

2）通用包装，即根据包装标准系列尺寸制造的包装容器，用于无特殊要求的或符合标准尺寸的物品。

6.1.2 物流包装

物流包装作为包装业的重要构成部分，成为当前包装行业的重要发展方向之一，同时，包装在物流业中也占有重要的地位。

1. 物流包装的研究对象

物流包装作为现代物流作业的重要"节点"，同时又是一门具有很强使用价值的新兴应用型学科。现代物流包装作为一门科学，其研究对象可归结为：从经济、技术和管理的角度研究包装与物流关系的规律性及包装作业的一般技术方法。具体包括以下几点。

（1）包装是物流服务的基本出发点。物流企业的经济利益，即利用尽可能低的包装费用保护商品的性能、质量在物流过程中不受损害，以较低的包装投入，实现较高的物流服务收益。

（2）技术方法是实现经济利益的基础之一。这些技术方法包括包装材料的选择与使用，不同包装技术的合理运用，各种包装装备、器具的管理与有效使用，各类物流包装性能的实验与界定，包装中的标准化问题等。

（3）管理具有普遍意义。管理是一切活动的必需，包装亦然。管理中的人、财、物、时间、信息等同样是物流包装管理的基本范畴。

（4）客户满意是根本。实现物流过程中经济利益的基础在于客户满意，"客户满意"已成为现代经营的基础理念，在激烈竞争的物流市场上，谁赢得了客户，谁就占有了市场。

（5）经济利益与社会利益的统一。现代物流的经济利益，不再是传统的直接物质利益，乃至简单的"货币利益"，而是企业利益与社会利益的统一，现期利益与长远利益、未来利益的统一，经济利益与环境利益的统一。在这种利益观念的导向下，绿色物流包装将成为本书的重点构成之一，这也是社会发展的必然。

2. 包装在物流中的地位

在整个供应链管理系统中，包装既是生产的终点，又是物流的始点。作为生产的终点，它是生产的最后一道工序，标志着一个产品生产过程的完成，包装必须根据产品的性质、形状和生产工具进行，必须满足生产的要求。作为物流的始点，包装完成后，该产品便具有了在流通领域中运动的能力，在整个物流过程中，包装发挥着对产品的保护作用。

如果包装是从生产的终点出发，就难以满足流通要求。包装与物流的关系比与生产的关系要密切得多，作为物流的始点的意义比作为生产的终点的意义要大得多，因此包装属物流系统，没有现代包装业，就没有现代物流，这就是现代物流的基本观念之一。可以说，包装是促成产品最终价值实现的重要基础之一。

3. 物流包装的基本功能

现代人们的生活与生产离不开物流运动，也离不开包装，包装对现代社会生活具有多种服务功能。

（1）保护功能。物流包装的保护功能是最基本，也是最重要的核心功能。它应能保护产品，使之不受损害与损失。在商品流通过程中，对商品产生伤害的因素有：环境条件，如温度、湿度、气体、放射线、微生物、昆虫、鼠类等，它们均可能损害商品；人为因素，商品在运输、装卸、储存过程中，因操作不慎或不当，使商品受到冲击、震动，因跌落而损伤，或因堆放层数过多而压坏。因此，应根据不同产品的形态、特征、运输环境、销售环境等因素，以适当的材料、设计合理的包装容器和技术，赋予包装充分的保护功能，保护内装产品的安全，对危险货物采用特殊包装，注意防止其对人和生物及周围环境的伤害。物流包装对商品的保护可以分为以下几类。

1）防止商品破损变形。商品在物流过程中要承受各种冲击、震动、颠簸、压缩、摩擦等外力的作用，所以包装必须具备一定的强度，形成对商品的保护。

2）防止商品发生化学变化。通过包装实施隔阻水分、霉菌、溶液、潮气、光线及空气中有害气体等，达到防霉、防腐、防变质、防生锈、防老化等化学变化的目的。

3）防止有害生物对物品的影响。包装具有隔阻鼠、虫、细菌等有害生物对物品的破坏及侵蚀功能。

4）对危险品的保护包装。这种包装主要是指对易燃、易爆、腐蚀、氧化、辐射、有毒等商品的特殊保护包装。另外，包装能部分防止异物混入、污染、失散等物流损失。

（2）方便功能。现代商品包装能为物流和日常生活带来许多方便，这对于提高工作效率和生活质量，都有重要作用。包装的方便功能应体现在以下几个方面。

1）方便生产。对于不同批量生产的产品，包装能适应不同类型生产企业的机械化、专业化、自动化的生产需要，以最适宜的包装单位，兼顾资源能力和生产成本，尽可能地促进生产效率的提高。

2）方便储运。包装的规格、质量、形态适合仓储作业，包装物上的标志、条形码，便于识别、存取、盘点、验收及分类等作业。包装的尺寸与运输车辆、船、飞机等运输工具的容积相吻合，能提高装载能力及运输效率。

3）方便装卸搬运。适宜的包装便于装卸搬运，便于使用装卸搬运机械提高功效，标准的包装为集合包装提供了条件，并且能够极大地提高运输工具的装载能力。同时，对每件包装容器，考虑其质量、体积、尺寸、形态等，均应考虑各种运输工具的方便装卸，便于堆码；也应考虑人工装卸货物质量一般不超过工人体重的40%（限于20千克左右）等。

4）方便使用。合适的包装，应使消费者在开启、使用、保管、收藏时感到方便。如用胶带封口的纸箱、易拉罐、喷雾包装、便携式包装等，以简明扼要的语言或图示向消费者说明注意事项及使用方法，方便使用。在传统意义上，这一功能不属于物流包装的范畴，但在现代供应链系统中，是从整体流程上分析每一个"节点"对整体物流的影响。

6.1.3　绿色物流包装

　学习指引：思想政治引导视频
推荐扫描左边二维码观看具体视频内容。

　　绿色，作为一个标志性的概念，几乎涵盖了与环境和资源相关的一切内容，已成为当今社会人们追求并为之奋斗的目标。这是一种理性的意识和行为，是人类谋求生存与发展必须做到的与自然同在、与自然统一的唯一选择。党的二十大报告提出："尊重自然、顺应自然、保护自然，是全面建设社会主义现代化国家的内在要求。必须牢固树立和践行绿水青山就是金山银山的理念，站在人与自然和谐共生的高度谋划发展。"

1. 绿色物流包装概述

　　用传统观念分析，绿色物流并不是物流本身的内容，它所反映的是物流与环境的关系问题，但随着环境对人类社会形成的越来越大的压力（当然这种压力也是人类自身行为的必然结果），人类开始重视每一个环节上的"绿色"问题，物流包装亦然。

　　绿色物流是指在物流作业过程中，在抑制物流活动对环境造成危害的同时，实现对物流环境的净化，使物流资源得到充分利用。

　　绿色物流包装，也称生态包装、无公害包装，是指物流包装对人体健康和生态环境无害，能重复使用或再生利用，符合可持续发展要求的包装。绿色物流包装应从设计、材料选择、工艺方法、包装物的使用与回收等方面，充分体现"绿色"的要求。

　　（1）物流包装设计。在物流包装设计上必须使包装物本身具有对环境不产生损害的性能，把环保功能列入物流包装功能设计之中，使包装物在废弃后易处理、易回收、易销蚀，或易再生，方便重复使用，体现保护环境和资源再生的原则。

　　（2）物流包装材料。在物流包装材料的选择上，应以可再生材料和资源为主，尽量减少对不可再生资源的使用，特别是过度使用。力求选择低消耗、高功能、可重复使用、再生材料和使用后可降解材料。

　　（3）物流包装技术。采用绿色物流包装技术，实施无公害"清洁工艺"生产流程；生产或实施包装过程中，要使用符合绿色环保要求的各种助剂、添加剂和胶黏剂等，避免造成包装过程中的污染。

　　（4）物流包装循环链。绿色物流包装同其他绿色制品一样，按一定的生命周期构成生态自然循环，形成绿色物流包装循环链。绿色包装的结果是取之自然又回归自然，使人类能获得良好的自然环境、自然资源及其长久的资源支持。绿色物流包装循环链的任何一个环节，都以绿色的内容形成各自的基本形态，形成绿色的系统。特别是系统的末端，其绿色特征需要人们和社会的绿色意识、绿色管理、绿色的法规和绿色的行为的支持与保证。否则，绿色系统难以形成，并会最终遭到破坏。

2. 绿色物流包装的理论基础

　　绿色物流包装是绿色物流的重要组成部分。因此，在研究现代物流时，必须研究绿色物流包装的问题。尤其是物流包装活动对环境产生的一系列影响，这是物流研究领域的一个重要课题。

　　绿色物流包装是从环境保护的角度对物流体系进行改进，形成一个与环境共生型的物流管理系统。绿色物流包装管理又是建立在维护全球环境及可持续发展的基础上，逐渐改变过去经济发展与物流包装、消费与物流包装的单向作用关系，在抑制物流包装对环境造成危害的同时，形成一种能促进经济和消费健康发展的物流包装体系。因此，绿色物流包装重视全局和长远利益，强调对环境全方位的关注，是现代物流发展的趋势。

绿色物流包装的理论基础源于整个社会经济发展的相关理论，包括可持续发展理论、生态经济理论、生态伦理学理论及循环经济理论等。

（1）可持续发展理论。可持续发展理论是20世纪70年代围绕"增长极限论"展开的大争论的结果。世界环境与发展委员会把可持续发展表述为"既满足当代人的需要，又不对后代人满足其需要的能力构成危害的发展"。

其基本内容是：①发展是重点；②发展经济与重视环境保护是一个有机整体；③应建立一个高效、合理的经济和政治运行机制；④人们应放弃传统的生产方式与生活方式，做到自身发展需要与资源、环境的发展相适应；⑤树立全新的现代文化观念和意识。

由于物流包装消耗资源和能源，易产生环境污染，因此为了长期持续发展，必须采取各种措施来保护环境，绿色物流包装正是依据可持续发展的理论，形成物流包装与环境保护之间相辅相成的推动和制约关系，从而达到环境与物流包装的共同发展。

（2）生态经济理论。生态经济学是研究生产过程中，经济系统与生态系统之间的物质循环、能量转化和价值增值规律及其应用的科学。物流包装是社会再生产过程中的一个重要环节，物流包装活动中同样存在物质循环利用、能量转化、价值转移及价值实现等问题。因此，物流包装涉及经济与生态环境两个系统。传统的物流包装没有处理好经济发展与保护生态环境的关系，过多地强调发展经济，而忽视了环境效益，最终导致社会整体效益的实质性下降。

绿色物流包装以经济学的原理为指导，以生态学为基础，对物流包装中的经济行为和规律以及与生态系统之间的相互关系进行研究，以谋求生态与经济的最佳结合及协调发展。

（3）生态伦理学理论。人类不仅要对当代人类的生存与发展负责，而且要为子孙后代的利益，对整个社会更健康、更安全地生存和发展负责，这是人类对自身利益最理性的认识，也是人类社会的现代意识。因此，对物流包装中环境污染问题进行深刻反思，树立起强烈的社会责任感和义务感，自觉维护生态平衡，应当是现代人的基本伦理观念。现代绿色物流包装也正是从生态伦理学中得到道义上的支持与认同。

（4）循环经济理论。循环经济的思想可以追溯到20世纪60年代中期，美国经济学家肯尼斯·E.博尔丁在其提出的"宇宙飞船理论"中指出，地球就像一艘在太空中飞行的宇宙飞船，要靠不断消耗和再生自身有限的资源而生存，如果不合理开发资源，肆意破坏环境，就会走向毁灭。在其发表的《即将到来的宇宙飞船世界的经济学》一文中，把污染视为未得到合理利用的"资源剩余"。循环经济思想经历了10多年的发展，在20世纪90年代，特别是可持续发展战略成为世界潮流的近几年，环境保护、清洁生产、绿色消费和废弃物的再生利用等已被整合为一套系统的，以资源循环利用、避免废物产生为特征的循环经济战略。

传统经济是建立在线性经济模式基础上的。这也就是说，从物质流动方向看，是"资源—产品—废弃物"的单向流动。现在，这种经济发展模式遇到了前所未有的挑战——资源耗竭、环境污染、生态恶化等，这就要求更新经济发展模式。循环经济是与线性经济相对的，是以物质资源的循环使用为特征的。循环经济运用生态学规律把经济活动组成一个"资源—产品—再生资源"的反馈式流程，以互联的方式进行物质交换，以最大限度利用进入系统的物质和能量，达到"低开采、高利用、低排放"的目标，把经济活动对自然环境的影响降低到尽可能小的程度，使经济系统和谐地纳入自然生态系统的物质循环过程中，实现经济活动生态化。

一个理想的循环经济系统是把清洁生产和旧物再用或废物再生资源融为一体，通常包括资源开采者、产品生产者和消费者、旧物再用或废物再生资源者，在物质不断循环利用的基础上发展经济。

可以说，上述理论在物流包装中的运用是发展绿色物流包装和建立现代物流包装意识的理论基础，即企业在追求自身利益最大的同时，绝不可忽视整个社会的长远利益。

6.1.4　绿色包装材料的属性

绿色包装材料的属性是指包装材料本身或经过加工后具有的有利于环境、无污染或低污染、可再生等属性。

1. 绿色包装材料的一般标准

用于物流的包装物是否符合绿色要求，一个重要因素在于是否采用了绿色包装材料。而绿色包装材料本应符合下述标准。

（1）废弃后的物流包装制品或材料，可回收处理、再生利用，或重复使用，不会对生态环境构成污染和损害。

（2）不易回收的物流包装制品或材料，应在短期内腐蚀、降解，在自然条件下回归、还原为无害物质。

（3）在满足物流包装功能的前提下，可实现优质、轻量设计，减少自然资源的消耗及能源消耗，减少包装物废弃量。

（4）物流包装材料要做到生产成本低，有合理的性能价格比，方便生产和推广使用。

2. 绿色包装材料的分类

（1）可回收处理、利用的包装材料。包装制品及材料能回收重复使用或再生利用，对保护环境是一种最经济有效的办法，世界各国都在大力推行。可重复使用、可再生利用的包装材料主要有以下几种。

1）纸质材料。纸质材料经化学方法处理，可反复利用多次，直至纤维消失为止。

2）玻璃陶瓷材料。玻璃陶瓷材料可回收重复再用，或以碎料的形式再生利用，玻璃可以实施薄壁化、高强度、低脆性的轻量设计。

3）金属包装材料。金属包装材料可通过回收、回炉再造利用，或回收重复利用，提高包装利用率。

4）塑料材料。热塑性塑料，回收后重新造粒生产塑料制品，如 PS、PVC、PET 等，也可以回收后与其他杂物混合焚烧处理；有些塑料容器，回收清洗后可多次重复使用，如 PET 瓶、PC 瓶等。

（2）可降解包装材料。可降解包装材料是指在特定的时间及造成性能损失的特定环境下，其化学结构发生变化的材料。常用的是可降解塑料。可降解塑料按降解机理的不同，可分为光降解、生物降解和复合降解塑料等类型。

1）光降解塑料，指在光的作用下发生降解，分添加型与合成型两类。

①添加型光降解，指在塑料的配料中加入一定量的光敏剂，使塑料在遇到光的作用时发生降解，方法较为简单，成本也较低。

②合成型光降解，指在聚合物合成过程中引入一些低能易断开的弱链，或接上一些见光分解的感光基团和转移的原子，这样当材料遇到光的作用时就会发生化学反应，导致聚合物大分子的降解，其长链断裂为易被微生物吞食的小分子碎片。

2）生物降解塑料，指在细菌、霉菌等各种微生物的作用下发生降解的材料。因材料内部结构或成分存在能被普通微生物分解的因素，当包装废弃后，在自然环境中经微生物的吞噬、吸收而分解成小分子化合物，直至最后被分解成水和二氧化碳等无机物。生物降解分为微生物合成型、合成高分子型和掺和型。其中，掺和型生物降解塑料，是在塑料中掺和一定量的淀粉、天然秸秆、稻草、果壳等具有生物降解性的物质，经加工后形成有一定生物降解性的包装制品。

3）复合降解塑料，指在光、生物共同作用下发生降解的材料。在塑料中加入生物降解淀粉、可控降解光敏剂及自动氧化剂等物质，使塑料经使用后性能下降，并定时分裂成碎片，此后再经微生物作用和自动氧化剂的反应，将塑料迅速分解。

（3）可食性包装材料。这是对人体无害，人体可自然吸收，也可在自然环境中风化销蚀的材料。所用原料都是天然有机小分子和高分子物质，如氨基酸、凝胶、蛋白质、植物纤维等，具有无毒、无味、透明、质轻和卫生的特点。可食性包装材料能有效解决污染问题，商业性应用和开发前景较好。

（4）天然包装材料。天然的植物纤维材料，包括稻草、麦秸、棉秆、薯秧、苇秆及毛竹等，可直接编制或通过粉碎制浆、模塑成型工艺过程，制成包装容器，有时作为添加材料予以利用。天然包装材料在自然环境中能自动分解，也可用焚烧方法将废弃包装物焚毁，使其回归自然。

3. 绿色物流包装设计

绿色物流包装是以被包装产品的特性及环境保护的要求，通过包装设计，对物流包装材料实施绿色清洁加工和成型所获得的包装制品。绿色物流包装设计，实质是对绿色物流包装物的设计。

绿色物流包装设计原则包括 4R1D 原则、绿色系统原则以及经济性原则。

（1）4R1D 原则。4R1D 原则是公认的绿色物流包装设计原则和方法，也是现代绿色物流包装设计的基础。

1）Reduce 原则，即减量化（或轻量化）原则。要求物流包装制品在保证容装、防护和使用功能的前提下，力求消耗材料量最少，以节约资源，降低能耗与成本，减少排放物和废弃量。履行这条原则，需要采取的措施包括优化结构，适量包装，以轻质包装代替重质包装，可再生资源材料代替不可再生资源材料，资源丰富材料代替资源匮乏材料等。

2）Reuse 原则，即重复使用原则。多次重复使用物流包装制品，既节约材料，降低能耗，又有利于环境保护。物流包装设计应优先考虑重复使用的可能性，在技术、材料及回收管理可行的情况下，设计并实施重复使用的物流包装方案。

3）Recycle 原则，即循环再生原则。对于不能重复使用的物流包装物，需要考虑循环再生处理的可能性，利用再生技术形成再生材料或再生包装。如再生纸、再生纸板、再生塑料等，玻璃、陶瓷、金属包装物等，在原包装物废弃后，可经再熔再造，制成新的同样的材料或包装制品。有些材料和包装制品可通过处理获得新的可利用的物质，产生新的价值。如通过废弃塑料的油化、汽化，可获得使用价值颇高的油气或燃气。

4）Recover 原则，即重新获得新价值原则。对于那些无法再直接利用或也不可能转作他用的物流包装物，可通过焚烧等方式，再次获得新的能源或燃料等。

5）Degradable 原则，即可降解原则。在包装过程中所使用的包装物及材料，废弃后既不能回收重复使用，也不能回收循环再生处理的，或是回收价值不大的，应当在自然环境中降解销蚀，不对自然生态环境造成污染。

（2）绿色系统原则。绿色物流包装设计是针对包装物生产或形成全过程的。从材料的加工、选用，包装物的生产、成型、流通、使用，到包装废弃物的回收、处理的整个过程中，每个环节都符合绿色要求，无污染后果。它要求的不是某一个或几个环节的"绿色"，而是全过程的"绿色"。

（3）经济性原则。现代物流的基本点就是总成本最低。因此，在绿色物流包装设计中应体现出节省材料、减少消耗、降低成本、提高效益和增加物流企业竞争力等基本要求。

6.2　物流包装技术与装备

6.2.1　包装技术的分类

（1）按照使用的普遍性，包装技术分为通用包装技术和专用包装技术两大类。

通用包装技术是物品包装一般要用到的操作技术。物品包装过程虽然各不相同，但一般要经过充填、灌装、集装、裹包等覆盖包装物作业和环节，垫支、发泡、封口、捆扎、粘边等紧固包装物作业和环节，清洗、干燥、杀菌等包装活动前后的包装物和物品的准备与后处理作业和环节。

专用包装技术是对特殊物品或对物品做特殊处理时使用的操作技术，例如，对易腐生鲜品的保鲜防腐包装，某些铁制品的防锈包装等。

（2）按照实现的作业活动多少，包装技术分为单功能包装技术和多功能包装技术两大类。

单功能包装技术仅能实现单一包装作业，如包装容器的洗刷、消毒等。

多功能包装技术则指能同时或连续实现两项及以上包装作业的技术，如灌装—封口设备和自动包装机都利用了多功能包装技术。

（3）按照实现包装的自动化程度，包装技术分为手工、半自动化和自动化包装技术三类。

许多包装仅靠手工即可实现，而对于某些特殊包装，或者为提高包装作业效率，就要应用自动化包装技术，如真空包装的实现。

（4）按照达到的包装目的，包装技术分为销售包装和运输包装技术两类，或分为个包装、内包装与外包装技术三类，或分为件装、箱（包）装、托盘和其他容器装技术。

销售包装指商品的个包装和内包装，外包装是运输包装。通过包装技术的应用，可达到商品的保护、促销等目的，如玻璃运输时的木框包装。

除此之外，还有许多的包装技术分类方法。根据包装对象的不同，分为食品包装技术、药品包装技术、金属包装技术、机电包装技术、危险品包装技术等；根据所用包装材料性质不同，又可分为硬包装（如木质和金属制包装）、半硬包装（如瓦楞纸箱、硬纸盒）和软包装（如纸袋、塑料袋）三类包装技术。

6.2.2　主要包装技术

包装技术是指对物品实施各种包装的技术方法，以发挥包装功能工作的总称。不同的物品有不同的包装技术要求。

1. 充填技术

在物料加工完毕后，将其按预定量（容积、重量、个数等）充填到包装容器（瓶、罐、盒、桶、袋、软管等）内要用到充填（filling）技术。充填的物料可以是气、液、固等多种状态，如啤酒桶、燃气瓶的充填，但此处充填物专指固态物料。

（1）充填物的类型。充填速度和充填计量是充填技术应用要考虑的两个重要方面，其效果与充填物料的黏性有很大关系。这些固态物料按照其具有的黏性大小分为黏性、半黏性和非黏性三类。黏性固态物料如红糖、腌渍物等常常黏结成团块状，也容易黏附在包装机械的接触面上，流动性差，充填困难；半黏性固态物料具有一定的流动性，但也常常集结成堆或团，影响流动和填充，如面粉、奶粉等；非黏性固态物料可以自由流动，如干种子、塑料颗粒等，充填容易。但这些充填类型可以转换，如糯米粽子单个装属于黏性固态物料充填，但集成装时则变为非黏性固态物料充填。

（2）充填方法。由于充填对象、包装容器以及测量单位的多样性，充填技术和方法也非常多。根据充填预定量的计量不同，可以将固体物料的充填方法分为三类，其计量单位、工作基本原理、适合充填物、适合充填容器、充填精度、充填速度和复杂程度如表 6-1 所示。

表 6-1 三类填充方法的比较

项目	计量单位	工作基本原理	适合充填物	适合充填容器	充填精度	充填速度	复杂程度
称量充填法	重量	称量净重或毛重	易结块、黏性大、比重大的物品，如红糖	各种质地（硬、半硬和软质）	高	慢	高
容积充填法	容积	控制流量、流时或使用等积的容器取料	非黏性、半黏性的粉末和颗粒状物品，如奶粉	软质的需在口部加硬质套充填	一般	快	一般
计数充填法	个数或件数	整齐排列后或直接取出预订量物料	块状、颗粒状、针棒状物品，如针、药片、卷烟	各种质地	较高	较快	一般

（3）充填精度。实际充填量达到预定充填量的程度。一般来说，国家和地方技术质量监督部门以及行业协会都规定了各类产品的充填精度，以维护消费者的消费权益，如化肥袋上标示"（50±0.5）kg"表明其充填精度为 ±1%。充填精度的高低主要决定于充填物性质、充填容器、充填方法和充填机械四个因素，充填非黏性物，采用硬质容器、称量方法和自动化智能化充填时，一般充填精度要求较高。

2. 装箱技术

装箱技术可采用手工操作、半自动和全自动机械操作三种。其方法有装入式装箱法、套入式装箱法和裹式装箱法等。

（1）装入式装箱法是将内装物沿垂直方向装入箱内的方法，通常使用立式和卧式装箱机。

（2）套入式装箱法用于较贵重的大件物品（如电冰箱、洗衣机等），它将纸箱制成两件，一件比内装物稍高，箱坯撑开后先将上口封住，下口无翼片和盖片；另一件是浅盘式的盖，开口朝上且无翼片和盖片，其尺寸略小于前者，可以插入其中形成倒置箱盖；装箱时先将浅盘式盖放在装箱台板上，里面放置防震垫，重的内装物还可在箱底下放置木托盘；接着将内装物放在浅盘上，上面也放置防震垫；再将高的那一件纸箱从内装物上部套入，直接将浅盘插入其中，最后进行捆扎。

（3）裹式装箱法与裹式装盒法相似，可用纸板式挠性包装材料裹包物品，通常是在裹包式装箱机上将末端伸出的裹包材料热压封闭，或用热溶胶封箱，适用于塑料瓶、玻璃瓶、易拉罐等产品的装箱。

3. 裹包技术

裹包是用一层或者多层柔性材料包覆产品或包装件的操作。常用的裹包方法有折叠式和扭结式两种。

1）折叠式裹包方法是从卷筒材料上切下一定长度的材料，将材料裹在被包物上，用搭接方式包成桶状，然后折叠两端并封紧。

2）扭结式裹包方法是用一定长度的包装材料将一定的产品裹成圆筒形，其搭接接缝不需要黏结或热封，主要将开口端部分向规定的方向扭转形成扭结即可。

4. 封口技术

封口是指将产品装入包装容器后，封上容器封口部分的操作。常用的封口方法有黏合法和封闭物封口法两种。

1）黏合法。黏合法是用黏合剂将相邻两层包装材料表面结合在一起的方法，具有工艺简单、生产率高、结合力大、密封性好、适用性广等优点，常用于纸、布、木材、塑料、金属等各种包装物的黏合。

2）封闭物封口法，用于瓶、罐类包装件的封闭物，主要是盖（如螺丝盖、快旋盖、易开盖、滚压盖等）和塞（如软木塞、橡胶塞和塑料塞等），用于袋包装件的封闭物主要有夹子、带环的套、按钮带、扣紧条等。纸盒、纸箱的封闭物除用胶带黏合外，还可用卡钉钉合。

5. 捆扎技术

捆扎技术是将产品或包装件用适当的材料扎紧、固定或增强的操作。常用的捆扎材料有钢带、聚酯带、聚苯乙烯带、尼龙带和麻绳等。无论采用手工还是机械捆扎，其操作过程均相同，都是先将捆扎带缠绕于产品或包装件上，再用工具或机械将捆扎带拉紧，然后将捆扎带两端重叠连接。捆扎带两端的连接方式有用铁皮箍压出几道牙痕并间隔地向相反方向弯曲连接，用热黏合连接以及打结连接等。

6. 其他包装技术

（1）危险品包装技术。危险品是有毒、有害、易燃、易爆物品的总称。危险品品种繁多，按其危险性质，交通运输及公安消防部门将其总结为十大类，即爆炸性物品、氧化剂、压缩气体和液化气体、自燃物品、遇水燃烧物品、易燃液体、易燃固体、毒害品、腐蚀性物品、放射性物品等，有些物品同时具有两种以上危险性能。对于危险品包装技术，国内相关法律法规有明确规定，例如对于腐蚀性物品，要保证物品与包装容器的材质不发生化学变化。

危险品包装就是根据危险品的特点，按照有关法令、标准和规定专门设计的包装。在其包装上，尤其运输包装上必须标明不同类别和性质的危险货物标志。

1）对有毒商品的包装要明显地标明有毒的标志。防毒的主要措施是包装严密、不漏气、不透气。例如，重铬酸钾（红矾钾）和重铬酸钠（红矾钠）为红色带透明结晶的有毒物质，应用坚固铁桶包装，桶口要严密不漏，制桶的铁板厚度不能小于1.2毫米。对有机农药一类的商品，应装入沥青麻袋，缝口严密不漏。如用塑料袋或沥青纸袋包装的，外面应再用麻袋或布袋包装。用作杀鼠剂的磷化锌有剧毒，应用塑料袋严封后再装入木箱中，箱内用两层牛皮纸、防潮纸或塑料薄膜衬垫，使其与外界隔绝。

2）对有腐蚀性的商品，要注意防止商品与包装容器的材料发生化学反应。对于金属类的包装容器，要在容器内壁涂上涂料，防止腐蚀性商品对容器的腐蚀。例如，用于包装合成脂肪酸的铁桶内壁要涂有耐酸保护层，防止由于铁桶被商品腐蚀，导致商品也随之变质；氢氟酸是无机酸性腐蚀物品，有剧毒，能腐蚀玻璃，不能用玻璃瓶做包装容器，应装入金属桶或塑料桶，然后再装入木箱。甲酸易挥发，其气体有腐蚀性，应装入良好的耐酸坛、玻璃瓶或塑料桶中，严密封口，再装入坚固的木箱或金属桶中。

3）对黄磷等易燃商品，宜将其装入壁厚不少于 1mm 的铁桶中，桶内壁须涂耐酸保护层，桶内盛水，并使水面浸没商品，桶口严密封闭，每桶净重不超过 50kg。对于遇水容易引起燃烧的物品，例如碳化钙，其遇水即分解并产生易燃的乙炔气，应用坚固的铁桶包装，并在桶内充入氮气。如果桶内不充氮气，则应装置放气活塞。

4）对于易燃、易爆商品，例如有强烈氧化性的，遇有微量不纯物或受热即急剧分解并引起爆炸的产品，防爆炸包装的有效方法是采用塑料桶包装，然后将塑料桶装入铁桶或木箱中，每件净重不超过 50kg，并应有自动放气的安全阀。当桶内达到一定气体压力时，能开启安全阀自动放气。

（2）特种包装技术。特种包装技术分为充气包装、真空包装、收缩包装、拉伸包装和脱氧包装。

1）充气包装。充气包装又称气体置换包装技术，是采用二氧化碳气体或氮气等不活泼气体置换包装容器中空气的一种包装技术方法。它是根据氧性微生物需氧代谢的特性，在密封的包装容器中改变气体的组成成分，从而降低氧气的浓度，抑制微生物的生理活动、酶的活性和鲜活商品的呼吸强度，达到防霉、防腐和保鲜的目的。

2）真空包装。真空包装是将物品装入气密性容器后，在容器封口之前抽真空，使密封后的容器内基本没有空气的一种包装方法。一般的肉类商品、谷物加工商品以及某些容易氧化变质的商品都可以采用真空包装，既可避免或减少脂肪氧化，又可抑制某些霉菌和细菌的生长。同时在对其进行加热杀菌时，由于容器内部气体已排除，因此加速了热量的传导，提高了高温杀菌效率，也避免了加热杀菌时，由于气体的膨胀而使包装容器破裂。

3）收缩包装。收缩包装是用收缩薄膜裹包物品（或内包装件），然后对薄膜进行适当的加热处理，使薄膜收缩而紧贴于物品（或内包装件）的一种包装技术方法。收缩薄膜是一种经过特殊拉伸和冷却处理的聚乙烯薄膜，此薄膜在定向拉伸时产生残余收缩应力，这种应力受到一定热量后便会消除，从而使其横向和纵向均发生急剧收缩，同时使薄膜的厚度增加，收缩率通常为 30% ～ 70%，收缩力在冷却阶段达到最大值，并能长期保持。

4）拉伸包装。拉伸包装是由收缩包装技术发展而来的，依靠机械装置在常温下将弹性薄膜围绕被包装件拉伸、紧裹，并在其末端进行封合的一种包装方法。因为拉伸包装不需进行加热，所以消耗的能源只有收缩包装的 1/20。拉伸包装可以捆包单件物品，也可用于托盘包装之类的集合包装。

5）脱氧包装。脱氧包装是继真空包装和充气包装之后出现的一种新型除氧包装方法。脱氧包装是在密封的包装容器中，使用能与氧气起化学作用的脱氧剂与之反应，从而除去包装容器中的氧气，以达到保护内装物的目的。脱氧包装方法适用于某些对氧气特别敏感的物品，使用在那些即使有微量氧气也会促使品质变坏的食品包装中。

6.2.3　包装的保护技术

1. 防震保护技术

防震保护技术又称为缓冲包装技术，是指为减缓内装物受到冲击和震动，使其免受损坏，而在包装过程中采取的一定防护技术措施。产品从生产出来到开始使用要经过一系列的运输、保管、堆码和装卸过程，在任何环境中都会有力作用在产品上，有可能使产品发生机械性损坏。为了防止产品遭受损坏，就要采取防震保护技术，设法减少外力的影响。防震包装在各种包装方法中占有重要的地位。防震包装主要有如下三种类型。

（1）全面防震包装方法。全面防震包装方法是在内装物和外装物之间全部使用防震缓冲材料包裹，以对内装物全面保护的方法。常见的全面防震包装方法有以下几种。

1）充填法。充填法采用丝状、粒状和片状的防震材料，填满内装物（或内包装容器）和外包装容器的所有空间。这种防震缓冲材料不需预加工，适用于小批量异型的包装，有很好的分散外力、保护产品的作用。

2）盒装法。对于小型、轻质产品往往用聚苯乙烯泡沫按产品外形预制成模型进行包装，例如，各种小型电器测量仪表等。这种全面防震包装方法称为盒装法。

3）现场发泡法。现场发泡法是将内装物置入直接发泡的聚氯酯泡沫塑料中进行全面防震包装的一种方法。异氰酸酯和多元醇树脂在一定的温度与压力下混合后，由单管道通向喷枪，并由喷枪头喷出，约10s后，喷出的化合物即自行发泡膨胀，不到40s，即可发泡膨胀至原体积的100多倍，1min后变成硬性或半硬性的泡沫体，将内装物全部包住，从而起到安全保护内装物的作用。

现场发泡包装的程序是用喷枪将化合物喷入包装箱底部，待其发泡膨胀至面包状。然后在面包状泡沫体上覆盖一层聚乙烯薄膜，并将内装物纹在其上，再在内装物上面覆盖一层聚乙烯薄膜，最后再喷入聚氨酯进行发泡，装盖封口捆扎完成包装过程。现场发泡法实用性广，使用方便，但需要配置相应的装备和原料。

（2）部分防震包装方法。对于整体性好的产品和有内装容器的产品，仅在产品或内包装的拐角或局部地方使用防震材料进行衬垫即可，所用包装材料主要有泡沫塑料防震垫、充气型塑料薄膜防震垫和橡胶弹簧等。

（3）悬浮式防震包装技术，即将内装物稳定悬吊而不与包装容器发生碰撞。此法能够根据内装物的结构特点、重量、缓冲材料的特性以及最佳防震效果等来确定缓冲面积。缓冲包装有较强的防破损能力，因而是防破损包装技术中最有效的一类。

2. 防破损保护技术

防破损保护技术是为了使物品免受破损而采取的一系列措施，常用的有以下几种。

（1）捆扎、绑紧技术，采用此技术能够使杂货、散货形成一个牢固整体，以增加整体性，便于处理及防止散堆来减少破损。

（2）集装技术，利用集装，减少流通过程中与货体（物）的直接接触，从而防止破损。

（3）选用高强度材料，选择高强度的外包装材料可以防止内装物因受外力作用而导致的破损。

3. 防锈包装技术

防锈包装技术的保护对象主要是金属制品、机电装备等容易生锈的物品。防锈包装技术是将防锈蚀材料，采用一定的工艺涂抹在被包装的金属制品上，以防止其锈蚀损坏的一种包装方法。一般防锈包装方法是首先将待包装的金属制品表面做清洗处理，涂封防锈材料，再选用透湿率小且易封口的防潮包装材料进行包装。常用的防锈包装技术有防锈油防锈蚀包装技术和气相防锈包装技术两类。

（1）防锈油防锈蚀包装技术。空气中的氧、水蒸气及其他有害气体等会作用于金属表面而引起电化学反应。利用防锈油封装金属制品，就能防止锈蚀。

（2）气相防锈包装技术。在密封的包装容器中，使用气相缓蚀剂（挥发性缓蚀剂）对金属制品进行防锈处理。

4. 防霉腐包装技术

在空气中，各种微生物（如霉菌等）在未经灭菌处理的食品和其他碳水化合物中都存在，如不做防霉腐包装处理，这类产品在流通过程中如遇高温、潮湿环境，各种微生物的生长繁殖速度都会极快。在这种情况下，货物就会腐烂、发霉、变质，因此要采取特别防护措施。防霉腐包装技术是通过劣化某一不利环境因素，从而达到抑制或杀死微生物，防止内装物霉腐，保证产品质量的包装方法。这种方法主要适用于保鲜水果、食品和粮食等。防霉腐的包装方法通常有冷冻包装法、高温灭菌法、真空包装法、防霉剂法等。

（1）冷冻包装法。冷冻包装法的原理是减慢细菌活动和化学变化的过程，以延长储存期，但不能完全消除食品的变质。

（2）高温灭菌法。高温可消灭引起食品腐烂的微生物，从而延长存储期。在包装过程中应用防霉腐工艺高温灭菌，然后将已灭菌的产品密封包装，即可起到防霉腐的作用，如各种罐头食品的包装。

（3）真空包装法，也称减压包装法或排气包装法。这种包装可阻挡外界的水汽、氧气等进入包装容器内，也可防止在密闭的防潮包装内部留存潮湿空气，在气温下降时结露，从而营造出不适宜微生物生长的环境，以达到防霉腐包装的目的。但采用真空包装法时，要注意避免过高的真空度，以免损伤包装材料。

（4）防霉剂法。防霉剂是能杀死或抑制微生物生长的化学物质。在包装内放入适当防霉剂能起到防霉腐的作用。防霉剂的种类很多，但应注意用于食品的必须选用对人、畜无害无毒的防霉剂。在包装机电产品的大型封闭箱上，可酌情开设通风孔或通风窗等，使箱内通风干燥，以防霉菌生长。

5. 防虫包装技术

防虫包装通常是使用驱虫剂驱杀虫害，即在包装中放入有一定毒性和臭味的药物。利用药物在包装中挥发的气体杀灭和驱除各种害虫。常用的驱虫剂有萘、对位二氯苯、樟脑精等。也可采用真空包装、充气包装、脱氧包装等技术，使害虫无生存环境，从而达到防止虫害的目的。此外，用于包装的包装材料（如木材、竹片等）必须经过防虫处理，糊纸盒的糨糊中应放入防腐剂，以防止蛀虫的滋生。

6. 防湿、防水包装技术

采用防湿、防水包装的目的有二，其一是阻隔外界水分的侵入，其二是减少、避免由于外界湿、温度的变化，而引起包装内部产生反潮、结露和霉变现象。防湿、防水包装的材料必须具有抵御外力和防止水分进入内部两种保护性能，因此要求防湿、防水包装应由两种材料构成。一种为用于抵御外力的框架外壁材料，另一种是具有防湿、防水性能的内衬材料。常见的防湿、防水包装有以下几种。

（1）抗水包装，用防水或抗水包装材料或容器，如塑料袋、沥青纸、防水纸等，将产品密封，使外界的水或水汽不得侵入，但包装内仍留存原包装之水汽。电扇、食品、书籍、纸张等都采用此种包装方法。

（2）防水、防水汽包装，先将产品涂上防护剂，再用防水、防水汽材料或容器如金属罐、玻璃容器及防水汽之密封袋进行包装的方法。因此这类包装仅遗留少量水汽与产品相接触，外界水和水汽均无法侵入，防护性强，适用于包装精密制品，如仪器、仪表等。

（3）存放吸湿剂的防水、防水汽包装，在上述防水、防水汽密封包装内存放吸湿剂以吸去遗留的水汽，提高保护性能的包装方法。一般精密仪器、光学器材等均采用此种包装方法。

（4）可剥除的化合物保护包装，先将产品浸入加温熔融的可剥除化合物中，取出冷却后，即形成一层薄膜紧密包裹于产品上，中间无遗留水汽存在，外界水汽不能侵入。此法适用于包装体积小，不受温度影响，并且表面平坦的金属产品，如工具、齿轮等。

6.2.4　包装材料、容器与装备

1. 包装材料

包装材料是指用于制造包装容器和构成产品包装材料的材料的总称。包装材料与包装功能存在着不可分割的联系。包装材料种类繁多，常用的包装材料有以下几类。

（1）纸质包装材料。在包装材料中，纸的应用最为广泛，它的品种最多，消耗量也最大。纸质包装材料之所以在包装领域独占鳌头，是因为纸包装具有一系列独特的好处：加工性能好，印刷性能好，卫生安全性好，原料来源广泛，容易形成大批量生产，品种多样，具有一定的机械性能，便于复合加工，成本低廉，重量较轻，便于运输，废弃物可回收利用。

从 1999 年开始，我国纸包装制品的产值超过了塑料包装制品的产值，跃升为包装工业的第一位。纸包装制品产值已占包装工业总产值的 1/3。纸包装制品的产量正以平均每年 9% 的速度递增。

纸质包装材料主要有三大类：瓦楞纸、蜂窝纸、凹凸纸。瓦楞纸：产量大，使用范围广，是当今世界所采用的最重要的包装制品。蜂窝纸：独特的蜂窝结构使其具有良好的缓冲、减震性能，而且成本低、易回收、可再生，是一种节能环保的包装材料。凹凸纸：以瓦楞纸不可替代的独特优势，迅猛发展，具有广阔的市场前景。

纸包装也有缺点，那就是防潮、防湿性较差。

（2）木材包装材料。木材包装材料是指用于商品支撑、保护，或运载材料的木材和人造板产品等木质材料（不包括纸及纸制品）。木材包装主要有三大类：实木板、胶合板、纤维板。木材是一种生物质材料，具有很好的环境性能，作为包装材料使用时有很多优势：抗机械损伤能力强；可承受较大的堆垛载荷；具有一定的缓冲性能；取材广泛、制作比较容易；易于吊装和回收性能好。所以，木材至今仍是机电装备与工业产品的主要运输包装容器，尤其适用于笨重、易碎及需要特殊保护的物品的包装。

木材包装在国际贸易中被广泛使用，但实木包装材料能携带森林病虫害，近年来它在国际上传播扩散的速度和频率呈现加快与增高的趋势。我国于 2006 年 1 月 1 日起实施《进境货物木质包装检疫监督管理办法》的规定，要求进境货物木质包装应按国际标准在输出国家或地区进行检疫除害处理，并加施 IPPC 专用标识。

我国森林资源相对匮乏，近年来木材供需之间的矛盾也越来越激烈，使得实木在包装工业中的发展受到了限制。然而经干燥、热压等深加工工艺生产的人造板（胶合板、纤维板），因其在资源、结构和检验检疫方面的优势，近年来在包装领域发展迅速。

（3）塑料包装材料。塑料作为包装材料，近几十年来发展很快。常见的塑料包装材料有：聚乙烯、聚丙烯、聚苯乙烯、聚氯乙烯及聚酯等。塑料包装可以随意放置、可以变形、可以着色、可以手提，同时又由于耐挤压，因此可以长距离运输。尽管它一直经受着环境问题的严峻挑战，但近年来的统计数据显示，塑料包装在包装工业中仍成为需求增长最快的材料之一。

随着人类环保意识的增强，环保的、可回收的、再利用的塑料包装不断地被开发出来。比如 HDPE（高密度聚乙烯）瓶和 PET 瓶是目前国内外公认的环境保护适应性最优的塑料包装材料之一。例如，HDPE 瓶通过再生可用来生产栅栏、公园里的长凳及路标；废弃的 PET 瓶可通过循环再生制造成防水布、包装袋、塑料板等产品。

（4）金属包装材料。金属包装材料是指把金属压制成薄片用于物品包装的材料。金属是近代四种主要包装材料之一，目前在世界各国包装材料和包装容器的产量中仍占有相当大的比重。常见的金属包装材料有钢和铝，一般制成金属圆桶、白铁内罐、储气罐、金属箔、金属网等包装物。目前，在世界金属包装材料中，用量最大的是镀锡薄钢板（俗称马口铁）和金属箔。马口铁坚固、抗腐蚀、易进行机械加工，表面易于涂饰和印刷。用马口铁制作的容器具有防水、防潮、防污染等优越性能。金属箔是把金属压延成很薄的薄片，多用于食品包装，如糖果、肉类、乳制品的包装。

我国拥有占世界 1/5 人口的庞大消费群体，拥有丰富的工业产品、农产品及出口商品资源，除了迅速发展饮料行业外，化学、化妆品和医药等产业的发展也为金属包装提供了巨大的增长空间。

（5）玻璃与陶瓷包装材料。玻璃和陶瓷具有耐风化、不变形、耐热、耐酸、耐磨等优点，适合于各种液体物品的包装，例如，盛装强酸类液体。用玻璃、陶瓷制作的包装容器容易洗刷、消毒、灭菌，能保持良好的清洁状态。玻璃、陶瓷还可以回收复用，降低了包装成本。然而，玻璃、陶瓷也有缺点，那就是耐冲击程度低，碰撞时易碎，自身重量大，运输成本高。

（6）复合包装材料。复合包装材料是指将两种或两种以上具有不同特性的材料复合在一起的特殊包装材料。这种包装材料可以改进单一包装材料的性能，发挥包装材料更多的优点，在包装领域的应用越来越广泛。常见的复合包装材料有：塑料与玻璃复合，塑料与金属复合，塑料与塑料复合，金属、塑料、玻璃复合。

（7）包装辅助材料。除了上述主要的包装材料外，各种辅助材料在包装过程中也发挥着不可替代的作用。包装辅助材料主要有黏合剂、黏合带、捆扎材料等。

2. 包装容器

包装容器是包装材料和造型结合的产物。常用的包装容器主要有以下几类。

（1）包装袋。包装袋是软包装中的重要容器。包装袋材料是柔性的，具有较高的韧性、抗拉强度和耐磨性。包装袋结构一般是筒管状结构，一端预先封住，在包装结束后再封住另一端。包装袋广泛适用于运输包装、商业包装、内包装及外包装等。包装袋一般分为三种类型。

1）集装袋。集装袋是一种大容积的运输包装袋，盛装物品的重量达到 1 吨以上。集装袋一般用聚丙烯、聚乙烯等聚酯纤维纺织而成，顶部一般装有金属吊环或吊架，便于铲车或起重机的吊装、搬运。卸货时打开袋底的卸货孔，即行卸货，方便快捷。集装袋适用于运输包装。

2）一般运输包装袋。一般运输包装袋的盛装重量为 0.5～100kg，由植物纤维或合成树脂纤维纺织而成，还可以由几层挠性材料编制而成，如麻袋、草袋、水泥袋等。这种包装袋主要用于粉状、粒状和个体小的货物的包装，适于外包装及运输包装。

3）小型包装袋（或称普通包装袋）。小型包装袋盛装重量较小，通常用单层材料或双层材料制成，对某些具有特殊要求的包装袋可用多层不同材料复合而成。液状、粉状、块状和异型物等可采用小型包装袋。小型包装袋适于内包装、个体包装及商业包装。

（2）包装盒。包装盒是介于硬包装和软包装之间的一种包装容器，通常用来包装块状及各种异型物品，容量较小，有开闭装置。包装盒材料有一定柔性，不易变形，有较高的抗压强度，刚性高于袋装材料。其结构一般呈规则几何形状的立方体，也可裁制成其他形状，如圆盒状。其操作采用码入式或装填式，然后将开闭装置闭合。常见的包装盒有纸板盒、铁皮盒、塑料盒等。它不适合做运输包装，适合做商业包装、内包装。

（3）包装箱。包装箱是一种重要的硬包装容器，主要用于固体杂货包装，整体强度较高，抗变形能力强，包装量也较大。其包装材料为刚性或半刚性，具有较高强度且不易变形的材料。包装结构与包装盒相同，但外形、容积比包装盒大，两者一般以 10L 为界限。包装操作主要为码放，然后将开闭装置闭合或将一端固定封住。包装箱适合做运输包装、外包装。包装箱主要有以下四种。

1）瓦楞纸箱。瓦楞纸箱是用瓦楞纸板制成的箱形容器。按瓦楞纸箱的外形结构分类，有折叠式瓦楞纸箱、固定式瓦楞纸箱和异型瓦楞纸箱三种。

2）木箱。木箱是常用的一种包装容器，用量很大。木箱主要有木板箱、框板箱、框架箱三种。比较常见的是木板箱。

3）塑料箱。塑料箱一般用作小型运输包装容器，优点是：自重轻，耐蚀性好，能满足反复使用的要求，可制成多种色彩以对装载物分类，手握搬运方便。

4）集装箱。集装箱是由钢材或铝材制成的大容积物流装运装备，属于大型包装箱。它是一种可反复使用的周转型包装。

（4）包装瓶。包装瓶是瓶颈尺寸有较大差别的小型容器，属于刚性包装。其包装材料要有较高的抗变形能力，刚性、韧性要求较高。某些包装瓶的材料介于刚性与柔性材料之间，瓶的形状在受外力时还可发生一定程度的变形，但当外力撤除时，仍可恢复原来的形状。包装瓶的瓶颈口径一般远小于瓶身，且在瓶颈顶部开口；包装操作是填灌式，完毕后将瓶口用瓶盖封闭。包装瓶主要用于液体及粉状货物的包装，量一般不大，主要做商业包装、内包装使用。按外形分，包装瓶可分为圆瓶、方瓶、高瓶、矮瓶、异型瓶等；按包装材料分，可分为塑料瓶和玻璃瓶；按瓶口与瓶盖的封盖方式分，可分为螺纹式、凸耳式、齿冠式、包封式等。

（5）包装罐（桶）。包装罐是罐身各处横截面形状大致相同，罐颈短，罐颈内径比罐身内径稍小或无罐颈的一种包装容器，属于刚性包装。其包装材料要求有较高的强度，抗变形能力强。包装操作是装填式，然后将罐口封闭。包装罐（桶）主要做运输包装、外包装，也可做商业包装、内包装。包装罐（桶）主要有三种类型。

1）小型包装罐。这是典型的罐体，一般用铝板、马口铁等金属材料或塑料、玻璃等非金属材料制成。小型包装罐容量不大，一般是做销售包装、内包装，如包装鱼肉、糖果、牛奶的罐头。

2）中型包装罐。其外形也是典型的罐体，容量较大，一般用于化工原材料、土特产的外包装，起运输包装的作用。

3）集装罐。这是一种大型罐体，外形有圆柱形、圆球形、椭球形等，其中卧式、立式都有。集装罐通常罐体大而罐颈小，采取灌填式作业，而且灌入作业和排出作业往往不在同一罐口进行。集装罐是典型的运输包装，适合液状、粉状及颗粒状货物的包装。

3. 包装技术装备

包装技术装备是指完成全部或部分包装过程的一类机器。包装过程包括填充、裹包、封口等主要包装工序，以及与其相关的前后工序，如清洗、干燥、杀菌、计量、成型、标记、紧固、多件集合、集装组装、拆卸及其他辅助工序。

包装技术装备具有重要作用，能大幅度地提高生产效率，改善劳动条件，降低劳动强度；节约原材料，降低产品成本，降低包装成本；提高包装质量，保证产品卫生；节约储运费用；延长保值期，方便产品流通；减少包装场地面积，节约基建投资。

包装技术装备种类繁多，从不同角度考虑可有不同的分类方法，以下主要按包装装备的功能进行分类。

（1）填充技术装备（填充机）。填充机是将精确数量的包装品装入各种容器内。按计量方式的不同可分为容积式填充机、称重式填充机、计数式填充机。

（2）液体灌装技术装备（灌装机）。灌装机是一种能将液体产品按预定的量充填到包装容器内的机器。按灌装原理可分为重力灌装机、负压力灌装机、等压灌装机、真空灌装机等。

（3）裹包技术装备（裹包机）。裹包机是能用一层或多层柔性材料全部或局部包裹物品的机器。按裹包方式可分为全裹式裹包机、半裹式裹包机、拉伸式裹包机、贴体包装机、收缩包装机、缠绕式裹包机。

（4）封口技术装备（封口机）。封口机是一种能将容器的开口部分封闭起来的机器。按其封口方式可分为无封口材料的封口机、有辅助封口材料的封口机。

（5）贴标技术装备（贴标机）。贴标机能在产品或包装件上加贴标签，一般有半自动贴标机和全自动贴标机两种。

（6）清洗技术装备。清洗技术装备能清洗包装材料、包装件等，使其达到预期的清洗程度。按清洗方式不同可分为机械式、化学式、干式、湿式、电解式、超声式、静电式。

（7）干燥技术装备（干燥机）。干燥机是一种为了减少包装材料、包装件的水分，使其达到预期干燥程度的机器。按干燥方式可分为技术与装备式干燥机、化学式干燥机、加热式干燥机。

（8）杀菌技术装备。杀菌技术装备是为了清除或杀死包装材料、产品或包装件上的微生物，使其降到允许范围内的机器。

（9）捆扎技术装备。捆扎技术装备用于捆扎或结扎封闭包装容器。

（10）集装机械。集装机械可以将若干个产品或包装件包装在一起而形成一个销售和运输单元。

6.3 包装合理化

包装合理化是指在包装过程中使用适当的材料和技术，制成与物品相适应的容器，既要满足包装保护物品、便利流通、促进销售的要求，又要提高包装经济效益的包装综合管理活动。

6.3.1　包装合理化的要求

实现包装合理化，要符合以下要求。

1. 对包装物的要求

包装合理化要求包装物的强度能保护物品，使其经得住冲击、震动，使质量免受损伤。包装物还要具有防潮、防水、防霉、防锈等功能。包装物上关于商品质量、规格的标志或说明，要贴切地表示内装物的性状，尽可能采用条形码，便于出入库管理、保管期间盘点及销售统计。包装材料的选择要排除各种有害物质，包装容器的造型要避免对人造成伤害。包装容器的回收利用或其成为废弃物后的治理工作也至关重要。一次性使用包装和轻型塑料包装材料带来的资源浪费与环境污染使人们越来越关注可循环使用的包装。

2. 对包装容积的要求

合理包装要求对于不同的物品分别规定相应的空闲容积率。一般情况下，空闲容积率最好降低到 20% 以下。不同的装卸方式也决定着包装的容量。如果采用人工操作的装卸方式，那么包装的重量必须限制在手工装卸的允许能力内，包装的外形和尺寸也要适合人工操作。如果采用机械装卸，那么包装的尺寸和重量都可以大大增加。

3. 对包装方式的要求

单元化和标准化是包装合理化过程中必须考虑的问题。包装单元化是指将单件或散装物品，通过一定的技术手段，组合成尺寸规格相同、重量相近的标准"单元"。这些标准"单元"作为一个基础单位，又能组合成更大的集装单元。包装标准化是对产品的包装类型、规格、容量、使用的包装材料、包装容器和结构造型、印刷标志及产品的盛入、衬垫、封装方式、名词术语、检验要求等加以统一规定，并贯彻实施的政策和技术措施。只要包装符合单元化和标准化要求，就能批量化作业，大大提高效率，有效降低成本。

4. 对包装费用的要求

包装费用包括包装本身的费用和包装作业的费用。包装费用必须与内装物品相适应。一般来说，普通商品的包装费用低于商品售价的 15%，但这只是一个平均比率。例如，有些包装如金属罐，由于所起的作用大，已成为商品的一部分，包装费用的比率超过 15% 也是合理的；而有些手纸的包装，由于所起的作用小，即使包装费用比率不超过 15%，也仍有不合理的可能。

6.3.2　包装合理化的途径

1. 包装的轻薄化

包装，尤其是运输包装，最重要的是起到保护作用，并不决定产品的使用价值。因此，在强度、寿命、成本相同的条件下，更轻、更薄、更短、更小的包装，不仅可以节约材料、提高装卸搬运和运输的效率，还能减少废弃包装材料的数量，使包装的综合成本降低。

2. 包装的环保化

包装是产生大量废弃物的环节，处理不好可能会造成环境污染。因此，包装材料应该是对人体健康不产生危害影响的，对环境不造成污染的，最好是可反复多次使用并能回收再生利用的，例如纸包装、可降解塑料包装、生物包装和可食性包装等。环保的包装将成为今后包装业发展的主流。

3. 包装的单纯化

包装的单纯化主要是从提高包装作业的效率上考虑的。包装的单纯化要求包装材料、规格，包装形状、种类尽量单纯化。包装材料品种少了，可方便管理并减少浪费；包装形状和规格单一有利于提高作业效率，实现机械化。有些商品可采用简易包装，使总物流成本更合理。例如，国外有的商店采取大包装或简易包装的办法，节约包装费用从而降低商品价格。包装能简化的应尽量简化，没必要包装的甚至可采用无包装的策略。这种策略既能节约包装费用，又能省去包装物的回收和处理。散装水泥物流、管道运输都是无包装化物流的例子。

4. 包装的模数化

在物流过程中，各种物品运输包装件的大小各不相同，各种物流装备的规格也多种多样。为了提高装备的利用率，就要求包装尺寸与托盘、集装箱、车辆、搬运机械、货架等物流装备相互匹配。同时，还需确定包装基础尺寸的标准，就是模数。模数是指在某种系统的设计、计算和布局中普遍重复应用的一种基准尺寸。包装模数标准确定后，各种进入流通领域的物品都按照模数规定的尺寸包装。模数化包装有利于小包装的集合，有利于集装箱及托盘装箱的作业。包装模数还应与仓库设施、运输设施的尺寸模数统一，以利于运输与保管，提高作业效率。

5. 包装的机械化与自动化

为了提高作业效率和包装的现代化水平，各种包装机械的开发和应用是非常重要的。由于被包装物品种类繁多，包装材料和包装方法又各不相同，因而出现了各式各样的包装机械。包装机械有高度自动化的，也有半自动化和手动的。包装作业的机械化是提高包装作业效率的基础。

6. 包装与其他环节的系统化

包装是物流系统组成的一部分，需要和运输、装卸搬运、仓储等环节一起综合考虑，全面协调。合理的包装能便于运输、保管和装卸搬运；能便于堆码、摆放、陈列、提取、携带。

7. 包装的低成本化

要降低包装成本，可以通过以下三条途径实现。第一，在包装设计上要防止过剩包装；第二，在包装材料的选择上要节约材料费开支；第三，通过机械与人工的合理组合，提高包装作业效率，从而节约包装费的开支。

6.4　流通加工

6.4.1　流通加工含义及技术

流通加工是对流通中的商品进行的加工过程。它是通过改变或完善流通对象的原有形态来实现生产与消费的"桥梁"和"纽带"作用。流通加工一般仅是简单的、初级的加工，进行流通加工的目的主要是要提高原材料的利用率、提高加工效率、提高运输效率、方便用户、增加附加值、提高收益。

在流通加工中常使用的技术有水泥的研磨，混凝土的搅拌、混合与运输；各种金属板料、棒料的剪裁；原木的制材、木材的下料；玻璃的切割等。使用的加工装备，按加工的对象不同，可分为混凝土搅拌混合装备、金属加工装备、木材加工装备、玻璃加工装备等。

6.4.2　合理组织流通加工的原则

合理组织流通加工，可以获得事半功倍的效果。因此，在实现流通加工时，应坚持加工与配送、配套、运输、商流、节约相结合的原则，合理组织流通加工，具体原则如表 6-2 所示。

表 6-2　合理组织流通加工的原则

原则	基本内容
加工与配送结合	将流通加工设置在配送点中，一方面可以按物料配送的需要进行加工，另一方面加工后的产品又可以直接投入配货作业，无须单独设置一个加工的中间环节，使流通加工有别于独立的生产，从而与中转巧妙结合在一起。同时，由于配送之前有加工，可使配送服务水平大大提高
加工与配套结合	在对配套要求较高的流通中，配套的主体来自各个生产单位，完全配套有时无法全部依靠现有的生产单位，进行适当的流通加工，可以有效促成配套，大大提高流通的桥梁与纽带能力
加工与运输结合	流通加工能有效衔接干线运输与支线运输，促进两种运输形式的合理化。利用流通加工，可在支线运输转干线运输，或干线运输转支线运输这两个本来就必须停顿的环节中，不进行一般的支转干或干转支，而是按干线或支线运输合理的要求进行适当加工，从而大大提高运输及运输转载水平
加工与商流结合	通过加工有效促进销售，使商流合理化，也是流通加工合理化的考虑方向之一
加工与节约结合	节约能源、节约装备、节约人力、节约耗费是流通加工合理化重要的考虑因素，也是我国设置流通加工，考虑其合理化较普遍的形式

6.4.3　组织流通加工的措施

在流通加工的组织上可以采取的措施如表 6-3 所示。这些措施包括：集中下料；建立集中流通加工点；合理安排运输；进行简单加工。

表 6-3　组织流通加工的措施

措　施	内　容
集中下料	利用流通加工环节，将生产厂直接运来的简单规格产品，按使用单位的要求进行集中下料，这样不仅可以提高加工效率，而且可以通过合理的设计，减少边角料的浪费，提高原材料利用率
建立集中流通加工点	通过建立集中流通加工点，可以采用效率高、技术先进、加工量大的专门机具和装备，这既提高了加工质量，也提高了装备利用率，还提高了加工效率，降低了加工费用及原材料成本，解决了某些量小或临时需要的使用单位缺乏高效率初级加工能力的问题，流通加工使使用单位省去进行初级加工的投资、装备及人力，从而搞活供应，方便了用户
合理安排运输	流通加工环节将实物的流通分成两个阶段。一般来说，由于流通加工环节设置在消费地，因此，从生产厂到流通加工这个阶段的输送距离长（第一阶段），而从流通加工到消费环节这个阶段的距离短（第二阶段）。第一阶段是在数量有限的生产厂与流通加工点之间进行定点、直达、大批量的远距离输送，可以采用船舶、火车等大量输送的手段；第二阶段则是利用汽车和其他小型车辆来输送经过流通加工后的多规格、小批量、多用户的产品，这样可以充分发挥各种输送手段的最高效率，加快输送速度，节省运力运费
进行简单加工	在物流领域中，通过改变产品某些功能而进行流通加工，可以提高企业附加价值。这种高附加价值主要是为了满足用户的需要，提高服务功能而形成的，是贯彻物流战略思想的表现，是一种低投入、高产出的加工形式

6.5　流通加工技术与装备

6.5.1　混凝土搅拌装备

一座现代化的商品混凝土工厂由大型机械化的砂石骨料堆放场、水泥筒仓、高度机械化自动化的搅拌楼（站）组成。

商品混凝土工厂所需机械装备应包括原材料预处理装备、原材料供给装备、原材料计量装备、混合料的搅拌装备、混凝土的运输装备和施工工具以及各种试验装备。

通常混凝土工厂的成套装备主要有"一站三车"。"站"即混凝土搅拌楼（站），由其完成对原材料的预处理、供给、计量及对混合料的搅拌等，一般由计算机控制与管理。"三车"即指混凝土搅拌输送车，由其完成混凝土自搅拌楼（站）至施工区的水平输送；混凝土输送泵或泵车，由其完成混凝土自施工区至浇筑地点的水平和垂直输送；散装水泥输送车，由其完成将散装水泥自水泥厂送至搅拌楼（站）的水泥筒仓。

另外，混凝土浇筑时，为消除混凝土内部的空隙和气泡，使混凝土密实和表面平整，常用混凝土振动器将混凝土振实；在进行隧道、巷道等地下构筑物施工时，常用混凝土喷射机将混凝土喷射于隧道面形成支护层。由此，混凝土机械泛指集中搅拌、分散运输、浇筑的混凝土机械。

1. 混凝土搅拌楼（站）

混凝土搅拌楼（站）是用来集中搅拌混凝土的联合装置。由于其机械化、自动化程度很高，所以生产率也很高，并能保证混凝土的质量和节省水泥，故常用于混凝土工程量大、施工周期长、施工地点集中的大中型水利电力工程、桥梁工程、建筑施工等。随着市政建设的发展，采用集中搅拌、提供商品混凝土的搅拌楼（站）的方式因具有很大的优越性而得到迅速发展，并为推广混凝土泵送施工，实现搅拌、输送、浇筑机械联合作业创造了条件。

2. 搅拌楼（站）的构成与分类

搅拌楼（站）主要由物料供给系统、称量系统、搅拌主机和控制系统等四大部分组成。物料供给系统是指组合成混凝土的石子、砂、水泥、水等几种物料的堆积和提升。砂、石一般采用累积计量，水泥单独称量，搅拌用水一般采用定量水表计量和用时间继电器控制水泵运转时间来实现定量供水等两种方式。控制系统一般有两种方式：一种是采用开关电路，继电器程序控制；另一种是采用运算放大器电路控制。搅拌主机的选择，决定了搅拌站（楼）的生产率。常用的搅拌主机有锥形反转出料式（JZ）、立轴涡桨式（JW）和双卧轴强制式（JS）三种形式，搅拌主机的规格按搅拌站（楼）的生产率选用。

3. 常用搅拌楼的特点及应用

常用搅拌楼的特点及应用如表 6-4 所示，包括固定式搅拌楼、装拆式搅拌楼、移动式搅拌楼、连续式搅拌楼、周期式搅拌楼、一阶式搅拌楼、二阶式搅拌楼。

表 6-4　常用搅拌楼的特点及应用

类　型	特　点	应　用
固定式搅拌楼	大型混凝土搅拌装备，生产能力大	适用于商品混凝土工厂、大型预制构件厂和水利工程工地
装拆式搅拌楼	由几个大型部件组装而成，能在短时期内组装和拆除，可随施工现场转移	适用于建筑施工现场
移动式搅拌楼	把搅拌装置安装在一台或几台拖车上，可以移动，机动性好	用于一些临时性工程和公路建设项目中周期式搅拌楼（站）的进料和出料；按一定周期循环进行
连续式搅拌楼	进料和出料连续进行	适用于产量大、品种单一、要求连续供料的混凝土生产
周期式搅拌楼	进料和出料间歇进行	适用于产量小的场合
一阶式搅拌楼	工艺流程合理，要求厂房高度较高，投资较大	适用于产量大的场合
二阶式搅拌楼	高度降低，拆装方便，可减少投资	适用于一般搅拌站

搅拌站与搅拌楼的区别主要是：搅拌站生产能力较小，结构容易拆装，能组成集装箱转移地点，适用于施工现场；搅拌楼体积大，生产率高，只能作为固定式的搅拌装置，适用于产量大的商品混凝土供应。

4. 混凝土搅拌输送车

由混凝土搅拌楼（站）生产的混凝土需要输送到施工现场，并且在输送过程中，混凝土拌合物不得发生分层离析与初凝。混凝土搅拌输送车是适应这一要求的专用机械。混凝土搅拌输送车的特点是在运送混合料量大、运距较远（一般 10km 左右）的情况下，能保证混凝土的质量均匀，不会发生分层离析、泌水的现象，适合在市政、公路、机场、水利工程、大型建筑物基础及特殊混凝土工程机械化施工中使用，是商品混凝土生产中不可缺少的一种配套机械。

混凝土搅拌输送车的输送方式如表 6-5 所示。

表 6-5　混凝土搅拌输送车的输送方式

输送方式	内　　容
新鲜混凝土输送	对已经完成搅拌的混凝土进行输送，适用于 10km 以内的运输。在输送途中，拌筒以 1～3 转 /min 的转速做低速转动，对混凝土进行搅动，以防止混凝土分层离析。运输车到达施工现场后，搅拌筒反转卸出混凝土
半干料搅拌输送	对尚未配足水的混凝土进行加足水量、边搅拌边输送
干料搅拌输送	若运距在 10km 以上，通常是将已经称量好的砂、石和水泥等干配合料装入运输车的搅拌筒内，待运送到施工现场前 10～20min 时，开动搅拌筒并加水搅拌。到达施工现场后，搅拌完成，可反转卸料

混凝土输送泵车是在拖式混凝土输送泵基础上发展起来的一种专用机械装备。它的应用，将混凝土的输送和浇筑工序合二为一，节约了劳动和时间，同时完成水平和垂直运输，省去了起重装备。

6.5.2　剪板机

1. 剪板机的分类

剪板机在流通领域可用于板料或卷料的剪裁，其工作过程主要是板料在剪板机的上、下刀刃作用下，受剪产生分离变形。一般剪切时下剪刀固定不动，上剪刀向下运动。常用剪板机的分类如图 6-2 所示。

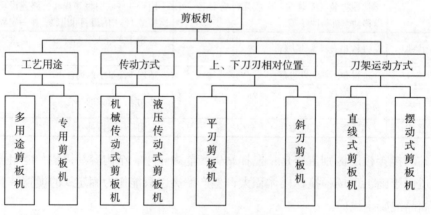

图 6-2　常用剪板机的分类

2. 常用剪板机的特点及用途

常用剪板机的特点及用途如表 6-6 所示，包括摆动式剪板机、多用途剪板机、多条板料滚剪机、圆盘剪切机、振动剪切机。

表 6-6　常用剪板机的特点及用途

类型	特点及用途
摆动式剪板机	分为直剪式和直、斜两用式，直、斜两用式主要用于剪切 30° 焊接坡口断面。摆动式剪板机的刀架在剪切时围绕一固定点做摆动运动，剪切断面的表面粗糙度数值较小，尺寸精度高，而且切口与板料平面垂直。摆式结构主要用于板厚大于 6mm、板宽不大于 4mm 的剪板机
多用途剪板机	分为板料折弯剪切机和板材型材剪切机。板料折弯剪切机在同一台剪切机上可以完成两种工艺，剪切机下部进行板料剪切，上部进行折弯；也有的剪切机前部进行剪切，后部进行板料折弯。板材型材剪切机在剪切机刀架上，一边装有剪切板材的刀片，另一边装有剪切型材的刀片
多条板料滚剪机	为了将宽卷料剪成窄卷料，或者将板料同时剪裁成几条条料，可以利用多条板料滚剪机下料。这类滚剪机的剪切材料宽度由圆盘形刀片的宽度垫圈决定，因此滚剪的材料宽度精度较高
圆盘剪切机	利用两个圆盘状剪刀，按其两剪刀轴线相互位置不同及与板料的夹角不同分为直滚剪、圆盘剪和斜滚剪。直滚剪主要用于将板料裁成条料，或由板边向内剪圆形坯料；圆盘剪主要用于剪裁条料、圆形坯料和环形坯料；斜滚剪主要用于剪切半径不大的圆形、环形和曲线形坯料
振动剪切机	振动剪切机是一种万能板料加工装备，它在进行剪切下料时，先在板料上画一条线，然后用刀杆上的上冲头沿着画线或样板对被加工的板料进行逐步剪切 此外，振动剪切机还能进行冲孔、落料、冲口、冲槽、压肋、折弯和锁口等工序，用途相当广泛，适用于短金件的中小批量初单件生产，被加工的板料厚度一般小于 10mm 振动剪切机具有体积小、质量轻、容易制造、工艺适应性广、工具简单等优点，但是生产率较低，剪切和工作时需要人工操作，振动和噪声大，加工精度不高

6.5.3　木工锯机

1. 木工锯机用途与分类

　　木工锯机是用有齿锯片、锯条或带齿链条切割木材的机床。锯机除在木器加工中广泛应用以外，在流通领域也常作为流通中的原木和木材的加工装备。

　　锯机按刀具的运动方式可分为刀具做往复运动的锯机，如狐尾锯、线锯和框锯机；刀具做连续直线运动的锯机，如带锯机和链锯；刀具做旋转运动的锯机，如各种圆锯机。

2. 常用的木工锯机

　　常用的木工锯机的特点与应用如表 6-7 所示。

表 6-7　常用的木工锯机的特点与应用

类型	特点及用途
带锯机	可用于将原木锯解成毛方、板材，或用于将毛方、厚板材、厚板皮等再剖成薄板材，或用于成批较小零件的加工或外形为曲线的零件加工。所用锯条较薄，成材出材率高，易于实现看材下锯，能够最充分地锯割出等级较高的成材，有利于成材质量和等级的提高。带锯机应用广泛，发展也较迅速
框锯机	用于将原木或毛方锯解成方材或板材。生产率较高，自动化程度较高，使用锯条刚性好，锯得的板面质量较好，对操作工技术要求低；但锯条较厚，锯路大，原材损失大，出材率不及带锯机，有空行程损失，且换向时惯性较大
圆锯机	圆锯机结构简单，效率较高，类型众多，应用广泛，按照切削刀具的加工特征可分为纵剖圆锯机、横截面圆锯机和万能圆锯机。纵剖圆锯机主要用于对木材进行纵向锯剖；横截面圆锯机用于对工件进行横向截断；万能圆锯机既可利用圆锯片纵割、横割各种角度的方材、板材、胶合板，又可利用铣刀、钻头铣削槽孔及榫头，可以完成几种类型的木工机械的加工

（续）

类型	特点及用途
锯板机	生产率和自动化程度均很高，品种规格繁多。用于软硬实木、胶合板、纤维板、刨花板以及一面或两面贴有薄木、纸、塑料、有色金属面板等板材的纵切横截或成角度的锯切，以获得尺寸符合规格的板件；同时，还可以用于各种塑料板、绝缘板、薄铝板和铝型材等的锯切。通常经锯板机锯切后的规格板件尺寸准确、锯切表面平整光滑，无须再做进一步的精加工就可以进入后续工序
多联木工带锯机	既具有普通带锯机锯条薄、锯路窄、出材率高的优点，同时又具有框锯机连续进料、一次能完成多道锯口、生产率较高的优点。生产率高于一般带锯机，灵活性优于框锯机，成材出材率又好于削片制材联合机，且锯切精度也能保证，因而应用广泛，尤其适用于中、小径级软材原木的大批量制材生产
削片制材联合机	可将经过剥皮的原木外部不适宜于制成成材的部分，即在一般制材中成为板皮板条（包括部分锯屑）的部分削制成工艺木片，而对原木中间形成的主料则可再锯切成成材

6.5.4　玻璃切割装备

常用的玻璃切割装备的种类、特点及应用如表 6-8 所示。

表 6-8　常用的玻璃切割装备的种类、特点及应用

种类	特点及应用
玻璃自动切割机	由切桌、切割桥、控制箱、供电柜等主要部件组成。工作过程基本都分切割、掰断两步骤完成。自动化程度高，适合于大规模生产使用
翻转式玻璃切割机	由切桌、切割桥、液压翻转装置、控制柜、供电柜等主要部件组成。只能切出矩形的玻璃、大规格的玻璃原片，通常采用吊车—真空吸盘组合装置装片
靠模切割机	由气垫切割台、气箱、风机柜、电气柜、进料辊、模板、模板架、切割臂、切割头等组成，能轻便自如地切割异形玻璃，切割尺寸公差小、重复性好、装备结构简单
水平式夹层玻璃自动切割机	主要由切割机及掰断装置两大部分组成，能切割有 4mm 厚膜片，总厚度达 28mm 的夹层玻璃，但只能直线切割双层玻璃。大块的夹层玻璃装卸往往要使用起重装备，因此，在选用装备时，需考虑配备起重装备
水平式无齿锯切割机	由金刚砂砂轮片、传动装置、固定式悬臂梁、移动式载物架、导轨、导向板、工作台、机架、水喷头及控制盒等组成。用以切割多层夹层玻璃，适用于切割规格较小的产品，能切厚度大的产品

🔰 本章小结

在国家标准《包装术语》（GB/T 4122 系列）中，对包装是这样定义的："包装为在流通过程中保护产品，方便储运，促进销售，按一定技术方法而采用的容器、材料及辅助物等的总体名称。也指为了达到上述目的而采用容器、材料和辅助物的过程中施加一定方法等的操作活动。"除了阐述概念外，本章还讲了包装的发展及分类，并引入物流包装和绿色物流包装的内容。针对物流包装技术介绍了包装技术的分类及主要包装技术和包装的保护技术、包装材料、容器与装备，随后对包装合理化提出要求和实施途径。

对流通加工主要从流通加工的含义与技术，组织流通加工合理化的原则及措施讲起，并对流通加工技术的装备做了介绍。

🔘 复习思考题

一、名词解释

包装　物流包装　托盘包装　集合包装　绿色物流包装

二、选择题（包括单选与多选）

1. 按照包装在流通领域中的作用划分，包装可分为（　　）两大类。

　　A. 物流包装　　　　　　B. 商流包装　　　　　　C. 运输包装　　　　　　D. 集合包装

2. 物流包装主要包括（　　）。

　　A. 商流包装　　　　　　B. 集合包装　　　　　　C. 托盘包装　　　　　　D. 运输包装

3. 物流包装的（　　）是最基本，也是最重要的核心功能。

　　A. 保护功能　　　　　　B. 方便功能　　　　　　C. 销售功能　　　　　　D. 使用功能

4. 在下列选项中可回收处理、利用的包装材料是（　　）

　　A. 纸质材料　　　　　　B. 玻璃陶瓷材料　　　　C. 金属材料　　　　　　D. 塑料材料

5. 纸质包装材料主要有（　　）

　　A. 瓦楞纸　　　　　　　B. 蜂窝纸　　　　　　　C. 凹凸纸　　　　　　　D. 防潮纸

6. 下面不属于流通加工设备的是（　　）。

　　A. 包装机械　　　　　　B. 拆箱设备　　　　　　C. 喷印设备　　　　　　D. 自动分拣机

7. 下面不属于按包装机排列形式对自动生产线分类的是（　　）。

　　A. 串联自动包装线　　　B. 刚性自动包装线　　　C. 并联自动包装线　　　D. 混联自动包装线

三、判断正误题

1. 在整个供应链管理系统中，包装既是生产的终点，又是物流的始点。（　　）

2. 包装测试是监督包装研究、包装设计、包装生产、包装性能和质量的重要手段。（　　）

3. 移动式搅拌站适用于产量大、品种单一、要求连续供料的混凝土生产。（　　）

4. 现代观点认为：包装是商品的构成要素之一。（　　）

5. 混凝土输送泵车是在拖式混凝土输送泵基础上发展起来的一种专用机械装备。（　　）

四、简答题

1. 请简述绿色物流包装设计的"4R1D"原则。

2. 请简述物流包装的功能与作用。

第7章

*C*HAPTER7

集装单元化技术与装备

|学习目标|

1. 理解集装单元化的内涵。
2. 了解集装单元化装备的有关知识。

|导入案例|

学习指引：贸易模式全球化为何得从集装箱谈起？
推荐扫描左边二维码观看具体视频内容。

集装箱改变世界

集装箱化是 20 世纪 60 年代初出现的现代化运输方式，是现代化运输业发展的必然趋势，发展很快。集装箱被称为"20 世纪最伟大的发明"。集装箱就是把要运送的货物先装在统一规格的箱子里，然后将箱子放在船上或车上。集装箱越大，货运的成本越低，但是大型货物箱子不宜运送到小批量供应点。因此，现在不少国家既有几十吨重的大型集装箱，也发展了一些小容量的集装箱。

2020 ～ 2022 年，受疫情影响，陆运空运时常中断，国际贸易运输基本靠海运。海运繁忙，让集装箱成了抢手货。世界各国疯抢集装箱，"一箱难求"的局面比比皆是。由于没有集装箱，不少生产企业也非常焦灼。例如：宁波一家工艺品生产企业的库房里，堆满了来不及运走的产品；宁波另一家进出口公司，本来 2020 年 11 月就要给德国客户运送 11 台电视机，却迟迟无法运走。为了可以买到集装箱，很长一段时间内，国内的港口集装箱登记处都是人满为患，最紧缺的时候，人们可能排队一天一夜都排不上。

或许会有人提问：集装箱不就是一个大铁箱子吗，没什么技术含量，怎么会这么紧缺呢？这又跟改变世界有什么关系呢？下文将细述集装箱的发展历程。

第一部分：集装箱是怎么发明

发明集装箱的人叫麦克莱恩，是美国人，被称为"集装箱之父"。但其实更准确地说，麦克莱恩不是第一个发明集装箱的人。人们使用集装箱几十年之后，麦克莱恩才开始使用集装箱。一个已经发明出来几十年的东西，还没有什么技术含量，为什么到麦克莱恩手上就变成了一个能改变世界的新发明？这正是麦克莱恩的厉害之处，让我们来看一下这个过程。

麦克莱恩的第一份工作是卡车司机，后来他创办了运输公司。他极具商业天赋。在"二战"的背景下，美国国内的物资生产、运输、物流等行业开始变得欣欣向荣，他的运输公司水涨船高。到"二战"结束的时候，麦克莱恩的公司已经是全美国最大的运输公司之一了，税后收入位居行业第三，相当成功。但随着事业的发展，麦克莱恩遭遇了瓶颈，在当时，高速公路非常拥堵，使他的运输业务遭受巨大挑战。麦克莱恩就想不如直接走海运得了，自己建个码头，直接让卡车的货箱上船，然后让对面的卡车去接货箱。

那这算创新吗？也不算，正如前面所说的，当时用集装箱上船的运货方式已经运行几十年了。那他的创新在哪呢？其实就在于他第一次尝试搭建起来一个系统。麦克莱恩认识到，航运业的根本业务是运货而不是通航，要降低货运成本，要的不仅仅是一只只铁皮箱子，而是一整套货物处理的新方法，这个系统包括港口、货船、起重机、卡车，还有发货人的自身操作方式等，都得发生配套的改变。这种认识就比当时同行业的人先进了很多，所以他的贡献不在于使用了集装箱，而是改变了货运行业的整个操作模式。麦克莱恩这套系统搭建完成后，他做了尝试，以运啤酒为例，先用散装的方式运一次，从工厂出来，先装上货车，到码头再卸下来装船，到了对岸再从船上卸下来装车，那个时候每吨啤酒的运费是 4 美元。改用集装箱，直接从啤酒厂塞到箱子里运到对面码头，成本变成了 20 美分，节省了 95% 的运费。这也意味着一个巨大的、全新的航运业机会到来。直到 1967 年左右，美国打越南战争，需要把大量的货物从美国本土运到亚洲。作战要的是效率，所以美国政府就围绕这个效率问题做了各种各样的优化，最后找到了一个运用集装箱的最好方法，即所谓的 3C 原则：一个集装箱（container），一种商品（commodity），一个顾客（customer）。这样才能做到效率最高、成本最小。麦克莱恩翻身的机会到了，前一年还亏损，可到后一年就从美国国防部赚了 4.5 亿美元，自此集装箱的繁荣时代才算真正到来。从这个过程可见，单点突破不叫创新，系统性创新才是真正的创新。

第二部分：集装箱的推广运用

那么关于一整套完整的配套系统操作很快就得到推广了吗？远远没有，关于集装箱的故事才刚开始，这项发明就像所有伟大的创新一样，搅动着这个行业里所有从业者的命运，而且力度越来越大，带来的结果就越让人意想不到。经过发展，麦克莱恩的公司当时已经拥有了31艘集装箱船，营业收入大幅度增加，这个行业突然变得热门。行业一热，竞争者都纷纷入局。每开辟一条新航线，就会突然涌进来好几家竞争对手。在集装箱大规模应用之前，如果船主觉得生意不好，让船停几天，产生不了多少成本，但集装箱船即使不运营，成本也特别高。一家公司要扩张，就得借债，他们的船、集装箱都是借钱买来的，放在那不动也得还利息。由此，给集装箱带来的革命性影响才刚刚开始。这些影响包括三个方面：集装箱给航运业带来了产业变革；给航运业从业者的命运带来了巨大的改变；也让整个世界的经济格局和地缘政治格局发生了深刻变化，大大促进了全球化的进程。

首先，集装箱给航运业带来了产业变革。在1956年以前，货运成本都是非常高的，用船来运货是个非常复杂的工程。货要从工厂一件件搬到卡车上，卡车到码头后，要一件一件地卸下来，进行登记，再全部放到码头旁边的中转货棚里面去，等一艘船做好准备时，再全部清点一遍，然后靠码头工人搬上船。一套流程下来，那码头上就是一片狼藉，到处都是纸板箱和垃圾，整个码头基本上就是乱成一锅粥。但是集装箱的出现带来了变化。它的特点是标准化、系统化。集装箱的尺寸是一致的，全球几乎所有轮船公司使用的都是兼容集装箱，不管是卡车、火车还是港口和轮船都能自由地装卸，搬运的过程也主要靠起重机，而且每个箱子里就装一种产品，省去了挑拣的过程，效率自然大大提升，成本也直线下降。

其次，集装箱给航运业从业者的命运带来了巨大的改变。以前码头工人的生活非常艰苦，货物动不动就是几十千克一袋，包括钢锭、金属设备、巨大的木质材料，都是靠人搬上船的，常常一天干下来腰酸背痛。而且，这种纯体力活不但非常累，收入和社会地位也不高。但后来，码头进行机械化改革，创造出了很多新的工作岗位，原来搬运的工作变成了操作机器等技术性的工作，码头工人也随之过上了体面的生活。

最后，集装箱让整个世界的经济格局和地缘政治格局发生了深刻变化，大大促进了全球化的进程。全球化不是新概念，中国古代的丝绸之路就是全球化的产物，但是那时候主要运一些丝绸、陶瓷之类的质轻的东西。直到集装箱推广后，货物运输成本下降，使大宗商品开始在世界范围内流通起来，这让很多国家原来的经济格局发生了变化。比如一些资源匮乏的国家，就可以很方便地把东西运进来，然后通过本国的劳动力做加工。由于集装箱让国际运输变得又便宜又安全，这等于说是把货运成本这种隐形的关税给撤销了，让一个国家的制造商更愿意去其他国家寻找价格更低的原材料，因此整个地球变成了一个大型的工厂，各个国家分工协作，在这个分工链条顶端的制造商或零售商成了这个系统的关键。

由此可见，科技含量不是影响创新的重要因素，创新的关键在于应用。集装箱在运输中，特别是在海洋运输中具有很多优点。一是运输量大。事先把要运输的零散货物装在箱子里，便于机械化装卸，大大缩短了船只在港口停泊的时间和货物在仓库里存放的时间，加快了货物运送的速度，降低了运输费用。此外，箱子规格统一，在同容积船上装的货物也多，增加了运输量。二是减少物品的破损。集装箱装卸可以保证货运时物品完整无损，几乎可以完全消除物品的耗损量，大大减少损坏与赔偿。如平时运送玻璃板，损坏率达 15%，采用集装箱运输，仅损坏 0.2%～1%。三是节约包装材料。散装运输和采取简单包装的包装材料多为一次性使用，而集装箱则可多次使用，并可减少装箱和拆箱费用，降低货运费用，对顾客有利。总之，集装箱化可以加快运输速度，降低运费，便于海陆联运。

目前，国内外有名的集装箱运输公司也不少，比如中远集装箱运输有限公司 COSCO，中海集装箱运输有限公司 CHINA SHIPPING，中外运装箱运输有限公司 SINO—TRANS，中国国际海运集装箱（集团）股份有限公司（简称：中集集团）CIMC，马士基海陆轮船公司 MAERSK，大阪三井汽船公司 MOSK，韩进航运有限公司 HANJIN，阳明海运有限公司 YANG MING，美国总统轮船公司 APL，赫伯罗特船务有限公司 HAPAG—LLOYD，东方海外货柜航运公司 OOCL，等等。

资料来源：作者根据机械工业出版社出版的《集装箱改变世界》整理所得。

思考分析：

1. 集装箱是怎么发明出来的？

2. 集装箱在全球范围是怎么推广应用的？

3. 集装箱运输的优点是什么？

党的二十大报告指出：我们实行更加积极主动的开放战略，构建面向全球的高标准自由贸易区网络，加快推进自由贸易试验区、海南自由贸易港建设，共建"一带一路"成为深受欢迎的国际公共产品和国际合作平台。我国成为一百四十多个国家和地区的主要贸易伙伴，货物贸易总额居世界第一，吸引外资和对外投资居世界前列，形成更大范围、更宽领域、更深层次对外开放格局。随着国际物流的快速发展，通过集装单元运输是主要发展趋势，能够实现物流降本增效，能够大幅度降低企业装卸成本和货损率，降低物流成本。

7.1　集装单元化概述

7.1.1　内涵

集装单元就是将各式各样的物料集装成一个便于储运的单元。集装单元化是物料搬运、物流作业的革命性改革，是物流现代化的标志。集装单元化的实质就是要形成集装单元化系统，它是由货物单元、集装器具、装卸搬运装备和输送装备等组成的为高效、快速地进行物流业服务的人工系统。

集装单元化技术是随着物流管理技术的发展而发展起来的。集装单元化技术是物流管理硬技术（物流装备、器具及随属器具等）与软技术（为完成物流作业的系列方法、程序和制度等）的有机结合。集装单元化技术是物流系统中的一项先进技术，它是适合于机械化大生产，便于采用自动化管理的一种现代科学技术，是现代化大生产将自动化装置运用于物流活动的产物，它的生命力在于科学技术的发展。

7.1.2　应注意的问题

在推广应用集装单元化技术的过程中，必须注意的问题如表 7-1 所示。

表 7-1　应用集装单元化技术应注意的问题

序号	应注意的问题
1	集装单元化系统中必须具有配套的装卸搬运装备和运送装备
2	集装箱和托盘等集装器具的流向及回程货物的组织须合理
3	集装箱具的标准化、系列化和通用化

7.1.3　采用集装单元化技术的效用

采用集装单元化技术后，物流费用大幅度降低，同时，传统的包装方法和装卸搬运工具发生了根本变革。集装单元不能单纯看作一个容器，它是物料的载体，是物流机械化、自动化作业的基础，标准化后单元化容器也是物流装备、物流设施、物流系统设计的基础，是高效联运、多式联运的必要条件。以集装单元为基础来进行装卸、运输、保管等作业的集装单元化运输是现代物流运输的常见形式，例如托盘运输、集装箱运输和柔性集装袋运输等均采用了集装单元化技术。

7.2　集装箱

7.2.1　集装箱的类别

党的二十大报告指出："建成世界最大的高速铁路网、高速公路网，机场港口、水利、能源、信息等基础设施建设取得重大成就。"随着机场、港口等设施的完善，集装箱运输发展迅速。集装箱是一种运输装备。它具有耐久性，其坚固程度足以反复使用；是为便于商品运送而专门设计的，在一种或多种运输方式中运输时，无须中途换装；设有便于装卸和搬运

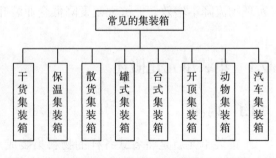

图 7-1　常见的集装箱

的装置；设计内容积一般为 $1m^3$ 或 $1m^3$ 以上，而且便于货物装满或卸空。集装箱的种类繁多，从运输家用物品的小型折叠式集装箱直到 40t 标准集装箱，以及航空集装箱等，不一而足，常使用的集装箱如图 7-1 所示。

7.2.2　常用的集装箱

1. 干货集装箱

干货集装箱是用来运输无须温度控制的一般杂货的集装箱，如图 7-2 所示，多用于装布匹、服装、玻璃、陶瓷、电视机、收录机、钟表仪器、自行车、缝纫机、工艺美术品、书籍等百货和杂货。

2. 保温集装箱

保温集装箱是为了运输需要冷藏和保温的货物，所有箱壁都用导热率低的材料隔热而制成的集装箱。保温集装箱分为三种：冷藏集装箱，如图 7-3 所示，主要用于装冷冻肉、冰激凌等冷冻食品和胶卷、药品、乳制品、黄油、糖果等需要低温保存的物品；隔热集装箱，它是为载运水果、蔬菜等货物，防止其因温度上升过大而腐败，以保持货物鲜度而具有充分隔热结构的集装箱；通风集装箱，是为装运水果、蔬菜等不需要冷冻而具有呼吸作用的货物的集装箱。

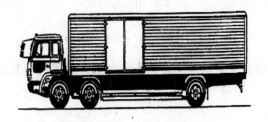

图 7-2　干货集装箱

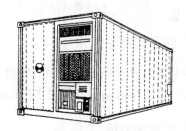

图 7-3　冷藏集装箱

3. 散货集装箱

散货集装箱是为运输粉状或粒状货物而设有特殊结构的集装箱，如图 7-4 所示，主要装谷物、煤、盐、化学品等。

4. 罐式集装箱

罐式集装箱是一般用于装运液态或气态散货，如条件适合也可以用来装运干散货。一般情况下它是承受内压的压力容器，但也不排除内部为负压的罐体，如图 7-5 所示。

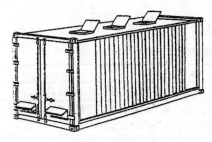

图 7-4　散货集装箱

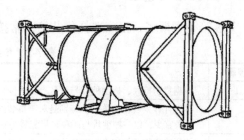

图 7-5　罐式集装箱

5. 台式集装箱

台式集装箱是没有箱顶和侧壁，甚至连端壁也去掉而只有底板和四个角柱的集装箱。平台式集装箱是在台式集装箱上再简化而只保留底板的一种特殊结构的集装箱。此类集装箱的特点是可利用各种机械从前后、左右及上方进行装卸作业，如图 7-6 所示。

6. 开顶集装箱

开顶集装箱是箱顶及侧壁和端壁上面的一部分可以打开，货物能从上面装卸的集装箱，如图 7-7 所示，主要用于装木材、钢材、大型货物和重物。

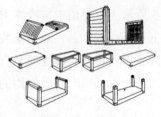 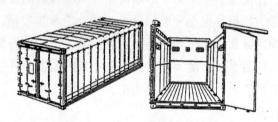

图 7-6　台式集装箱　　　　　　　　　　　图 7-7　开顶集装箱

7. 动物集装箱

动物集装箱是载运家畜等活动物用的集装箱。其箱壁用金属丝网制造，目的是使之通风良好，并设有喂食结构，如图 7-8 所示。

8. 汽车集装箱

汽车集装箱是一种运输小型轿车的专用集装箱，如图 7-9 所示。

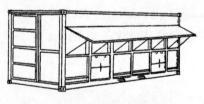 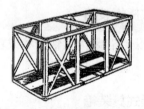

图 7-8　动物集装箱　　　　　　　　　　　图 7-9　汽车集装箱

7.2.3　集装箱的选用

集装箱类型繁多，正确选择集装箱，常按表 7-2 所示的步骤进行。

表 7-2　集装箱选用步骤

步骤	内　　容
1	根据货物特性、货物种类与货名、货物包装尺寸、货物重量、集装箱运输过程选择箱型
2	合理计算集装箱的数量。特别是对于拼装的货物，应当轻、重货物配搭，为使配装效果较好，配装货物的品种宜少，以一种重货与一种轻货配装为宜。拼装货物应是发至同一到达站的货物
3	使所装货物的加权平均单位体积的重量等于或接近于集装箱的单位容重，从而使集装箱装满，标记载重量也得以充分利用

7.3　托盘

7.3.1　托盘及其分类

为了使物品能有效地装卸、运输、保管，应将其按一定数量组合放置于一定形状的台面上，并且该台面有供叉车从下部叉入，并将台板托起的叉入口，以这种结构为基本结构的平板台板和在这种基本结构基础上形成的各种形式的集装器具都可统称为托盘。

托盘是一种重要的集装器具，是在物流领域中适应装卸机械化而发展起来的一种集装器具，托盘的发展可以说是与叉车同步，叉车与托盘的共同使用形成的有效装卸系统大大地促进了装卸活动的发展。随着装卸机械化水平的大幅度提高，使长期以来在运输过程中出现的装卸瓶颈得以解决或改善。

托盘多以钢、木或塑料制成，其中托板一般由金属制成；滑板由波状纤维或塑料制成，实际应用中，一般是将单元货物拉到滑板上；专用堆放架由钢材或木料制成，可盛放专用件或特殊形状的物品。托盘根据其结构特征可分为平托盘、柱式托盘、箱式托盘、轮式托盘、特种专用托盘、网箱托盘等。

7.3.2　常用托盘

1. 平托盘

平托盘结构简单，使用方便，是托盘中使用量最大的一种，也是托盘中的通用型托盘，其各种形状构造如图 7-10 所示。按其材质的不同，有木制、塑制、钢制、竹制、塑木复合等。

单面型　　单面使用型　　双面使用型　　单面四向型　　单面使用四向型

双面使用双翼型　　单面单翼型　　单面使用单翼型　　双面使用四向型

图 7-10　平托盘各种形状构造

2. 柱式托盘

柱式托盘的基本结构如图 7-11 所示，托盘的四个角有固定式或可卸式的柱子，这种托盘的进一步发展又可从对角的柱子上端用横梁连接，使柱子成门框型。柱式托盘的柱子部分用钢材制成，按柱子固定与否分为固定柱式和可卸柱式两种。柱式托盘可以防止托盘上所置货物在运输、装卸等过程中发生塌垛；利用柱子支撑承重，可以将托盘码垛存放，而不用担心压坏下面的货物。

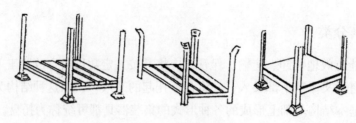

图 7-11　柱式托盘

3. 箱式托盘

箱式托盘的基本结构是沿托盘四个边有板式、栅式、网式等各种平面组成箱体，有些箱体上有顶板，有些箱体上没有顶板。箱板有固定式、折叠式和可卸式三种，如图 7-12 所示。箱式托盘不仅防护能力强，可有效防止塌垛、货损，而且装运范围较大，多用于散件或散装物料的集装，也可用于热加工车间集装热料。

图 7-12　箱式托盘

4. 轮式托盘

轮式托盘的基本结构是在柱式、箱式托盘下部装有小型轮子。这种托盘不但具有一般柱式、箱式托盘的优点，而且可利用轮子做小距离运动，可不需搬运机具实现搬运；可利用轮子做滚上滚下的装卸，也有利于装放在车内、船内后方，以便移动其位置，所以轮式托盘有很强的搬运性。图 7-13 是两种轮式托盘的基本结构。此外，轮式托盘在生产物流系统中，还可以兼作作业车辆。

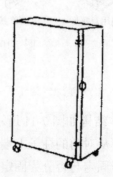

图 7-13　两种轮式托盘

5. 特种专用托盘

特种专用托盘，例如航空货运或行李托运用托盘使用的航空托盘、能支撑和固定立放平板玻璃的玻璃集装托盘、专门装运标准油桶的异型平托盘、专门用于装放长尺寸材料的托盘、轮胎专用托盘等。

7.4 其他集装器具

除了集装箱与托盘这两种应用面广、适用货场种类多的主体集装方式外，还有若干种在某些货物、某些领域能发挥特殊作用的集装方式。

7.4.1 集装袋

集装袋是一种袋式集装容器，它的主要特点是柔软、可折叠、自重轻、密闭隔绝性强，所以又被称为柔性货运集装箱，适用于装运大宗散状、粉粒状货物，如水泥、化肥、粮食、饲料、砂糖、盐、纯碱等，如图 7-14 所示。集装袋常配以起重机或叉车使用。集装袋的适用形式有重复使用型、一次使用型；形状有圆桶形、方形、圆锥形、折叠形等；提升方式有顶面提升、

图 7-14 集装袋

底盘提升、侧面提升；有些有排料口，有些无排料口；材料有橡胶、塑料、帆布等；容积和充填重量规格多。

采用集装袋，可提高装卸效率、降低费用和减少物流损失。由于集装袋体轻又可折曲，所以与同样用途的金属容器相比，它易于整个物流过程的处理，在返空、清洗、存放方面更有优势。常用的集装袋是重复使用型。一次使用型集装袋多为圆筒形，其构造强度虽较重复使用型小得多，但足以保证一次使用的强度要求。在实际使用中，集装袋往往不止使用一次，大多数可使用 5 次左右。它适于装载各种散状物料。

集装袋可按以下几种方式分类。

（1）按集装袋形状分类。按集装袋形状，集装袋可分为圆筒形和方形两种，一般以圆筒形居多。

近几年，由于方形集装袋有较高的装载效率，能保证运输的稳定性，同容量的方形集装袋比圆筒形集装袋的高度可降低 20% 左右，所以方形集装袋发展非常迅速。圆筒形集装袋主要用来装载粒度比较小且排料困难的物料。

（2）按适装物品形状分类。按适装物品形状，集装袋可分为粉粒体集装袋和液体集装袋两种。两种集装袋在构造及材质的选择上均有区别。

（3）按吊带设置方式分类。按吊带设置方式不同，集装袋可分为顶部吊带集装袋、底部托带集装袋和无吊带集装袋三种。

顶部吊带在顶部袋口处，底部托带是指四根吊带从集装袋底部托过，从上部吊运。顶部吊带集装袋、底部托带集装袋在装卸时均可叉、可吊，而无吊带集装袋只能依靠叉车装卸。

（4）按装卸料方式分类。按装卸料方式，集装袋可分为上部装料下部卸料两个口、上部装料并卸料一个口两种。

（5）按集装袋材质分类。按集装袋的材质，集装袋可分为涂胶布集装袋、涂塑布集装袋、交织布集装袋三种。

集装袋的制作材料是各种高强度纺织材料，为保护基材，提高强度、整体性及加强密封性能，在表面上涂以橡胶或塑料材料复合而成。主要的基布材料是聚丙烯纺织材料，也采用天然纤维帆布材料，表面涂覆材料有 EVA 塑料、乳胶、聚丙烯及聚氯乙烯等。由于现代化学工业的发展，人造纤维材料已有了很大强度，因此可制成大型的、大容积的包装容器。

7.4.2　集装网络

集装网络是用高强纤维材料制成的集装工具。集装网络比集装袋更轻，因而运输中的无效运输更小。集装网络价格较低，可节省集装费用。集装网络主要装运包装货物和无包装的块状货物，每网络通常一次装运 500 ～ 1 500kg，在装卸中采用吊装方式，如图 7-15 所示。

图 7-15　集装网络

7.4.3　罐体集装

罐体集装和罐式集装箱类似，但不属于集装箱系列，而单独构成专用的系列，其集装能力有时超过罐式集装箱。这种集装方式有水泥散装和石油、燃料油这两个典型的代表体系。

（1）水泥散装。水泥散装运输采用专用的罐式集装汽车、火车及船舶，以水泥散装仓库为配送节点，将火车或船舶运到有大批量散装水泥卸放的散装仓库，再以散装仓库为节点，转换运输方式，利用罐式集装汽车将水泥运至用户的"门"，如图 7-16 所示。

对水泥有大量需求的用户，可不经由配送节点而直接运至用户的散装仓库或使用地点。在各个节点，水泥的装卸依靠管道进行，采用气力或重力装卸方法，这种节点被称为水泥散装中转站。

这种专用集装系统的主要缺点是专门装备不可能载货返程，因而只能空返，造成运力浪费和费用的增加。

（2）石油、燃料油。当石油、燃料油采用专用的油罐车进行运输时，其物流过程为专用大型油罐车或专用油船将油运至中转库，一般是大型地下油库或油罐，再由油罐分运至各加油站，在加油站完成对用户的服务，如图 7-17 所示。

这种集装方式全部采用专用装备，运输效率高且安全，是油品运输的主体形式，在这一领域，罐式集装箱的应用反而较少。

图 7-16　罐式集装

图 7-17　油料集装

7.4.4　货捆

货捆是依靠捆扎将货物组合成大单元的集装方式。

许多条形及柱形的、强度比较高的、无须防护的材料，如钢材、木材以及各种棒、柱建材，还有能进行捆扎组合的铝锭、其他金属屑锭等，采用两端捆扎或四周捆扎的方式，可以组合成各种各样的捆装整体。

7.4.5　滑板

滑板又称为薄板托盘或滑片，是托盘的一种变形体。其结构只是一片无支撑的薄板，也可使叉车的钢叉沿滑板滑动插入板底，在不伤毁其他货物的情况下，将滑板连同滑板上的货物一起进行装卸操作。

滑板和托盘相比，由于减少了一面盘面和纵梁、垫块，所以无效操作更少。

滑板一般用塑料制造，塑料制滑板比木制、纸制滑板更好，有以下八大优点。

（1）滑板的载物面经过特殊加工，所以有较大的摩擦系数，滑板上所载之货物不易发生滑动塌垛等事故。

（2）滑板结实耐用，可以反复使用，并能承受强度很大的操作。

（3）滑板有较强的耐水及耐化学侵蚀的性质。

（4）采用塑料质地的滑板，卫生清洁、易于水洗，可防止细菌繁殖，比一般集装物卫生，适于装运食品及医药用品。

（5）在装运冷冻物或在严寒地带使用时也有很高的强度。

（6）滑板重量轻，只相当于木质托盘的 1/20。采用滑板集装，滑板的重量在运输中可忽略不计。

（7）由于塑料制滑板更薄，可节省保管空间。

（8）可大幅度降低集装成本，节约费用。

要与滑板使用匹配，需要有带钳口的推拉器的叉车。取货时，先用推拉器的钳口夹住滑板的壁板，将叉向前伸，并同时将滑板货体拉到叉上；卸货时，先对好位，然后用推拉器将滑板货体推出，使货体就位。滑板集装的最大缺点是对叉车有特殊要求，影响叉车的通用性，且叉车附件造价高。另外，对操作人员的操作要求也较高，操作难度大。

7.4.6 半挂车

半挂车是用于集装方式联运的一种集装与运输工具一体的集装方式。这种方式是以半挂车与车载的货物或车载集装箱为一个单元组合体进行物流，在途中不个别处置车载货物，而是连同半挂车一起进行装卸、换载。因此，利用半挂车，可以使整个物流过程浑然一体，充分利用联合运输的优势，而且可以实现"门到门"的运输，如图 7-18 所示。

图 7-18 半挂车

📎 本章小结

集装单元就是把各式各样的物料集装成一个便于储运的单元。集装单元化是物料搬运、物流作业的革命性改革，是物流现代化的标志。本章从集装单元化的内涵及应注意的问题和采用集装单元技术讲起，对集装箱的类别、常用集装箱和集装箱的选用进行讲解，并分析了托盘和其他集装器具种类的特点等。

📎 复习思考题

一、填空题

1. 集装箱按照用途可以分为（   ）和（   ）。

2. 集装箱主要有（   ）、（   ）和（   ）的特点。

二、选择题（包括单选与多选）

1. 国际集装箱系列标准中，系列（   ）比较常用。

   A. 第一　　　　　　B. Ⅰ　　　　　　C. Ⅱ　　　　　　D. Ⅲ

2. 集装箱的搬运和储存作业中，（   ）是收费最主要的部分。

   A. 出入库　　　　　B. 库内移动　　　　C. 储存周期　　　　D. 遮盖

3. 集装箱减少了（   ）作业。

   A. 运输　　　　　　B. 装卸和运输　　　C. 包装　　　　　　D. 储存

4. 国际集装箱系列尺寸中最常用于国际运输的两种规格是（   ）。

   A. 1A　　　　　　　B. 1B　　　　　　　C. 1AA　　　　　　D. 1CC

5. 集装箱的一般构造包括（   ）。

   A. 梁板结构　　　　B. 端门与端臂　　　C. 顶部起吊挂钩　　D. 底部固定槽孔

6. 罐式集装箱可以用来运送（   ）货物。

   A. 固体　　　　　　B. 液体　　　　　　C. 气体　　　　　　D. 其他颗粒状

7. 下面是集装箱标记的内容的是（   ）。

A. 标记尺寸　　　　　　B. 国家代码　　　　　C. 运输状态代码　　　D. 颜色标记

8. 冷藏式集装箱可以分为（　　　　）。

A. 机械式冷藏集装箱　　　　　　　　　B. 开顶集装箱

C. 外置式冷藏箱　　　　　　　　　　　D. 平板集装箱

9. 我国联运托盘的规格尺寸主要有（　　　　）。

A. 800mm×800mm　　　　　　　　　B. 800mm×1 000mm

C. 800mm×1 200mm　　　　　　　　　D. 1 000mm×1 000mm

E. 1 000mm×1 200mm

10. 下列属于特种专用托盘的有（　　　　）。

A. 航空托盘　　　　　B. 油桶专用托盘　　　C. 长尺寸物托盘

D. 高密度合成板托盘　　　　　　　　　E. 托盘货架式托盘

11. 托盘中使用量最大的是（　　　　）。

A. 平托盘　　　　　　B. 柱式托盘　　　　　C. 箱式托盘　　　　　D. 轮式托盘

12. 平托盘按叉车插入方式分类，较为灵活的是（　　　　）。

A. 单向叉入型　　　　B. 双向叉入型　　　　C. 三向叉入型　　　　D. 四向叉入型

13. 塑料纸平托盘一般是（　　　　）。

A. 单面型　　　　　　B. 单面使用型　　　　C. 双面使用型　　　　D. 单面单翼型

三、简答题

1. 请简述集装单元化的基本概念。

2. 请简述集装单元化的优越性。

3. 请简述集装箱的分类。

4. 请简述托盘的种类。

5. 请简述集装袋的分类依据。

第 8 章

*C*HAPTER8

物流信息技术与装备

|学习目标|

1. 了解现代物流信息技术包含的基本内容。
2. 掌握条形码技术、射频识别技术的标准、工作原理和应用。
3. 熟悉 GPS 和 GIS 技术的设备与应用；熟悉 EDI 技术标准。

|导入案例|

海尔条形码全程追踪

在条形码应用之前，海尔物流信息系统采用世界领先的 ERP 软件供应商 SAP 公司的产品，海尔物流信息中心开发了基于 ERP 系统的 WMS 系统，开发了条形码全程追踪系统。该系统覆盖了海尔的 28 个产品事业部、国内 8 个工业园、巴基斯坦工业园以及 42 个配送中心。海尔物流就是采用了这种全程的条形码管理，才实现了从原材料按单采购、按单配送、按单生产到成品的按单装车、按单配送的全过程。

1. 条形码分类

目前，海尔物流中应用最为广泛的条形码主要分为 7 种：托盘条形码、物料条形码、仓位条形码、成品条形码、工位条形码、操作人员条形码及装备条形码。

托盘条形码由 6 位阿拉伯数字组成，具有唯一性，贴在托盘四面的中央，方便不同位置的扫描。托盘条形码可以循环使用。为了使其保留的时间长久，托盘条形码采用特殊材料制成，具有防水、不易划破、使用时间长等优点。

物料条形码相当于物资标签。每个容器外部都有一张物料条形码，包含物料号、物料描述、批号、采购订单批号、供应商及送货数量等信息。

仓位条形码相当于一个三维坐标，是用来标识青岛物流中心每个仓位的具体位置的，仓位条形码用 *-*-* 表示，如 01-09-03，01 代表第 1 巷道，09 代表第 9 列，03 代表第 3 层。

成品条形码主要用来标记出厂成品，运用于整个成品下线、仓储及配送。成品条形码有共计 20 位数字，包括产品大类、版本号、流通特征、生产特征、序列号等信息。

工位条形码是集团将所有的生产线统一编码，产品可追溯到生产线的生产工艺与质量。

操作人员条形码是海尔集团所有员工的编码，与其他条形码结合能够及时追溯到责任人，同时也是集团进行工资分配的依据。

装备条形码是集团为所有装备的编码，它为全面装备管理提供依据。

2. 各环节应用

从海尔产品的零部件到产成品，每一个和物流相关的环节都在采用条形码扫描进行终端数据采集。条形码扫描也成为海尔产品流通环节中不可或缺的信息技术。

（1）原材料收货扫描。海尔零部件供应商在送货时，产品的外包装上都贴有海尔物流标准的物料标签，标签内容包括物料号、送货数量、订单批号、供应商名称等，每种内容除了用数字或字母标明外，还必须配有准确的条形码信息，这样海尔物流员工在收货时，通过对条形码信息扫描，就可以将供应商的送货信息实时传递到 ERP 系统中，完成按照采购订单收货。扫描系统不仅仅有简单的记录功能，还能够根据后台 ERP 采购订单信息进行自动判断，对不符合的信息自动闸口，避免人为因素对收货操作的干扰。

（2）原材料仓储配送扫描。海尔物流采用先进的过站式物流运作模式。在海尔，仓库不再是储存物资的水库，而是一条流动的河，河中流动的是按单采购来生产必需的物资，也就是按订单来进行采购、制造等活动，这就要求库存信息系统在低库存乃至零库存的要求下，及时准确地满足事业部连续大规模的流水线式生产。

1）按订单配送。由于海尔集团采用的是按订单制造的模式（make to order），因此生产线订单的信息通过 ERP 系统与看板系统连接，物料配送信息会自动传递给物流仓库中的无线条形码扫描终端，配送中心按照订单信息拣配，并根据生产线的信息配送至工位。

2）按订单交接。当物料送到生产线旁时，由物流的送料员与制造部的叫料人员扫描交接，交接的过程先扫描物料码及数量码，在确认无误后扫描双方的人码，这样交接及时准确，交接扫描的信息直接传递到 ERP 系统，成为物流与制造部结算的依据。

（3）产成品下线扫描。成品生产完毕装箱后，在下线点使用有线扫描终端扫描成品条形码，搜集生产完工信息，并自动在 ERP 系统中对在拉料配送过程中增加的工位库存进行反冲，确保下次拉料配送的准确性。同时，扫描系统根据 ERP 系统中的订单信息，对下线产品的数量、型号进行闸口，避免造成无订单或超订单生产。

（4）成品装车扫描。成品生产完毕，进入装车配送环节。在装车时使用无线条形码扫描终端扫描成品条形码，记录装车车号、产品型号、数量等关键信息，同时扫描系统实时和后台 ERP 系统的订单信息并校对，对错装、漏装、多装或不按照订单装货等错误操作进行闸口，有效避免了无效作业。同时为提高装卸效率，通过对成品运单号、装卸产品的扫描，可以实时监控到装车效率，实现成品运输装车零等待的目标。

（5）成品仓储配送扫描。在成品装车、出口装箱时，通过条形码技术，使车辆与每个集装箱的货物一目了然，并起到计算机自动校验审核的功能，每天能够准确地发运 10 万台以上的产品。成品在收货时，通过入库扫描，自动记录入库型号、数量、仓位等信息并实时记账，同时和后台 ERP 系统的运单或交货单信息进行核对，对错误信息实时闸口，提高效率。在出库操作时，根据提货单，扫描系统自动提示出库仓位，系统可根据成品库龄按先进先出原则指导出库，并在后台自动过账，使每天、每种产品的库存、库龄一目了然。

当产品配送完成后，根据订单，系统能够核算投入与产出，对每天生产中的物耗分配到单、到人、到天。这样一来，不仅可以满足客户大规模、流动式的生产线需求，还可以为客户实现过站式物流运作模式。通过核算出每个订单的投入与产出，为精益制造打下基础。

通过全过程的条形码管理，海尔物流不仅实现了对物料周转过程的监控，同时也实现了对各种错误操作和信息的自动闸口。条形码扫描技术为海尔物流带来了巨大的经济效益：海尔集团平均每个月接到 10 万余个销售订单，需要采购的物料品种多达 30 万种，在这种复杂的情况下，通过条形码扫描的实时取数、自动跳闸，海尔的库存信息准确率和出入库信息准确率都可达到 99% 以上；呆滞物资数量减少 90%，库存资金减少 63%；同时通过全过程的条形码扫描管理，不仅实现了可视化的仓库管理、成品运输的透明追踪以及无纸化的作业环境，而且能够使各环节责任到人并对非按单作业自动跳闸，每年为集团节约大量资金，提高了企业的核心竞争力。

资料来源：http://www.labelmx.com/company/news/trade/200807/468.html。

思考分析：
1. 在海尔物流中，应用最为广泛的条形码有哪些？
2. 在海尔物流中，哪些环节应用了条形码扫描技术？

8.1　物流信息技术概述

信息技术是指获取、传递、处理、再生和利用信息的技术。物流信息技术是指现代信息技术在物流各个环节中的应用，是物流现代化的重要标志。

物流信息技术主要由通信、软件、面向行业的业务管理系统三大部分组成，包括基于各种通信方式的移动通信手段、全球定位系统、地理信息系统、计算机网络技术、自动仓库管理技术、智能标签技术、条形码技术、射频识别技术、信息交换技术等现代尖端科技。在这些尖端技术的支撑下，形成以移动通信、资源管理、监控调度管理、自动化仓储管理、客户服务管理、财务处理等多种信息技术集成的一体化现代物流管理体系。例如，运用地理、卫星定位技术，用户可以随时"看到"自己货物的状态，包括运输货物所在位置（如某座城市的某条道路上）、名称、数量、重量等，大大提高了监控的"透明度"。如果需要临时变更线路，也可以随时指挥调动，大大降低货物的空载率，做到资源的最佳配置。

物流信息技术通过切入物流企业的业务流程来对物流企业各生产要素进行合理组合与高效利用，降低经营成本，直接产生明显的经营效益。它有效地把各种零散数据变为商业智慧，赋予了物流企业新型的生产要素——信息，大大提高了物流企业的业务预测和管理能力。通过"点、线、面"的立体式综合管理，实现了物流企业内部一体化和外部供应的统一管理；有效地帮助物流企业提高服务品质，提升物流企业的整体效益；有效地为物流企业解决了单点管理和网络化业务之间的矛盾，成本和客户服务质量之间的矛盾，有限的静态资源和动态市场之间的矛盾，现在和未来预测之间的矛盾。

8.2　条形码技术

8.2.1　条形码

条形码（bar-code）是将宽度不等的多个黑条和空白，按照一定的编码规则排列，用以表达一组信息的图形标识符。常见的条形码是由反射率相差很大的黑条（简称条）和白条（简称空）排成的平行线图案。条形码可以标出物品的生产国、制造厂家、商品名称、生产日期、图书分类号、邮件起止地点、类别、日期等许多信息，因而在商品流通、图书管理、邮政管理、银行系统等许多领域得到了广泛的应用。条形码已成为产品流通、销售的"通行证"。将条形码定位、印刷（标贴）在不同的商品或包装上，通过光电扫描输入计算机，我们能在数秒内得知不同商品的产地、制造厂家、产品属性、生产日期、价格等一系列的信息（见图 8-1）。

图 8-1　条形码

条形码自动识别系统由条形码标签、条形码生成设备、条形码识读器和计算机组成。

1. 条形码种类

条形码按其识别目的、码制等不同，分为通用商品条形码和物流条形码两种。

（1）通用商品条形码。通用商品条形码用于零售业现代化的管理，在零售业的 POS 系统中，通用商品条形码印在单个商品上，可以实现商品的自动识别、自动寻址、自动结账，使零售业管理实现高度自动化和信息化。通用商品条形码是最终消费单元的唯一标识，它常常是单个商品的条形码。消费单元是指通过零售渠道，直接销售给最终用户的商品包装单元。

通用商品条形码依赖于销售点实时管理系统，即 POS 系统来展示其优越性。它具有直接、及时入账的实时处理能力。在销售时，商品的各种信息数据处理是在交易的瞬间完成的，该系统是一种全新的商业销售管理系统。

（2）物流条形码。物流条形码是货运单元的唯一标识。货运单元是由若干消费单元组成的稳定、标准的产品集合，是收发货、运输、装卸、仓储等物资业务所必需的一种物流包装单元，是多个或多种商品的集合，应用于现代化的物流管理中。

物流条形码的码制是指条形码符号的类型，国际上公认的物流条形码只有三种，即 EAN-13 码、交叉二五条形码和 EAN/UCC-128 条形码。EAN-13 码常用在单个大件商品的包装箱上。交叉二五条形码常用于定量储运单元的包装箱上。EAN/UCC-128 条形码是物流条形码实施的关键，它能够更多地标识贸易单元的信息，如产品批号、数量、规格、生产日期、有效期、交货地等，使物流条形码成为贸易中的重要工具。

随着现代高新技术的发展，迫切要求条形码能在有限的几何空间内表示更多的信息，在一维条形码的基础上设计出了二维条形码，目前技术比较成熟、应用比较广泛的是 PDF417 二维条形码，二维条形码属于高密度条形码，本身就是一个完整的数据文件。

2. 条形码技术的特点

条形码技术具有以下几个方面的优点。

（1）输入速度快。与键盘输入相比，条形码输入的速度是键盘输入的 5 倍，并且能实现"即时数据输入"。

（2）可靠性高。键盘输入数据出错率为 1/300，利用光学字符识别技术出错率为万分之一，而采用条形码技术误码率低于百万分之一。

（3）采集信息量大。利用传统的一维条形码一次可采集几十位字符的信息，二维条码更可以携带数千个字符的信息，并有一定的自动纠错能力。

（4）灵活实用。条形码标识既可以作为一种识别手段单独使用，也可以和有关识别设备组成一个系统实现自动化识别，还可以和其他控制设备连接起来实现自动化管理。

另外，条形码标签易于制作，对设备和材料没有特殊要求，识别设备操作容易，不需要特殊培训，且设备也相对便宜。

8.2.2 条形码技术设备与原理

1. 条形码技术的阅读器及选择

条形码扫描器，又称为条码阅读器、条码扫描枪、条码扫描器、条形码扫描枪及条形码阅读器。它是用于读取条形码所包含信息的阅读设备，利用光学原理，把条形码的内容解码后通过数据线或者无线的方式传输到计算机或者别的设备。它广泛应用于超市、物流快递、图书馆等场所中扫描商品、单据的条形码。

条形码扫描器的种类很多，按照外形可以分为手持式条形码扫描器（见图 8-2）、平台式条形码扫描器、小滚筒式条形码扫描器；按光源可以分为普通光、CCD（charge coupled device，光电耦合感应器件）、激光；按扫描方式可以分为固定光束、移动光束等。常见的条形码阅读器有光笔扫描器、槽式扫描器、手持式 CCD 扫描器和激光手持式扫描器等。

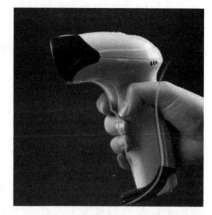

图 8-2　手持式条形码扫描器

（1）光笔扫描器。在阅读条形码时需将光笔按一定速度和斜度（一般是 30°）划过条形码，需要用户有一定的经验。这种扫描器的优点是价格便宜、结实耐用、耗电量小；缺点是工作距离和扫描深度都较小，因此需要光笔和被扫描的条形码接触，条形码上至多允许有一层保护膜覆盖。

（2）槽式扫描器。它是一种固定安装，固定光速接触式的扫描器。它的工作距离和扫描深度都很小，只允许印有条形码符号的卡片或证件在槽内移动。它靠手持条形码符号移动来实现扫描，多用于考勤、保安记录、图书借还、银行查账等。这种扫描器不受所扫描的条形符号长度的限制，价格便宜。

（3）手持式 CCD 扫描器。手持式 CCD 扫描器利用光电耦合原理，先对条形码印刷图案进行成像，然后再译码。它的优势是：无转轴、马达，使用寿命长，价格便宜。

选择手持式 CCD 扫描器时，最重要的有两个参数。

1）景深：由于 CCD 的成像原理类似于照相机，因此如果要加大景深，则相应地要加大透镜，从而导致 CCD 体积过大，不便操作。优秀的 CCD 应无须紧贴条码即可识读，而且体积适中，操作舒适。

2）分辨率：如果要提高 CCD 分辨率，则必须增加成像处光敏元件的单位元素。低价 CCD 一般是 500 像素（pixel），识读 EAN、UPC 等商业码已经足够，对于别的码制识读就会困难一些。中档 CCD 以 1 024 像素为多，有些甚至达到 2 048 像素，能分辨最窄单位元素为 0.1mm 的条形码。

手持式条形码扫描器是由 1987 年发明的技术形成的产品，外形很像超市收款员拿在手上使用的条形码扫描器。

（4）激光手持式扫描器。激光手持式扫描器是利用激光二极管作为光源的单线式扫描器，它主要分为转镜式和颤镜式两种。转镜式的代表品牌是 ACAN 8500，它采用高速马达带动一个棱镜组旋转，使二极管发出的单点激光变成一线。当这条激光线扫到条形码本身时，条形码黑带吸收大部分激光，白带反射大部分激光，同时反射光线通过"引擎"里的光学镜片，反射、聚焦到一块光电三极管上，在时域上观测，扫描到条形码黑带上时光电三极管输出低电平，扫描到条形码白带上时光电三极管输出高电平。经过若干次放大，电平被整形为一段矩形波，矩形波与扫描到的条形码对应，所得波形再经过数据线传到"解码器"部分。"解码器"其实就是一个单片机，主要依靠中断和单片机计数器记录波形跳转时间，所采集到的数列在下一次扫描或回扫时进行数字解码，主要依靠这些计数器数得的时间比例来解码对应的条形码，在实际应用中，条形码种类繁多，而且会出现不规则的排列情况，如泡面包装褶皱，所以解码部分需要一定的容错能力，但又不能产生误码。目前解码器单片机一般分为 8 位和 32 位，8 位的优势在于价格，32 位的优势在于速度。市场上的激光条形码鱼龙混杂，也步了 CCD 扫描器的后尘，价格一再低落，仿品横行，但国内也有一些有实力的厂家，选择时需要慎重考虑用什么牌子，选择最适合自己的。

颤镜式的制作成本低于转镜式，但这种原理的激光枪不易提高扫描速度，一般为 33 次 /s。个别型号，如 OPTICON 可以达到 100 次 /s，其代表品牌为 SYMBOL、PSC 和 OPTICON，最具有代表性的是 SYMBOL 2208。

商业企业在选择激光扫描器时，最重要的是注意扫描速度和分辨率，而景深并不是关键因素。因为当景深加大时，分辨率会大大降低。优秀的激光手持式扫描器应当是高扫描速度，在固定景深范围内具备很高的分辨率。

（5）全角度激光扫描器。全角度激光扫描器是通过光学系统使激光二极管发出的激光折射或多条扫描线的条形码扫描器，主要目的是减轻收款人员录入条形码数据时对准条形码的劳动量，选择时应着重注意其扫描线花斑分布：在一个方向上有多条平行线；在某一点上有多条扫描线通过；在一定的空间范围内各点的解读概率趋于一致，符合以上三点的全角度激光扫描器必是商家首选的应用。

（6）小滚筒式条形码扫描器。这是手持式条形码扫描器和平台式条形码扫描器的中间产品（这几年有新的产品出现，由于内置供电且体积小，因此被称为笔记本条形码扫描器）。这种产品绝大多数采用 CIS 技术，光学分辨率为 300dpi（像素 / 英寸），有彩色和灰度两种型号，彩色型号一般为 24 位彩色。也有极少数小滚筒式条形码扫描器采用 CCD 技术，扫描效果明显优于 CIS 技术的产品，但由于结构限制，体积一般明显大于 CIS 技术的产品。小滚筒式条形码扫描器的设计是将条形码扫描器的镜头固定，而移动要扫描的物件，通过镜头来扫描，运作时就像打印机那样，要扫描的物件必须穿过机器再送出，因此，被扫描的物体不可以太厚。这种条形码扫描器最大的好处就是体积很小，但是由于使用起来有多种局限，例如只能扫描薄薄的纸张，因此扫描物体的范围还不能超过条形码扫描器的大小。

（7）平台式条形码扫描器。平台式条形码扫描器又称平板式条形码扫描器、台式条形码扫描器，如图 8-3 所示。目前市面上大部分的条形码扫描器都属于平台式条形码扫描器，它是现在的主流。这类条形码扫描器的光学分辨率为 300 ～ 8 000dpi，色彩位数从 24 位到 48 位，扫描幅面一般为 A4 或者 A3。平台式条形码扫描器的好处在于其工作原理就像使用复印机一样，只要把条形码扫描器的上盖打开，不管是书本、报纸、杂志、照片底片都可以放上去扫描，相当方便，而且扫描出来的效果也是所有常见类型的条形码扫描器中最好的。

图 8-3　平台式条形码扫描器

还有大幅面扫描用的大幅面条形码扫描器、笔式条形码扫描器、条形码扫描器、底片条形码扫描器（注意不是平台式条形码扫描器加透扫，后者效果要好得多，但价格当然也贵）、实物条形码扫描器（不是有实物扫描能力的平台式条形码扫描器，有点类似于数码相机），还有主要用于印刷排版领域的滚筒式条形码扫描器等。

2. 扫描器的读取原理

要将按照一定规则编译出来的条形码转换成有意义的信息，就需要经历扫描和译码两个过程。物体的颜色是由其反射光的类型决定的，白色物体能反射各种波长的可见光，黑色物体则吸收各种波长的可见光，所以当条形码扫描器光源发出的光在条形码上反射后，反射光照射到条形码扫描器内部的光电转换器上，光电转换器根据强弱不同的反射光信号，转换成相应的电信号。根据原理的差异，扫描器可以分为光笔、红光 CCD、激光、影像四种。电信号输出到条形码扫描器的放大电路增强信号之后，再送到整形电路将模拟信号转换成数字信号。白带、黑带的宽度不同，相应的电信号持续时间长短也不同。主要作用就是防止静区宽度不足。然后译码器通过测量脉冲数字电信号 0，1 的数目来判别带和空的数目。通过测量 0，1 信号持续的时间来判别带和空的宽度。此时所得到的数据仍然是杂乱无章的，要知道条形码所包含的信息，则需根据对应的编码规则（例如：EAN-8 码），将条形符号换成相应的数字、字符信息。最后由计算机系统进行数据处理与管理，物品的详细信息便被识别了。

条形码的扫描需要扫描器，扫描器利用自身光源照射条形码，再利用光电转换器接收反射的光线，将反射光线的明暗转换成数字信号。不论是采取何种规则印制的条形码，都由静区、起始字符、数据字符与终止字符组成。有些条形码在数据字符与终止字符之间还有校验字符。

静区：静区也叫空白区，分为左空白区和右空白区，左空白区是让扫描设备做好扫描准备，右空白区是保证扫描设备正确识别条码的结束标记。

为了防止左右空白区（静区）在印刷排版时被无意中占用，可在空白区加印一个符号（左侧没有数字时印 < 号，右侧没有数字时加印 > 号），这个符号就叫静区标记。其主要作用就是防止静区宽度不足。只要静区宽度能保证，有没有这个符号都不影响条形码的识别。

起始字符：第一位字符，具有特殊结构，当扫描器读取到该字符时，便开始正式读取代码了。

数据字符：条形码的主要内容。

校验字符：检验读取到的数据是否正确。不同编码规则可能会有不同的校验规则。

终止字符：最后一位字符，一样具有特殊结构，用于告知条形码扫描完毕，同时还起到只是进行校验计算的作用。

为了方便双向扫描，起止字符具有不对称结构。因此扫描器扫描时可以自动对条形码信息重新排列。条码扫描器有光笔、CCD、激光、影像四种。

光笔：最原始的扫描方式，需要手动移动光笔，还要与条形码接触。

CCD：以 CCD 作为光电转换器，LED 作为发光光源的扫描器。在一定范围内，可以实现自动扫描，并且可以阅读各种材料、不平表面上的条形码，成本也较为低廉。但是与激光式相比，扫描距离较短。

激光：以激光作为发光光源的扫描器，又可分为线型、全角度等几种。线型多用于手持式扫描器，范围远，准确性高；全角度多为工业级固定式扫描，自动化程度高，在各种方向上都可以自动读取条形码及输出电平信号，结合传感器使用。

影像：以光源拍照利用自带硬解码板解码，通常影像扫描可以同时扫描一维及二维条码，如 Honeywell 引擎。

8.2.3　条形码技术的应用

条形码技术广泛应用于货物运输作业、仓库管理、配送中心管理、供应商管理等方面。例如在货物运输作业过程中，条形码信息是在货物受理、货票等单证填写时同时发生的，货物承运后，使用一维条形码表示货物运输作业过程中所需的数据，如始发站、中转站、终点站、发送件数等信息。使用一维条形码识读设备扫描货票、货签上的条形码信息，就可以快速、准确地采集货物运输中作业状态的变化信息，使计算机信息系统中货物信息流与货物运输的货物流同步对应起来，自动地更新计算机系统中的有关信息，使其保持一致性。而在货物运输完成，向货主交付时，可以采用二维条形码，提取出货物交付时所需的诸如含有取货人密约的详细信息。所以，在货物受理时，应该针对不同货物运输作业的要求，生成 EAN128 码和 PDF417 二维条形码。在货物装卸和中转交接过程中，可以采用条形码识读设备扫描货物包装上的一维条形码，核对是否按票装卸车，将扫描货物条形码的数据与货物中转数据库中的信息进行比较，检查出入库登记和所装卸货物的正确性，并更新相应货物数据库中的货物运输状态信息。

条形码技术在现代物流企业中的应用表现在如下几个方面。

1. 生产企业原材料供应管理

随着市场需求日益多元化，企业的生产模式已经从过去的大批量、单调品种的模式向小批量、多品种的模式转移，推行柔性生产，实现个性化生产，这就对原材料的供应和管理提出了更高的要求。条形码技术主要应用在四个方面：一是对采购的生产物料按照行业及企业规则建立统一的物料编码；二是对需要进行标识的物料打印其条形码标，以便于在生产管理中对物料进行单件跟踪；三是利用条形码技术，对仓库进行基本的进、销、存管理，根据生产需要，及时进行原材料和部件的供应并补充库存，控制库存数量，有效地降低库存成本；四是通过对原材料和部件编码，建立质量检验档案，保证原材料和部件的供应质量。

2. 装卸搬运管理

装卸搬运是物流企业一项很重要的职能。在这一环节中，货品种类繁杂、信息量大，包装规格不同，且经常不能确定条形码标签的方向和位置，因此，这一系统应用的条形码技术与常用的技术有所不同，对条形码技术提出了较高的要求。一是必须保证扫描器每秒扫描的次数并能够进行数据重组，保证得到完整的信息；二是由于装卸搬运的自然环境一般较差，因此，要保证扫描器在较高和较低温度下都能够正常工作，保证扫描器的使用寿命；三是要通过条形码显示的信息，将装卸搬运货物与作业单的信息进行进一步核实，提高装卸搬运的准确性。

3. 货物跟踪管理

货物跟踪系统是指物流运输企业利用条形码和 EDI 技术及时获取有关货物运输状态的信息，如货物品种、数量、货物在途情况、交货期间、发货地和到达地、货物的货主、送货责任车辆和人员等的方法。物流企业在向货主取货、装货时，在物流中心重新集装运输时，或在向顾客配送交货时，利用扫描仪自动读取货物包装或者货物发票上的物流条形码等货物信息，通过公共通信线路、专用通信线路或卫星通信线路把货物的信息传送到总部的中心计算机进行汇总整理，中心计算机集中所有被运送货物的信息。这样，顾客就可以对货物的状态随时进行查询，物流企业可以即时确认货物交付给顾客的时间，从而提高运送货物的准确性和及时性，提高服务水平。

4. 仓储管理

条形码方案可对仓库中的每一种货物，每一个库位做出书面报告，可对库区进行周期性盘存，减少人工录入工作，确保将差错率降至零，且高速地采集大量数据。一是根据货物的品名、型号、规格、产地、牌名、包装等划分货物品种，并且分配唯一的编码；二是将仓库分为若干个库位，明确定义货物的空间，按仓库的库位记录仓库货物库存，在产品入库时将库位条形码与产品条形码号一一对应；三是通过采集入库、出库、移库、盘库数据，使仓库货物库存更加准确。

5. 配送中心管理

配送中心的主要功能就是完成对商品的筛选、包装和分拣工作。配送中心管理最典型的模式是沃尔玛的配送中心。在配送中心，条形码技术无处不在，一是在商品进入配送中心时进行信息采集，完成对商品的筛选；二是根据配送要求，对商品进行重新分包分拣，并打印新的条形码；三是根据订单，对同一批货物集中包装，再次打印新的条形码进行运送。每一次信息采集，都将信息及时输入中心计算机，中心对每一单配送进行实时监控，确保配送的准确性和及时性。

8.3　射频识别技术

8.3.1　射频识别技术概述

射频识别（RFID），又称为电子标签、无线射频识别、感应式电子晶片、近接卡、感应卡、非接触卡、电子条形码。RFID 技术是一种非接触式的自动识别技术，它通过射频信号自动识别目标对象并获取相关数据，识别工作无须人工干预，可工作于各种恶劣环境。RFID技术可识别高速运动物体并可同时识别多个标签，操作快捷方便。短距离射频产品不怕油渍、灰尘污染等恶劣的环境，可在这样的环境中替代条形码，例如用在工厂的流水线上跟踪物体。长距离射频产品多用于交通上，识别距离可达几十米，如自动收费或识别车辆身份等。RFID 技术是 21 世纪发展最快的一项高科技技术，随着与传统网络的结合，RFID 技术展现出巨大的市场应用潜力，被称为"物联网"和"第二代互联网"。RFID 技术被列为 21世纪十大重要技术项目之一。

射频识别是在频谱的射频部分，利用电磁耦合或感应耦合，通过各种调试和编码方案，与射频标签交互通信唯一读取射频标签身份的技术（GB/T 18354—2021）。它可以通过无线电信号识别特定目标并读写相关数据，而无须识别系统与特定目标之间建立机械或光学的接触。其基本原理是利用射频信号通过空间耦合（交变磁场或电磁耦合）或雷达反射的传输特性，实现对被识别物体的自动识别。

射频标签是产品电子代码（EPC）的物理载体，附着于可跟踪的物品上，可全球流通并对其进行识别和读写。RFID 技术作为构建"物联网"的关键技术，近年来受到人们的关注。RFID 技术起源于英国，在第二次世界大战中用于辨别敌我飞机身份，于 20 世纪 60 年代开始商用。RFID 技术是一种自动识别技术，美国国防部规定：2005 年 1 月 1 日以后，所有军需物资都要使用 RFID 标签；美国食品与药品管理局（FDA）建议制药商从 2006 年起利用 RFID 跟踪经常造假的药品。沃尔玛（Walmart）、麦德龙（Metro）等零售商应用 RFID 技术等一系列行动更是推动了 RFID 在全世界的应用热潮。2000 年时，每个 RFID 标签的价格是 1 美元。许多研究者认为 RFID 标签非常昂贵，只有降低成本才能大规模应用。2005 年，每个 RFID 标签的价格是 12 美分左右，现在超高频 RFID 的价格是 10 美分左右。RFID 要大规模应用，一方面是要降低 RFID 标签价格，另一方面要看应用 RFID 之后能否带来增值服务。欧盟统计办公室的统计数据表明，2010 年，欧盟有 3% 的公司应用 RFID 技术，应用分布在身份证件和门禁控制、供应链和库存跟踪、汽车收费、防盗、生产控制、资产管理等领域中。

8.3.2　射频识别系统基本组成

典型的 RFID 系统主要由读写器、电子标签、RFID 中间件和应用软件四部分构成，一般我们把中间件和应用软件统称为应用系统。

1. 电子标签

电子标签（electronic tag），如图 8-4 所示，也称为应答器或智能标签（smart label），是一个微型的无线收发装置，主要由内置天线和芯片组成。

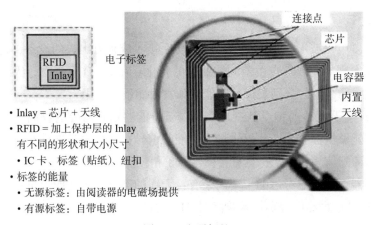

图 8-4　电子标签

2. 读写器

读写器是一个捕捉和处理 RFID 标签数据的设备，它既可以是单独的个体，也可以嵌入到其他系统之中。读写器也是构成 RFID 系统的重要部件之一，由于它能够将数据写到 RFID 标签中，因此称为读写器。

读写器的硬件部分通常由收发机、微处理器、存储器、外部传感器 / 执行器、报警器的输入 / 输出接口、通信接口及电源等部件组成，如图 8-5 所示。

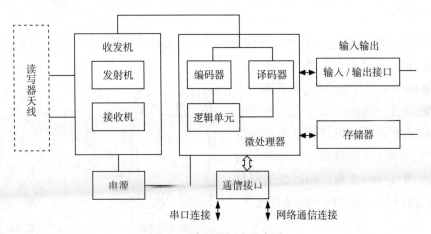

图 8-5　读写器组成示意图

3. 控制器

控制器是读写器芯片有序工作的指挥中心。其主要功能是：与应用系统软件进行通信；执行从应用系统软件发来的动作指令；控制与标签的通信过程；基带信号的编码与解码；执行防碰撞算法；对读写器和标签之间传送的数据进行加密与解密；进行读写器与电子标签之间的身份认证；对键盘、显示设备等其他外部设备的控制。其中，最重要的是对读写器芯片的控制操作。

4. 读写器天线

天线是一种以电磁波形式把前端射频信号功率接收或辐射出去的设备，是电路与空间的界面器件，用来实现导行波与自由空间波能量的转化。在 RFID 系统中，天线分为电子标签天线和读写器天线两大类，分别发挥接收能量和发射能量的作用。

RFID 系统读写器天线的特点是：足够小以至于能够贴到需要的物品上；有全向或半球覆盖的方向性；能够给标签的芯片提供最大可能的信号；无论物品在什么方向，天线的极化都能与读卡机的询问信号相匹配；具有鲁棒性；价格便宜。

在选择读写器天线时应考虑的主要因素有：天线的类型；天线的阻抗；应用到物品上的 RF 的性能；在有其他物品围绕贴标签物品时 RF 的性能。

5. 通信设施

通信设施为不同的 RFID 系统管理提供安全通信连接，是 RFID 系统的重要组成部分。通信设施包括有线或无线网络和读写器或控制器与计算机连接的串行通信接口。无线网络既可以是个域网（PAN）(如蓝牙技术)、局域网（如 802.11x、Wi-Fi)，也可以是广域网（如 GPRS、3G 技术）或卫星通信网络（如同步轨道卫星 L 波段的 RFID 系统)。

8.3.3　RFID 系统的基本原理

1. 基本原理

从电子标签到阅读器之间的通信及能量感应方式来看，系统一般可以分成两类，即电感耦合（inductive coupling）系统和电磁反向散射耦合（back scatter coupling）系统。电感耦合系统通过空间高频交变磁场实现耦合，依据的是电磁感应定律；电磁反向散射耦合系统，即雷达原理模型，发射出去的电磁波碰到目标后反射，同时携带回目标信息，依据的是电磁波的空间传播规律，如图 8-6 所示。

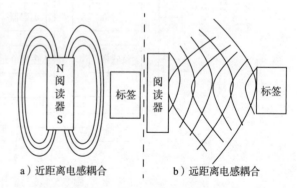

a) 近距离电感耦合　　　　b) 远距离电感耦合

图 8-6　RFID 系统的基本原理

2. 电感耦合型 RFID 系统

RFID 的电感耦合方式对应于 ISO/IEC 14443 协议。电感耦合电子标签由一个电子数据做载体，通常由单个微芯片及用作天线的大面积的线圈等组成。

电感耦合电子标签几乎都是无源工作的，如图 8-7 所示，在标签中的微芯片工作所需的全部能量由阅读器发送的感应电磁能提供。高频的强电磁场由阅读器的天线线圈产生，并穿越线圈横截面和线圈的周围空间，以使附近的电子标签产生电磁感应。

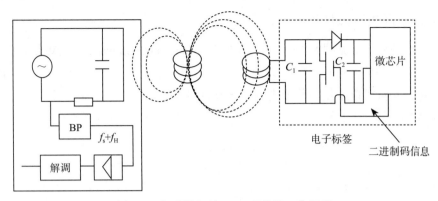

图 8-7　电感耦合型 RFID 系统的工作原理

3. 电磁反向散射 RFID 系统

（1）反向散射调制。雷达技术为 RFID 的反向散射耦合方式提供了理论和应用基础。当电磁波遇到空间目标时，其能量的一部分被目标吸收，另一部分以不同的强度散射到各个方向。在散射的能量中，一小部分反射回发射天线，并被天线接收（因此发射天线也是接收天线），对接收信号进行放大和处理，即可获得目标的有关信息。

当电磁波从天线向周围空间发射时，会遇到不同的目标。到达目标的电磁波能量的一部分（自由空间衰减）被目标吸收，另一部分以不同的强度散射到各个方向上去。反射能量的一部分最终会返回发射天线，称之为回波。在雷达技术中，可用这种反射波测量目标的距离和方位。

对 RFID 系统来说，可以采用电磁反向散射耦合工作方式，利用电磁波反射完成从电子标签到阅读器的数据传输。这种工作方式主要应用在 915MHz、2.45GHz 或更高频率的系统中。

（2）RFID 反向散射耦合方式。一个目标反射电磁波的频率由反射横截面来确定。反射横截面的大小与一系列的参数有关，如目标的大小、形状和材料，电磁波的波长和极化方向等。由于目标的反射性能通常随频率的升高而增强，所以 RFID 反向散射耦合方式采用特高频和超高频，如图 8-8 所示，应答器和阅读器之间的距离大于 1m。阅读器、应答器（电子标签）和天线构成了一个收发通信系统。

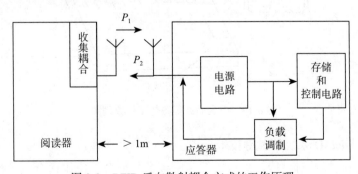

图 8-8　RFID 反向散射耦合方式的工作原理

4. 声表面波标签的识别原理

（1）声表面波标签（见图 8-9）。声表面波（surface acoustic wave，SAW）标签以压电效应和与表面弹性相关的低速传播的声波为依据。SAW 标签的体积小、重量轻、工作频率高、相对带宽较宽，并且可以采用与集成电路工艺相同的平面加工工艺，制造简单，重获得性和设计灵活性高。

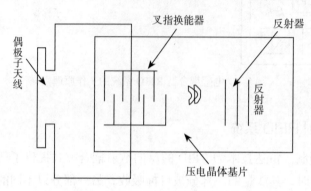

图 8-9　声表面波标签的基本结构

声表面波标签应用广泛，如通信设备中的滤波器。在 RFID 应用中，声表面波标签的工作频率目前主要为 2.45GHz。

（2）声表面波 RFID 系统的原理。SAW 标签由叉指换能器和若干反射器组成，换能器的两条总线与电子标签的天线相连接。阅读器的天线周期地发送高频询问脉冲，在电子标签天线的接收范围内，被接收到的高频脉冲通过叉指换能器转变成声表面波，并在晶体表面传播。反射器组成对入射表面波部分反射，并返回到叉指换能器，叉指换能器又将反射脉冲串转变成高频电脉冲串。由于声表面波的传播速率低，因此有效的反射脉冲串在经过极微妙的延迟时间后才能变为响应信号，回到阅读器（见图 8-10）。

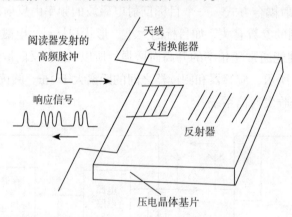

图 8-10　声表面波标签的工作原理图

（3）声表面波 RFID 系统的关键技术。

在使用声表面波标签时，应注意应答器与阅读器的配合，应用适合电子标签的天线，以及采用合适的封装结构。

由于标签附着的物品和使用环境千差万别，所以其封装结构各具特色，它们都必须达到以下几个要求：保证压电晶体基片在工作寿命期间能耐受外部环境应力及其变化，不造成性能恶化；至少不能影响或极少影响标签天线的高频电磁波接收效果；固定于待识别物的方法简单、附着牢靠，不明显损伤该物品；外形美观，对于待识别物和谐，并满足安全和保护环境等要求。

（4）声表面波 RFID 系统的优点。由于 SAW 器件本身工作在射频波段，无源且抗电磁干扰能力强，所以 SAW 技术实现的电子标签具有一定的独特优势，是对集成电路（IC）技术的补充。

声表面波 RFID 系统的主要特点有：读取范围大且可靠，可达数米；可使用在金属和液体产品上；标签芯片与天线的匹配简单，制作工艺成本低；不仅能识别静止的物体，而且能识别速度达 300 千米 / 时的高速运动物体。可在高温差（−100 ～ 300℃）、强电磁干扰等恶劣环境下使用。

8.3.4　RFID 技术的特点及应用

1. RFID 技术的优点和缺点

（1）优点：RFID 技术的主要优点有以下 6 项。

1）RFID 芯片与 RFID 读卡器对水、油和化学药品等物质具有很强的抵抗性。

2）信息的读取上并不受芯片尺寸大小与形状限制，不需为了读取精确度而配合纸张的固定尺寸和印刷品质，而且 RFID 芯片正向小型化与多样化发展，以应用于不同产品。

3）RFID 技术识别相比传统智能芯片更精确，识别的距离更灵活，可以做到穿透性和无屏障阅读。

4）RFID 芯片可以重复地新增、修改、删除内部储存的数据，方便信息的更新。

5）内部数据内容经由密码保护，不易被伪造及变造。

6）RFID 芯片数据容量很大，而且随着技术发展，容量还有增大的趋势。

（2）缺点：RFID 技术的主要缺点为以下 4 项。

1）RFID 技术出现时间较短，在技术上还不是非常成熟，由于超高频 RFID 电子标签具有反向反射性的特点，使得其在金属、液体等商品中应用比较困难。

2）RFID 电子标签相对于普通条形码标签价格较高，为普通条形码标签的几十倍，如果使用量大的话，就会造成成本太高的问题，在很大程度上降低了市场使用 RFID 技术的积极性。

3）RFID 技术面临着安全性不够强的问题，主要表现为 RFID 电子标签信息易被非法读取和恶意篡改。

4）RFID 技术目前还没有形成统一的标准，而且市场上多种标准并存，致使不同企业产品的 RFID 标签互不兼容，进而在一定程度上造成 RFID 技术的应用混乱。

2. RFID 的典型应用

近年来，RFID 因其所具备的远距离读取、高储存量等特性而备受瞩目。RFID 主要应用在以下领域。

（1）物流管理。物流是 RFID 最大的市场应用空间，可以极大地提高物流环节的效率，并为实现零库存提供技术保障。这也是零售巨头沃尔玛极力推动 RFID 技术的主要原因。德国麦德龙已经在其超市中采用 RFID 技术来实现产品识别、反偷窃、实时库存和产品有效期控制。具体应用方向包括仓储管理物流配送、零售管理集装箱运输、邮政业务等。

（2）交通管理。利用 RFID 技术对高速移动物体识别的特点，可以对运输工具进行快速有效的定位与统计，方便对车辆的管理和控制。具体应用方向包括公共交通票证、不停车收费、车辆管理，以及铁路机车、车辆、相关设施管理等。基于 RFID 技术，可以为实现交通的信息化和智能化提供技术保障。实际上，基于 RFID 技术的军用车辆管理、园区车辆管理及高速公路不停车收费等应用已经在开发中。

（3）军事管理。军事应用是 RFID 技术的主要应用方向之一，军事后勤保障迫切需要实现可视化管理。具体包括军事物资装备管理、运输单元精确标识，以及快速定位和主动搜索等。同时，军事物资或武器的高度机密性需要采用强有力的技术手段进行管理和跟踪。

（4）食品安全管理。一方面，可以对食品的种植、养殖过程进行全程记录；另一方面，可以对流通环节进行正向跟踪和逆向追溯，全面保障食品安全。

（5）公共安全、电力装备、水管、红绿灯、光纤、铜瓶、气瓶等。RFID 技术低廉的价格、稳定的性能、30 ~ 50 年的使用寿命，足以为生产生活提供全面的安全保障。具体方向包括医药卫生、食品安全、危险品管理防伪安全、煤矿安全电子证照、动物标识（涉及公共卫生安全）、门禁管理等。城市中的基础设施如水管、电力站、红绿灯、光纤、危险气体钢瓶等都可以采用 RFID 技术进行管理和维护。此外，RFID 技术与其他相关技术集成，可以构建快速识别、数据采集、信息传输的综合服务体系，用于大型运动会、展览会等重大活动的综合管理。

（6）医疗信息化。住院患者每人佩戴一个属于自己的 RFID 腕带，腕带中能够存储病人基本的生命体征、当日用药医嘱、长期用药医嘱、检验化验项目及过往病史等。腕带的信息每日更新，只需要护士拿手持机读取即可。通过发药护士、病人与腕带医嘱之间的验证匹配，可以杜绝发错药及打错针的现象，同时也明确了责任。系统可以设置适合时间段的定时提醒，通过该提醒的设置，自动提示护士进行发药或者巡查病人基本生命体征。

（7）先进制造与制造业信息化。为提高中国制造业信息化水平，以信息化带动工业化，在企业原材料供货、生产计划管理、生产过程控制精益制造等方面，使用 RFID 技术可以促进生产效率和管理效率的提高。RFID 技术可以提高工厂加工的信息化与智能化，是管理智能工厂的有效手段。

（8）智能家居。采用 RFID 技术可以实现家庭生活的智能化，不但可以提高家庭的安全，还可以有效管理家庭的各种电器、衣物及吃住行的各方面。例如，若能够给每件衣裤贴上 RFID 标签，其中有衣裤的颜色、尺寸信息，则可以根据当天的气温及出行目的地智能地选择组合方式。此外，家中电器还可以根据主人的需要智能地完成热水清洁及开关电灯等活动。

8.4 EDI

8.4.1 电子数据交换（EDI）技术概述

EDI 是 electronic data interchange 的缩写，中文可译为"电子数据交换"，中国香港、中国澳门及其他境外华人地区称作"电子资料联通"。EDI 商务是指将商业或行政事务按一个公认的标准，形成结构化的事务处理或文档数据格式，从计算机到计算机的电子传输方法。简单地说，EDI 就是按照商定的协议，将商业文件标准化和格式化，并通过计算机网络，在贸易伙伴的计算机网络系统之间进行数据交换和自动处理，俗称"无纸化贸易"。

EDI 的定义至今没有一个统一的标准，但是有三个方面是相同的：

（1）资料用统一的标准；

（2）利用电信号传递信息；

（3）计算机系统之间的连接。

EDI 是将贸易、运输、保险、银行和海关等行业的信息，用一种国际公认的标准格式，通过计算机通信网络，使各有关部门、公司与企业之间进行数据交换与处理，并完成以贸易为中心的全部业务的过程。联合国标准化组织将其描述成"将商业或行政事务处理按照一个公认的标准，形成结构化的事务处理或报文数据格式，从计算机到计算机的电子传输方法"。

EDI 不是用户之间简单的数据交换，EDI 用户需要按照国际通用的消息格式发送信息，接收方也需要按国际统一规定的语法规则，对消息进行处理，并引起其他相关系统的 EDI 综合处理。整个过程都由系统自动完成，无须人工干预，减少了差错，提高了效率。

EDI 系统由通信模块、格式转换模块、联系模块、消息生成和处理模块四个基本功能模块组成。

8.4.2 电子数据交换的实质

电子数据交换是企业的内部应用系统之间，通过计算机和公共信息网络，以电子化的方式传递商业文件的过程。该技术应用于物流中，被称为物流电子数据交换，即指货主、承运业主以及其他相关的单位之间，通过电子数据交换系统进行物流数据交换，并以此为基础实施物流作业活动的方法。简言之，电子数据交换是一套报文通信工具，它利用计算机的数据处理与通信功能，将交易双方彼此往来的文档转成标准格式，并通过网络传输给对方。电子数据交换应用情况如表 8-1 所示。

表 8-1　电子数据交换应用情况

目的	功能	参与人员	初期成本	引入时间	条件
数据传输	维持订单、减少人工输入、减少错误	作业人员	小	1 个月	计算机
改善作业	与业务系统集成、缩短作业时间、及时发现错误、提高传输可靠性	业务主管	较小	2～4 个月	管理信息系统
企业再造	提高竞争能力	决策主管	较大	12 个月	管理信息系统

8.4.3　电子数据交换技术的效用

在流通过程的各个环节应用电子数据交换技术，都可以达到提高工作效率，降低成本，提高企业竞争力的目的。

物流公司通过电子数据交换技术，可以低成本引入出货单的接收系统，改善数据传输，通过依次引入各单证，并与企业内部信息系统集成，逐步改善接单、配送、催款的作业流程。对物流公司来说，出货单是客户发出的出货指示，物流公司引入电子数据交换、出货单后可与自己的拣货系统集成，生成拣货单，这样就可以加快内部作业速度，缩短配货时间；在出货完成后，可将出货结果通过电子数据交换通知客户，使客户及时知道出货情况，也可尽快处理缺货情况。物流公司可引入电子数据交换催款对账单，同时开发对账系统，并与出货配送系统集成来生成对账单，从而减轻财务部门每月的对账工作量，降低对账的错误率，并减少业务部门的催款人力。制造商与其交易伙伴间的商业行为大致可分为接单、出货、催款及收款作业，其间往来的单据包括采购进货单、出货单、催款对账单及付款凭证等。

EDI 的主要优点如下所述。

1. 提高速度及准确度

通过纸张文件模式要花 5 天时间的交易，通过 EDI 则只需不足 1 小时，研究显示，通过纸张文件模式处理发票，数据出错率可高达 5%，因此提高数据准确度，可相应提高整个供应链的效率。有分析估计，EDI 可将交付时间加快 30%。

2. 提升营商效率

将纸张文件工作自动化，可让员工有更多时间处理更有价值的工作，并提升他们的生产力。研究显示，使用 EDI 可节省多达 50% 的人力资源。

（1）能快速、准确地处理商业文档，可减少重做订单、缺货及订单取消等问题的发生。

（2）买家可享有更优惠的付款安排及折扣。

（3）买家可增加现金流及缩短"订货—收回现金"周期。

（4）缩短订单处理及交付时间，有助于企业减少库存量。研究数据显示，采用 EDI 可使库存量平均减少约 10%，若库存成本占产品成本的 90%，那么所节省的成本将会非常显著。

3. 提升营商的策略性优势

策略性优势主要表现为：缩短改良产品或推出新产品的周期；快速导入全球各地的业务

伙伴，以拓展新领域或市场；取得全新层次的管理信息，以提升管理供应链及业务伙伴的表现；把商业模式由供应主导转化为由需求主导；以电子方式取代纸张文件流程，从而加强实践企业社会责任及可持续性，既可节省成本，又能减少碳排放。

8.4.4　不同企业引入电子数据交换的方式

企业应用电子数据交换，可以同客户合作，依次引入采购进货单、出货单及催款对账单，并与企业内部的信息系统集成，逐渐改善接单、出货、对账及收款作业。采购进货单是整个交易流程的开始，接到电子数据交换订单就不需要重新输入，从而节省了订单输入人力，同时保证了数据的正确性。开发核查程序，核查收到的订单是否与客户的交易条件相符，可以节省核查订单的人力，同时降低核查的错误率。与库存系统、拣货系统集成，自动生成拣货单，加快拣货与出货速度，可以提高服务质量。

引入出货单，可以在出货前事先用电子数据交换发送出货单，通知客户出货的货品及数量，以便客户事先打印验货单并安排仓位，从而加快验收速度，节省双方交货、收货的时间；电子数据交换出货单也可供客户与内部订购数据进行比较，缩短客户验收后人工确认计算机数据的时间，减轻日后对账的困难程度；客户可用出货单验货，使出货单成为日后双方催款对账的凭证。

引入催款对账单，开发对账系统，并与出货系统集成，可以减轻财务部门每月对账的工作量，降低对账错误率以及业务部门催款的人力和时间。引入转账系统，可以在实现了与客户的对账系统后，考虑引入与银行的电子数据交换转账系统，由银行直接接收电子数据交换汇款再转入制造商的账户内，这样可加快收款作业，提高资金运用的效率。转账系统与对账系统、会计系统集成后，除实现自动转账外，还可将后续的会计作业自动化，节省人力。

在实际生活中，具体的企业引入数据交换的实例如下。

1. 批发商引入电子数据交换技术的方式

批发商应用电子数据交换技术，可根据交易对象的性质，决定引入电子数据交换采购进货单，改善数据传输性能。

2. 厂商引入电子数据交换技术的方式

如果是厂商，可引入电子数据交换采购进货单的传送，将采购进货单转换成电子数据交换报文传给供应商，这样就不需要为配合不同厂商而使用不同的电子订货系统，而且使厂商提早收到订单，及时处理，并加快送货速度。

3. 客户引入电子数据交换技术的方式

如果是客户，可引入电子数据交换采购进货单的接收，接收客户传送过来的电子数据交换采购进货单报文，将其转换成企业内部用的订单，这样就可以不需要为配合不同客户而使用不同的电子订货系统，不需重新输入订单数据，节省人力和时间，同时降低人为错误。

4. 供应商引入电子数据交换技术的方式

供应商应用电子数据交换技术，也可以改善作业流程，通过逐步引入各项单证，并与企业内部信息系统集成，逐步改善接单、出货、催款的作业流程，或订购、验收、对账、付款的作业流程。对于要改善订购、验收、对账、付款流程的企业来说，可依次引入采购进货单、验收单、催款对账单及付款明细表，并与企业内部的订购、验收、对账及转账系统集成。其做法与零售商的做法类似。对于要改善接单、出货、催款流程的企业来说，可依次引入采购进货单、出货单及催款对账单，并与企业内部的接单、出货及催款系统集成。其做法与制造商的做法类似。

5. 运输商引入电子数据交换技术的方式

运输商应用电子数据交换技术，可通过先引入托运单，接收托运人传来的电子数据交换托运单报文，将其转换成企业内部的托运单格式，这样可事先得知托运货物的详情，包括箱数、重量等，以便调配车辆，不需重新输入托运单数据，节省人力和时间，减少人为错误。运输商也可通过逐步引入各项单证，并与企业内部信息系统集成，逐步改善托运、收货、送货、回报、对账、收款等作业流程。

8.5 全球定位系统

全球四大卫星定位系统分别是：中国北斗卫星导航系统（BDS）、美国全球定位系统（GPS）、俄罗斯格洛纳斯卫星导航系统（GLONASS）和欧盟研制的伽利略卫星导航系统（GSNS）。值得注意的是：目前常说的 GPS 不是指美国的 GPS，而是所有的卫星定位系统的统称，只是美国最先起了这个名字，人们也叫习惯了，实际上目前我国是使用北斗卫星导航系统为全民服务的。由于全球出现多套导航定位系统，从市场的发展来看，会出现美国 GPS 与多家系统竞争的局面，竞争会使用户得到更稳定的信号、更优质的服务。世界上多套全球导航定位系统（统称为 GPS）并存，相互之间的制约和互补是各国大力发展全球导航定位产业的根本保证。在机械领域，GPS 则有另外一种含义：产品几何技术规范（geometrical product specifications，GPS）。GPS（generalized processor sharing）广义为处理器分享，是网络服务质量控制中的专用术语。后文讲的 GPS 如无特指，皆是全球导航定位系统的统称。

随着我国经济的发展，以及高等级公路的快速修建和 GPS 技术应用研究的逐步深入，GPS 在道路工程和交通运输中的应用也会更加广泛与深入，并发挥出更大的作用。

1. 全球卫星定位系统的功能与组成

GPS 的首要功能是三维导航，飞机、船舶、地面车辆以及步行者都可利用 GPS 导航接收器进行导航。汽车导航系统是在 GPS 的基础上发展起来的一门新技术。它由 GPS 导航、自律导航、微处理器、车速传感器、陀螺传感器、CD-ROM 驱动器、LCD 显示器组成。

GPS 导航是由 GPS 接收机接收 GPS 卫星信号（三颗以上），得到该点的经纬度坐标、速度、时间等信息。当汽车行驶到地下隧道、高层楼群、高速公路等遮掩物而捕捉不到 GPS 卫星信号时，系统可自动导入自律导航系统，此时由车速传感器检测出汽车的行进速度，通过微处理单元的数据处理，从速度和时间中直接算出前进的距离，陀螺传感器直接检测出前进的方向，陀螺仪还能自动存储各种数据，即使在更换轮胎暂时停车时，系统也可以重新设定。而且通过地图匹配技术，可以得到汽车在电子地图上的正确位置，并指示出正确行驶路线。CD-ROM 用于存储道路数据等信息，LCD 显示器用于显示导航的相关信息。

2. 全球卫星定位系统的应用

GPS 导航系统与电子地图、无线电通信网络及计算机车辆管理信息系统相结合，可以将车辆跟踪和管理等许多功能应用于物流运输中。

例如，在车辆跟踪系统中，可以利用 GPS 和电子地图实时显示出车辆的实际位置，并随目标移动，使目标始终保持在屏幕上；也可打开多窗口，对多车辆实现多屏幕同时跟踪。提供出行路线的规划和导航，路线可自动规划，也可由人工设计。在信息查询系统中，用户能够在电子地图上根据需要进行查询。在话务指挥系统中，指挥中心可以监测区域内车辆的运行状况，对被监控车辆进行合理调度。指挥中心也可随时与被跟踪目标通话，实行管理。在紧急援助系统中，可以通过 GPS 定位和监控管理系统对遇有险情或发生事故的车辆进行紧急援助。监控台的电子地图可显示求助信息和报警目标，规划出最优援助方案，并以报警声、光信号提醒值班人员进行应急处理。在全球，GPS 技术已经开始应用于交通运输和道路工程之中。GPS 是近年来开发的最具有开创意义的高新技术之一，必然会在诸多领域中得到越来越广泛的应用。

8.5.1 中国北斗卫星导航系统（BDS）

中国北斗卫星导航系统（以下简称北斗系统）是中国着眼于国家安全和经济社会发展的需要，自主建设、独立运行的卫星导航系统。经过多年发展，北斗系统已成为面向全球用户提供全天候、全天时、高精度定位、导航与授时服务的重要新型基础设施。

实施"三步走"发展战略。1994 年，中国开始研制发展独立自主的卫星导航系统，至 2000 年年底建成北斗一号系统，采用有源定位体制服务中国，中国由此成为世界上第三个拥有卫星导航系统的国家。2012 年，建成北斗二号系统，面向亚太地区提供无源定位服务。2020 年，北斗三号系统正式建成开通，面向全球提供卫星导航服务，标志着北斗系统"三步走"发展战略圆满完成。20 多年来，通过 44 次发射，中国先后将 4 颗北斗试验卫星和 55 颗北斗二号、三号组网卫星送入太空，开启了中国"星网"导航全球的时代。北斗三号卫星所有单机的国产化率从 80% 提高到了 100%，这使得中国成为继美国、俄罗斯之后，世界上第三个拥有全球卫星导航系统的国家。2020 年 7 月，北斗三号系统正式开通全球服务，"中国的北斗"真正成为"世界的北斗"。

1. 系统组成创新引领

北斗系统是中国自主建设、独立运行，并与世界其他卫星导航系统兼容共用的全球卫星导航系统。

（1）北斗系统由空间段、地面段和用户段组成。其中：空间段由中圆地球轨道、地球静止轨道、倾斜地球同步轨道三种轨道共 30 颗卫星组成；地面段由运控系统、测控系统、星间链路运行管理系统，以及国际搜救、短报文通信、星基增强和地基增强等多种服务平台组成；用户段由兼容其他卫星导航系统的各类终端及应用系统组成。

（2）北斗系统星间星地一体组网，是中国首个实现全球组网运行的航天系统，显著提升了中国航天科研生产能力，有力推动中国宇航技术跨越式发展。

（3）组批生产能力卓越。创新星地产品研制和星箭制造，研制运载火箭上面级、导航卫星专用平台，实现星箭批量生产、密集发射、快速组网，以两年半时间 18 箭 30 星的中国速度完成全球星座部署，创造世界导航卫星组网新纪录。

（4）关键器件自主可控。实现宇航级存储器、星载处理器、大功率微波开关、行波管放大器、固态放大器等器部件国产化研制，北斗系统核心器部件 100% 自主可控，为北斗系统广泛应用奠定了坚实基础。

2. 系统服务优质多样

北斗系统可在全球范围内全天候、全天时为各类用户提供高精度高可靠的定位、导航、授时服务，并兼短报文通信能力。北斗系统服务性能优异、功能强大，可提供多种服务，满足用户多样化需求。其中：向全球用户提供定位导航授时、国际搜救、全球短报文通信三种全球服务；向亚太地区提供区域短报文通信、星基增强、精密单点定位、地基增强四种区域服务。

（1）定位导航授时服务。通过 30 颗卫星，免费向全球用户提供服务，全球范围水平定位精度优于 9m、垂直定位精度优于 10m，测速精度优于 0.2m/s、授时精度优于 20ns。

（2）国际搜救服务。通过 6 颗中圆地球轨道卫星，旨在向全球用户提供符合国际标准的遇险报警公益服务。创新设计返向链路，为求救者提供遇险搜救请求确认服务。

（3）全球短报文通信服务。北斗系统是世界上首个具备全球短报文通信服务能力的卫星导航系统，通过 14 颗中圆地球轨道卫星，为特定用户提供全球随遇接入服务，最大单次报文长度 560bit（40 个汉字）。

（4）区域短报文通信服务。北斗系统是世界上首个面向授权用户提供区域短报文通信服务的卫星导航系统，通过 3 颗地球静止轨道卫星，为中国及周边地区用户提供数据传输服务，最大单次报文长度 14 000bit（1 000 个汉字），具备文字、图片、语音等传输能力。

（5）星基增强服务。创新集成设计星基增强服务，通过 3 颗地球静止轨道卫星，旨在向中国及周边地区用户提供符合国际标准的 I 类精密进近服务，支持单频及双频多星座两种增强服务模式，可为交通运输领域提供安全保障。

（6）精密单点定位服务。创新集成设计精密单点定位服务，通过 3 颗地球静止轨道卫星，免费向中国及周边地区用户提供定位精度水平优于 30cm、高程优于 60cm，收敛时间优于 30min 的高精度定位增强服务。

（7）地基增强服务。建成地面站全国一张网，向行业和大众用户提供实时米级、分米级、厘米级和事后毫米级高精度定位增强服务。

3. 发布系统动态信息

发布系统信息是卫星导航系统提升用户感知度和信赖度的基本途径。北斗系统坚持公开透明原则，建设发布平台，完善发布机制，动态发布权威准确的系统信息，向全球用户提供负责任的服务。

（1）建设多渠道信息发布平台。通过北斗官方网站（www.beidou.gov.cn）、监测评估网站（www.csno-tarc.cn 和 www.igmas.org）、官方微信公众号（beidousystem）等渠道平台，发布系统建设运行、应用推广、国际合作、政策法规等相关信息。

（2）发布系统服务文件。更新发布北斗公开服务信号接口控制文件，定义北斗系统卫星与用户终端之间的接口关系，规范信号结构、基本特性、测距码、导航电文等内容，为全球研发北斗应用产品提供输入。更新发布公开服务性能规范，明确北斗系统公开服务覆盖范围和性能指标。

（3）发布系统状态信息。及时发布卫星发射入网、在轨测试、监测评估结果以及卫星退役退网等系统状态信息。在采取可能影响用户服务的计划操作之前，适时向国内外用户发布通告。

北斗系统广泛应用于经济社会发展的各行业、各领域（见图 8-11），与大数据、物联网、人工智能等新兴技术深度融合，催生"北斗 +"和" + 北斗"新业态。除了在我国国家安全领域发挥重大作用外，还将服务于国家经济建设，提供监控救援、信息采集、精确授时和导航通信等服务。可广泛应用于船舶运输、公路交通、铁路运输、海上作业、渔业生产、水文测报、森林防火、环境监测等众多行业。

专栏　北斗应用产业快速发展

2021 年，中国卫星导航与位置服务产业总体产值达到约 4 700 亿元人民币。

在产品制造方面，北斗芯片、模块等系列关键技术持续取得突破，产品出货量快速增长。截至 2021 年底，具有北斗定位功能的终端产品社会总保有量超过 10 亿台 / 套。

在行业服务方面，北斗系统广泛应用于各行各业，产生显著经济和社会效益。截至 2021 年底，超过 780 万辆道路营运车辆安装使用北斗系统，近 8 000 台各型号北斗终端在铁路领域应用推广，基于北斗系统的农机自动驾驶系统超过 10 万台 / 套，医疗健康、防疫消杀、远程监控、线上服务等下游运营服务环节产值近 2 000 亿元。

在大众应用方面，以智能手机和智能穿戴式设备为代表的北斗大众领域应用获得全面突破，包括智能手机器件供应商在内的国际主流芯片厂商产品广泛支持北斗。2021 年国内智能手机出货量中支持北斗的已达 3.24 亿部，占国内智能手机总出货量的 94.5%。

图 8-11　北斗应用（新华社发）

注：部分材料摘自国务院新闻办公室网站（www.scio.gov.cn）的《新时代的中国北斗》白皮书。

❀ 思想政治引导：北斗的前生与今世

1991年美军的两枚GPS制导导弹通过同一个洞穿透到伊拉克指挥中心内部，并引发爆炸。不仅仅是伊拉克人，我们自己也可能在1991年感到惊讶。在1993年的"银河号事件"中，"银河号"无法辨别东南和西北，被迫停船抛锚，接受美军检查。这一离奇事件的起因竟然是因为美国关闭了GPS信号。

如果说第一次海湾战争感受到的仅仅是危险和威胁，那么"银河号事件"感受到的则已经是被"卡脖子"之痛、落后挨打之辱了。"察势者智，驭势者赢"，为了保障国家安全，把握未来发展主动权，1994年，我国开始正式重启卫星导航系统的研制建设，定名为"北斗"。之后到2000年，中国发射了两颗静止轨道（GEO）卫星备份卫星上天后，宣布建成了北斗一号系统，中国赶上了美国、俄罗斯，成为第三个拥有自主卫星导航系统的国家，这标志着中国在全世界范围内取得了重大突破。

然而，正当北斗一号组网成功之时，中国的卫星导航技术面临着两种不同的选择：一种是独立自主，自行钻研；另一种是寻找合作伙伴，共同完成研发。2004年9月，中国斥资2.3亿欧元，在欧盟的"盛情邀请"和"盛情难却"之下，中欧双方达成了《伽利略合作协定》，标志着中欧在伽利略技术领域的深入交流。但值得注意的是在这一年，我国启动了全球卫星导航系统的研制工作，也就是我们常说的"北斗二号"。2005年后，欧洲航天局以与美国"修好"为基础，不仅对中国的科学家提出更高的要求，同时开始排挤中国。我国投入了巨资，但是没有得到相应的待遇和回报，反而遭受欧洲航天局的阻挠。中国不仅无法进入"伽利略计划"项目的决策层面，就连合作技术开发，也被欧洲航天局层层设置壁垒。欧盟交通部长们几乎众口一词："不应让中国成为伽利略新监管者的正式成员，因为该监管者对伽利略拥有所有权和管理权"。

回顾"北斗"的发展历程。2006年，我国宣布发展自主卫星导航系统，以此重新唤醒"北斗"。2009年，我国发射了三颗合法抢占优势使用频率的"北斗"二代卫星。同年，"北斗三号"立项，为中国逐梦全球的卫星导航之旅正式开启，标示着我国卫星导航科技的一次重大突破。2012年，14颗卫星的升空并组网，使我国的北斗2号体系得以实现，它不但增加了无源体制，还能够向亚太地区的用户提供精确的定位、快速的测速、准确的授时和及时的短消息传输等服务。随着时间的推移，人们不断创新研发，使得北斗卫星从最初的第1颗、第2颗……第10颗……第20颗……第50颗……陆续登空，令欧盟人士大为震撼，艳羡不已，中华儿女一次次地将这个神秘的太空站推向前方，一次次地把它们带到更高的层次……

2020年6月23日9时43分，"北斗卫星导航系统"第55颗卫星搭乘长征三号乙运载火箭从西昌卫星发射成功（见图8-12）。这标志着从1994年就开始预研的北斗卫星导航

图8-12 北斗号外的新闻

系统，终于在组网星座上完成了所有发射任务，为中国的卫星通信技术发展做出了重大贡献！

习近平总书记曾说过，历史是最好的教科书。

"北斗"的辉煌历史将永远铭记于中国，铭记是为了更好地出发。它将永远激励我们，要以一种积极的态度去面对未来。北斗，不仅仅是一颗卫星，更是中华民族的骄傲！它不仅带给我们准确的参照和国家安全的保证，还展示了一种自立自强、奋发图强的精神风貌。

"北斗"的精神，源自无数的艰辛、教训、血汗与挫折，北斗的星光闪耀在夜空中，这股精神也将伴随着我们，怀揣着"为有牺牲多壮志，敢教日月换新天"的勇气，凭借一腔"问苍茫大地，谁主沉浮？"的自信，迈向星辰大海和更美好的远方。

资料来源：微信公众号"共青团中央"（ID：gqtzy）新浪微博 @ 中国航天科技集团、微信公众号"人民日报"（ID：rmrbwx）、"青华九变"（ID：qinghuajiubian）、"我们的太空"（ID：ourspace0424）、观察者网、国家国防科学技术局官网等，根据青华九变（"共青团中央"）的文章整理所得。

8.5.2 美国全球定位系统（GPS）

1994 年 3 月，由 24 颗卫星组成的导航"星座"部署完毕，标志着美国全球定位系统（GPS）正式建成。美国全球定位系统分布在 6 条交点互隔 60 度的轨道面上，精度约为 10m，军民两用，目前正在试验第二代卫星系统；空间部分目前共有 30 颗、4 种型号的导航卫星。这一系统是美国为军事目的而建立的，利用导航卫星进行测时和测距，具有在海、陆、空全方位实时三维导航与定位能力。它是继阿波罗登月计划、航天飞机后的美国第三大航天工程。该系统是美军 20 世纪 70 年代初在"子午仪卫星导航定位"技术上发展起来的具有全球性、全能性（陆地、海洋、航空与航天）、全天候优势的导航定位、定时、测速系统，由空间卫星系统、地面监控系统、用户接收系统三大子系统构成，已广泛应用于军事和民用等众多领域。

8.5.3 俄罗斯格洛纳斯卫星导航系统（GLONASS）

俄罗斯格洛纳斯卫星导航系统（GLONASS）从 20 世纪 80 年代初开始建设，是与美国 GPS 系统相类似的卫星定位系统，覆盖范围为全部地球表面和近地空间，由卫星星座、地面监测控制站和用户设备三部分组成。俄罗斯自称，多功能的 GLONASS 系统定位精度可达 1m，速度误差仅为 15cm/s。

8.5.4 伽利略卫星导航系统（GSNS）

总投资达 35 亿欧元的伽利略计划是欧洲自主的、独立的民用全球卫星导航系统，提供高精度、高可靠性的定位服务，实现完全非军方控制，可以进行覆盖全球的导航和定位功能。作为全球卫星导航定位系统，伽利略的应用范围非常广泛，涉及大地测量和地球动力学服务，以及运输、铁路、航空、农业、海事、工程建设、能源等领域。

8.6　地理信息系统

8.6.1　地理信息系统概述

地理信息系统（GIS）是用于获取、处理、分析、访问、表示和在不同用户、不同系统和不同地点之间传输数字化空间信息的系统。地理信息系统是以计算机为运行平台，空间数据参与运算，为各类应用目的服务，融合了其他各种与空间位置有关的信息的集成框架。地理信息系统主要由计算机硬件环境、软件环境、地理空间数据、系统维护和使用人员组成。

8.6.2　GIS 在物流分析中的应用

地理信息系统应用于物流分析中，主要是利用地理信息系统强大的地理数据功能来完善物流分析技术。目前，完整的地理信息系统物流分析软件集成了车辆路线模型、最短路径模型、网络物流模型、分配集合模型和设施定位模型。地理信息系统物流分析软件构成如表 8-2 所示。

表 8-2　地理信息系统物流分析软件构成

模型类别	主要内容
车辆路线模型	用于解决在一个起始点、多个终点的货物运输中，使用多少车辆，每辆车的行驶路线，如何降低物流作业费用，并保证服务质量的问题
最短路径模型	用于解决寻求最短的运输路径问题
网络物流模型	用于解决寻求最有效的分配货物路径问题，也就是物流网点布局问题
分配集合模型	可以根据各个要素的相似点把同一层上的所有或部分要素分为几个组，用于解决服务范围和销售市场范围的问题
设施定位模型	用于研究一个或多个设施的位置。在物流系统中，仓库和运输线共同组成了物流网络，仓库处于网络的节点上，节点决定着路线。对于如何根据供求的实际需要并结合经济效益等原则，在既定区域内设立多少个仓库、每个仓库的位置、每个仓库的规模、仓库之间的物流关系等问题，运用此模型均能很容易地得到解决

8.6.3　GIS 在营销渠道中的应用

营销渠道地理信息系统就是根据移动运营商对渠道服务整合的需求，结合地理信息系统技术，以可视化的数字地图为背景，帮助移动运营商解决传统的业务管理和空间属性脱钩的现象，直观地反映现实世界中营销渠道的业务发展、市场经营与客户服务情况，掌握变化的各类经营数据与地理属性间的关系，更好地进行营销渠道的管理与监控、分析与规划，巩固移动运营商在整个市场价值链中的主体地位，真正做到方便客户，增强客户的满意度和忠诚度，从而在全新的市场竞争中占尽先机。

8.7　智能交通系统

智能交通系统（ITS）是利用先进的信息通信技术，形成的"人—车—路"三位一体的系统，它是交通领域前沿科学之一。

ITS"智能"的特点主要体现在信息技术的四个方面，即智能感测技术（模式识别）、智能通信网、智能信息处理、智能控制等。每个方面的智能则集中表现为整个系统的智能化，此处的"智能"不只是指具有学习、推理的能力，还指在特定的环境和适当的条件下，快速有效地获取信息，准确地传输信息，高效地处理信息并成功地利用信息以达到目的的能力。

ITS 主要由先进的交通管理系统、先进的驾驶员信息系统、先进的公共交通系统、营运车辆调度管理系统、先进的车辆控制管理系统等部分构成，具体内容如表 8-3 所示。

表 8-3　智能交通系统的构成

子系统名称	主要功能
先进的交通管理系统	具有城市道路信号实时控制、高速公路交通监控、交通事故自理、交通疏导等功能，还具有用来研究和评价交通控制系统运行功能与效果的三维交通模拟系统
先进的驾驶员信息系统	可以提供道路通行情况及天气情况等有关交通信息；提供电子地图，帮助出行者优选路线、安排行程；提供行车限速信息，提示方位及道路诱导信息，使汽车绕开交通特别拥挤的路段；向出行者提供气候、道路等行车环境信息，在能见度低或急转弯处向驾驶员发出警告；提供汽车半自动或全自动驾驶功能
先进的公共交通系统	通过安装在公共服务区的信息查询装置、车辆自动定位装备或电子信息牌提供实时信息，包括公共交通拥挤程度、公共交通到站时空信息、换乘信息以及停车状况等；公共交通信息的提供有助于公共交通使用者选择出行、换乘和出发时间，可以提高使用者的便利程度，提高公共交通系统的吸引力，大大方便公众的出行
营运车辆调度管理系统	通过计算机和通信装备对所属车辆进行调度，对路线上的车辆实行监控，还设有旅客自动问讯系统
先进的车辆控制管理系统	通过一整套传感器、信号灯及信息显示系统，根据交通干线结构、操作程序、安全法规形成对事件的反应知识库，为系统操作员对发生某特定事件做出反应提供策略与建议；具备十分便捷明晰的人机界面，用最简单的操作完成对事件的正确反应

应用智能交通系统的优势体现在以下四方面：一是 ITS 的应用可以使车辆在道路上安全自由地行驶，在陌生地方不致迷失方向；二是道路的交通流可以调整至最佳状态，从而缩短行车时间，减少堵塞，提高通行能力，三是交通管理控制中心可对道路和车辆的状态进行实时监控，及时处理事故，保障道路畅通；四是系统为用户提供的服务质量和服务水平得到提高，能源得以节省，环境得以改善。

◎ 本章小结

本章从物流信息技术入手，阐述了几种主流的现代物流信息技术，如条形码技术、射频识别技术、EDI 技术、GPS/GIS 技术和智能交通等技术，并展示了各种技术在物流中的作用。通过本章的学习，读者应该了解各种物流信息技术的功能和原理，并掌握将各种物流信息技术应用到物流领域中的方法。

🕮 复习思考题

一、名词解释

条形码 RFID GIS GPS EDI

二、选择题（包括单选与多选）

1. 以下不是二维条形码的优点的是（　　　）。

A. 二维条形码可以将照片、指纹、掌纹、签字、声音、文字等信息进行编码

B. 二维条形码的信息容量大

C. 二维条形码比一维条形码编码复杂

D. 二维条形码比 RFID 的标签便宜

2. 以下不是 RFID 系统的基本组成的是（　　　）。

A. 电子标签　　　　　　　　　　　B. 读写器

C. 天线　　　　　　　　　　　　　D. 计算机通信网络组成

3. 四大卫星定位系统包括（　　　）。

A. 俄罗斯的 GLONASS 系统　　　　B. 欧盟的 Galileo 系统

C. 中国的北斗系统　　　　　　　　D. GPS　　　　　　　E. GIS

4. 用于仓储环节，不用于 POS 结算的条码是（　　　）。

A. EAN13　　　　　B. ITF14　　　　　C. UCC　　　　　D. UPC-A

5. （　　　）设备是物流系统中使用频度最大、使用数量最多的一类机械设备。

A. 搬运装卸　　　　B. 起重　　　　　C. 包装　　　　　D. 运输

6. 条形码技术具有以下几个方面的优点（　　　）。

A. 输入速度快　　　B. 可靠性高　　　C. 采集信息量大

D. 灵活实用　　　　E. 易于制作，识别设备操作容易

7. 常见的条形码阅读器有（　　　）。

A. 光笔扫描器　　　B. 手持式 CCD 扫描器　　　　　　C. 激光扫描器

8. 条形码技术在现代物流企业中的应用表现在以下几个方面（　　　）。

A. 生产企业原材料供应管理　　　　B. 装卸搬运管理

C. 货物跟踪管理　　　　　　　　　D. 仓储管理

E. 配送中心管理

9. 典型的 RFID 系统主要由（　　　）4 部分构成，一般我们把中间件和应用软件统称为应用系统。

A. 读写器　　　　　　　　　　　　B. 电子标签

C. RFID 中间件　　　　　　　　　　D. 应用软件

10. RFID 技术的优点是（　　　）。

A. RFID 芯片与 RFID 读卡器对水、油和化学药品等物质具有很强的抵抗性

B. 信息的读取上并不受芯片尺寸大小与形状限制，不需为了读取精度而配合纸张的固

定尺寸和印刷品质，而且 RFID 芯片正往小型化与多样化发展，以应用于不同产品

C. RFID 技术识别相比传统智能芯片更精确，识别的距离更灵活，可以做到穿透性和无屏障阅读

D. RFID 芯片可以重复地新增、修改、删除内部储存的数据，方便信息的更新

E. 内部数据内容经由密码保护，不易被伪造及变造

F. RFID 芯片数据容量很大，而且随着技术发展，容量还有增大的趋势

11. EDI 的主要优点是（　　　　）。

A. 提高速度及准确度

B. 提升营商效率

C. 提升营商的策略性优势

12. 物流信息技术包括基于各种通信方式的移动通信手段、（　　　　）等现代尖端科技。

A. 全球卫星定位技术　　　　　　　　B. 地理信息系统

C. 计算机网络技术　　　　　　　　　D. 条形码

E. 射频识别技术　　　　　　　　　　F. 信息交换技术

三、判断正误题

1. 物流信息技术主要由通信、软件、面向行业的业务管理系统三大部分组成，包括基于各种通信方式的移动通信手段、全球定位技术、地理信息系统、计算机网络技术、自动仓库管理技术、智能标签技术、条形码技术、射频识别技术、信息交换技术等现代尖端科技。（　　　　）

2. 条码扫描器，又称为条码阅读器、条码扫描枪、条形码扫描器、条形码扫描枪及条形码阅读器。它是用于读取条形码所包含信息的阅读设备，利用光学原理，把条形码的内容解码后通过数据线或者无线的方式传输到计算机或者别的设备。它广泛应用于超市、物流快递、图书馆等场所中扫描商品、单据的条形码。（　　　　）

3. EDI 是将贸易、运输、保险、银行和海关等行业的信息，用一种国际公认的标准格式，通过计算机通信网络，使各有关部门、公司与企业之间进行数据交换与处理，并完成以贸易为中心的全部业务过程。（　　　　）

4. GPS 是英文 global positioning system（全球定位系统）的简称。GPS 起始于 1958 年美国军方的一个项目，1964 年投入使用。20 世纪 70 年代，中国陆海空三军联合研制了新一代卫星定位系统 GPS。（　　　　）

5. GPS 的首要功能是三维导航，飞机、船舶、地面车辆以及步行者都可利用 GPS 导航接收器进行导航。汽车导航系统是在 GPS 的基础上发展起来的一门新技术。它由 GPS 导航、自律导航、微处理器、车速传感器、陀螺传感器、CD-ROM 驱动器、LCD 显示器组成。（　　　　）

6. 地理信息系统（简称 GIS）是用于获取、处理、分析、访问、表示和在不同用户、不同系统和不同地点之间传输数字化空间信息的系统。地理信息系统是以计算机为运行平台，空间数据参与运算，为各类应用目的服务，融合了其他各种与空间位置有关的信息的集成框架。地理信息系统主要由计算机硬件环境、软件环境、地理空间数据、系统维护和使用人员组成。（　　　　）

7. 智能交通系统（简称 ITS）是利用先进的信息通信技术，形成的"人—车—路"三位一体的系统，是交通领域前沿科学之一。（　　）

8. ITS "智能"的特点主要体现在信息技术的四个方面，即智能感测技术（模式识别）、智能通信网、智能信息处理、智能控制等。（　　）

四、简答题

1. 现代物流对物流信息技术有哪些基本要求？
2. 请简述射频识别技术的基本原理。
3. 请简述 GPS 的原理。
4. 请简述 GIS 的定义及组成。

五、案例分析

无线射频构建麦德龙"未来商店"

麦德龙集团是世界第三大零售商，当它计划在整个供应链及其位于德国莱茵贝格（Rheinberg）的"未来商店"中采用 RFID 技术时，业界众说纷纭，其中不少同行对该技术持怀疑的态度。然而，随着麦德龙采用 RFID 的举措取得实效，采用 RFID 技术所具备的节省时间、减低成本及改进库存管理等运营优势——兑现，外界原来质疑的眼光变成欣赏，而麦德龙也决定加快其部署 RFID 方案的步伐，从实验试点阶段转为正式投入使用，利用 RFID 提高整个供应链的效率。

1. "未来商店"的购物体验

早在 2006 年举行的第八届中国连锁店展会上，德国麦德龙集团就向中国媒体展示了"未来商店"。麦德龙"未来商店"的核心就是装有 RFID 系统的"聪明芯片"。在 RFID 技术的支持下，科幻影片中的场景变成现实。在"未来商店"，顾客将感受一次颠覆传统的购物体验。推着一个带有液晶显示屏的购物车，顾客将选购的物品放进去，屏幕立即显示出商品的名称、价格、数量；对于缺货商品，还可读取代用品等信息，对于食品类商品则可获取烹饪方法、推荐菜单等个性化信息，顾客甚至可以打印这份菜单或定制手机短信，把商品信息带回家；在"智能试衣间"里，顾客不用把衣服穿上再脱下，里面的大屏幕就可以显示出这件衣服的上身效果；摄像头被用来自动识别水果和蔬菜，顾客借助触摸屏找到隐没在货架中的商品；收款系统会自动显示购物需付款项的总额，收银机前不再出现长长的付款队伍。"未来商店"为"千篇一律"的买卖过程注入了"新鲜"的体验。同时，零售商还能及时掌握顾客喜好，调整商品采购计划和商品陈放位置。

2. "透明"的供应链流程

"未来商店"的仓库也暗藏玄机。每一个进出仓库的商品仓板都被贴上了 RFID 标签，这些仓板经过"RFID 门"时会被自动读取，并自动传输到商品管理系统。同时，售货员可通过终端了解这个商品的库存情况。如果库存数量过少，系统会自动生成订单，并通知商品供货商补货。供货商可在第一时间发货补充库存，避免断档缺货等意外发生。供应商发出的货物在通过仓板上的 RFID 标签时，其信息又被传输到商店的管理系统中，售货员同时收到到货信息。RFID 系统在不改变供应链流程的前提下，形成了一个可随时监控的"透明"供应链系统，供应周期从过去的一周缩短到一天半。据估算，如果麦德龙在德国的 Cash & Carry 店、Real 店和配送仓库都实行这套方案，每年可以节约成本 850 万欧元。

　　然而，由于 RFID 较高的生产成本，并不适合低值消费品的单品使用。因此有观点认为，RFID 和条形码技术将在中国零售行业长期共存。

　　资料来源：《第一财经日报》(上海)。

　　思考分析：

　　1. RFID 技术可以应用在哪些场合中？目前制约 RFID 技术发展的主要因素有哪些？

　　2. 请描述麦德龙集团是如何在"未来商店"中使用 RFID 技术，从而实现"透明"的供应链流程的。

第9章

CHAPTER9

物流技术与装备仿真实验

| 学习目标 |

1. 熟悉各种物流设施与设备和 FlexSim 物流仿真软件。

2. 了解不同物流设施与设备的性能参数设置。

3. 掌握生产物流系统建模与仿真优化,掌握简单的物料搬运系统建模与仿真优化。

9.1 FlexSim 简介

FlexSim 是一个基于 Windows 的,面向对象的仿真环境,用于建立离散事件的流程过程,例如制造业、物料处理和办公室工作流都配备了相似度极高的三维虚拟现实环境。

FlexSim 由美国 FlexSim 公司开发,是迄今为止世界上第一个在图形环境中集成了 C++ 的 IDE 和编译器的仿真软件。在这个软件环境中,C++ 不但能够直接用来定义模型,而且不会在编译中出现任何问题。因此,传统的动态链接库和用户定义变量的复杂链接就不再被需要了。FlexSim 应用深层开发对象,这些对象代表着一定的活动和排序过程。要应用模板里的某个对象,只需要用鼠标把该对象从库里拖出来放在模型视窗中即可。每一个对象都有一个坐标 (x, y, z)、速度 (x, y, z)、旋转角度 (rx, ry, rz) 以及一个动态行为 (时间)。对象可以创建、删除,而且可以彼此嵌套移动,它们都有自己的功能或继承了来自其他对象的功能。这些对象的参数可以把任何制造业、物料处理和业务流程快速、轻易、高效地描述出来。同时 FlexSim 的资料、图像和结果都可以与其他软件共用（这是其他仿真软件做不到的），而且它可以从 Excel 中读取资料和输出资料（或任何 ODBC 数据源[⊖]），可以从生产线上读取现时资料以做分析。FlexSim 也允许用户建立自己的实体对象（objects）来满足用户自己的要求。FlexSim 7.0 以上的版本已经开发出 64 位版本，可以更好地调用计算机内存。

1. FlexSim 的构成

（1）FlexSim 仿真系统。FlexSim 是工程师、管理者和决策人对提出的"关于操作、流程、动态系统的方案"进行试验、评估、视觉化的工具。它具有完全的 C++ 面向对象性（object-oriented），超强的 3D 虚拟现实（3D 动画），直观的、易懂的用户接口，卓越的柔韧性（可伸缩性）。

（2）模型。FlexSim 采用经过高度开发的实体对象来建模。

实体对象表示商业过程中的活动、行列，即代表着时间、空间等信息。建立模型时，只需要将相应的对象从库中拖放到模型视窗中即可，各个对象具有坐标 (x,y,z)、速度 (x,y,z)、旋转角度（rx, ry, rz）和动态行为（时间）等属性。对象可以被制造、被消灭，也可以相互移到另一个对象里，除了具有自身的属性外，还可以继承他的对象的属性。对象的参数是简单、快速、有效地建立生产、物流和商务过程模型的主要机能。通过对象的参数设置，我们可以对几乎所有的物理现象进行模型化。例如，机械手、操作人员、队列、输送机、叉车、仓库、交通信号、货柜、箱子等全都可用 FlexSim 来建立模型，信息情报等"软"的部分也可很容易地使用 FlexSim 功能强大的对象库来建模。

（3）层次结构。FlexSim 可以让建模者使模型构造更具有层次结构。

建立模型的时候，每一部件都使用继承的方法（采用继承结构），可以节省开发时间。FlexSim 可以让用户充分利用 Microsoft Visual C++ 的层次体系特性。

目前在市场上，像 FlexSim 一样能让用户自由自在地量身定制的仿真软件非常罕见。软件的所有可视窗体都可以向定制的用户公开。建模人员可以自由地操作对象、视窗、图形用户界面、菜单、选择列表和对象参数，可以在对象里增加自定义的逻辑，改变或删掉既存的编码，也可以从零开始建立一个全新的对象。

值得一提的是，不论是用户设定的还是新创建的对象都可以保存到对象库中，而且可以应用在其他模型中。最重要的是，在 FlexSim 中可以用 C++ 语言创建和修改对象，同时，利用 C++ 可以控制对象的行为活动。FlexSim 的界面、按钮条、菜单、图形用户界面等都是由预编译的 C++ 库来控制的。

（4）可移植性。因为 FlexSim 的对象是向建模者公开的，所以对象可以在不同的用户、库和模型之间进行交换。可移植性与量身定制相结合能带来超级快的建模速度。定制的对象保存在对象库中，建模时，只要从对象库中拖放相应对象，就能在新模型中再现这些对象。可移植性与量身定制延长了对象和模型双方的生命周期。

⊖ ODBC 数据源：是微软公司开放服务结构中有关数据库的一个组成部分，它建立了一组规范，并提供了一组对数据库访问的标准 API（应用程序编程接口）。

（5）仿真。FlexSim 具有一个非常高效的仿真引擎，该引擎可同时运行仿真和模型视图（可视化），并且可以通过关闭模型视图来加速仿真的运行速度。仿真运行时，利用该引擎和 Flexscript 语言准许用户在仿真运行期间，改变模型的部分属性。

FlexSim 能一次进行多套方案的仿真实验。这些方案能自动进行，其结果存放在报告、图表里，这样我们可以非常方便地利用丰富的预定义和自定义的行为指示器，例如用处、生产量、研制周期、费用等来分析每一个情节。同时很容易把结果输出到如微软的 Word、Excel 等大众应用软件里，利用 ODBC 和 DDEC（动态数据交换连接）可以直接对数据库进行读写。

FlexSim 7.0 版本应用新的动画引擎，新引擎还支持阴影和凹凸贴图纹理。新版本将允许导入更多的 3D 文件类型，以下是可以导入的文件类型：*.wrl；*.3ds；*.dxf；*.stl；*.skp；*.dae；*.obj；*.ac；*.x；*.ase；*.ply；*.ms3d；*.cob；*.md5mesh；*.irr；*.irrmesh；*.ter；*.lxo；*.csm；*.scn；*.q3o；*.q3s；*.raw；*.off；*.mdl；*.hmp；*.scn；*.xgl；*.zgl；*.lvo；*.lvs；*.blend。

（6）可视性。如果说一幅图能够表达上千的文字，那么 FlexSim 的虚拟现实动画以及模型视图就表达了无限的容量。FlexSim 能利用包括最新的虚拟现实图形在内的所有 PC 上可用的图形。图 9-1 就是 FlexSim 模型的一个应用实例。如果是扩展名为 3ds、vrml、dxf 和 stl 的 3D 立体图形文件的话，可以直接调到 FlexSim 模型中使用，而其他仿真软件中则没有这项功能。FlexSim 的 VR（虚拟现实浏览窗口）放映装置允许用户调节光源、雾以及虚拟现实立体技术等场景元素。FlexSim 的演示功能提供模型的艺术性表演。用 FlexSim 的 AVI 记录器能快速生成 AVI 文件，无论怎样的模型都能复制或记录在 CD 上，紧急时可通过邮件传送给任何人观看。

图 9-1　FlexSim 模型的应用实例

（7）输出。FlexSim 具有强大的商务图表功能，海图（charts）、饼图、直线图表和 3D 文书能充分地展现模型的信息，需要的结果可以随时取得。FlexSim 的开放式体系结构允许用户连接 OBDC 数据源、进行读和写，以及实时地连接 Word 和 Excel。

2. FlexSim 术语

在开始建立模型前，先来理解一些 FlexSim 的基本术语将会对建模有所帮助。

（1）FlexSim 实体。FlexSim 实体模拟仿真中不同类型的资源。暂存区实体就是一个例子，它扮演储存和缓冲区的角色。暂存区可以代表一队人、CPU 上一个空闲过程的队列、工厂中地面上的一个储存区或客户服务中心的一队等待的呼叫等。另一个 FlexSim 的实体例子是处理器实体，它模拟一段延迟或一个处理过程的时间。这个实体可以代表工厂中的一台机器、一位正在给客户服务的银行出纳员、一位邮政分拣员，等等。

FlexSim 实体放在对象库栅格中。对栅格进行分组管理后，它默认显示最常用的实体。

（2）临时实体。临时实体是流经模型的实体。临时实体可以表示工件、托盘、装配件、文件、集装箱、电话呼叫、订单或任何移动通过仿真过程的对象。临时实体可以被加工处理，也可以由物料处理装备通过模型传输。在 FlexSim 中，临时实体由发生器产生，在流经模型之后被送到吸收器中。

（3）临时实体类型。临时实体类型是一个放在临时实体上的标志，它可以代表条形码号、产品类型或工件号等。在临时实体寻径中，FlexSim 使用实体类型作为引用。

（4）端口。每个 FlexSim 实体的端口数没有限制，通过端口它们可以与其他的实体通信。有三种端口类型：输入端口、输出端口和中间端口。

输入和输出端口用于临时实体的寻径。例如，一个邮件分拣员依靠包裹上的目的地把包裹分放到几个输送机中的一个上面。为了在 FlexSim 中进行仿真，将处理器实体上的输出端口连接到几个输送机实体的输入端口上，这意味着当一个处理器（或邮件分拣员）完成临时实体（包裹）的处理后，就通过它的一个输出端口将其发送到一个特定的输送机上。

中间端口用来建立从一个实体到另一个实体的引用。中间端口的一个惯常用法是引用可移动实体，如从装备、暂存区或输送机等引用操作员、叉车，或者起重机。

端口的建立和连接是通过按住键盘上的不同字母键，用鼠标单击一个实体，并拖拽到另一个实体上完成的。当按住左键并拖拽鼠标时，如果同时按住"A"键，就可以在一个实体上建立输出端口，并在另一个实体上建立输入端口，这样两个新端口就会自动连接起来。如果按住"S"键，将在两个实体上都建立一个中间端口，并把这两个新端口连接起来。拖拽鼠标并同时按下"Q"键可以删除输入与输出的端口和连接，按下"W"键可以删除中间端口和连接。表 9-1 说明了用于连接和断开两种端口的键盘字母。

（5）模型视图。FlexSim 应用 3D 建模环境。建模时默认的模型视图叫作正投影视图。读者也可以在一个更真实的透视视图中查看模型。尽管透视视图表达得更真实，但是通常在正投影视图中更容易建立模型布局。当然，任一视图都可以用来建立和运行模型。FlexSim 允许根据需要

表 9-1　端口连接

状态	输入—输出	中间
断开	Q	W
连接	A	S

打开多个视图视窗。不过请记住，当打开多个视窗时会增加对计算机资源的需求。

9.2　生产物流系统建模与仿真实验

学习指引：操作视频 1
推荐扫描左边二维码，观看具体视频内容。
（特别说明：该视频由编者制作）

1. 案例背景

库内加工物流系统仿真与分析：该系统模拟了某仓库加工三种类型产品的过程。这三类产品分别从不同库位到达加工设备，每台加工设备可以加工一种特定的产品类型。一旦产品在相应的加工设备上完成加工，所有产品都必须送到一个公用的检验台进行质量检验。质量合格的产品就入库上架。质量不合格的产品则必须送回相应的加工设备进行加工。系统数据如下。①产品到达：平均每 5s 到达一个产品，到达间隔时间服从指数分布。②产品加工：平均加工时间 10s，加工时间服从指数分布。③产品检测：固定时间 4s。④产品合格率：80%。

2. 实验步骤

（1）启动 FlexSim，设置模型单位。启动 FlexSim，通过菜单命令"File-New Model"创建一个新模型。这时，会弹出模型单位设置对话框，设置时间单位为 seconds（秒），长度单位为 meters（米），本模型设用流体（fluid）对象，流体体积单位保持默认即可，单击"OK"按钮进入 FlexSim 建模界面。

（2）创建和命名对象。FlexSim 的基本界面如图 9-2 所示，首先，从对象库中用鼠标拖拽一个发生器（Source）、两个队列（Queue）、四个处理器（Processor）和一个吸收器（Sink）对象到模型窗体中，按图 9-2 布置好对象位置，并按图重新命名各对象名字。

（3）连接对象。按照产品流动的路径从 Source 开始两两连接对象，产品将沿着连线在对象间流动，连接时注意连接方向是从起点对象到终点对象，如图 9-3 所示，具体连接方案如下。

1）连接 Source 到 Queue 3。

2）连接 Queue 3 分别到 Processor 4、Processor 5 和 Processor 6（注：要严格按次序连接）。

3）分别连接 Processor 4、Processor 5 和 Processor 6 到 Queue 7。

4）连接 Queue 7 到 Tester（Processor 8）。

5）连接 Tester 到 Sink。

6）连接 Tester 到 Queue 3（注意这个连接的方向，该连接用于将返工产品返回给 Queue 3）。连接完成后的模型如图 9-3 所示。

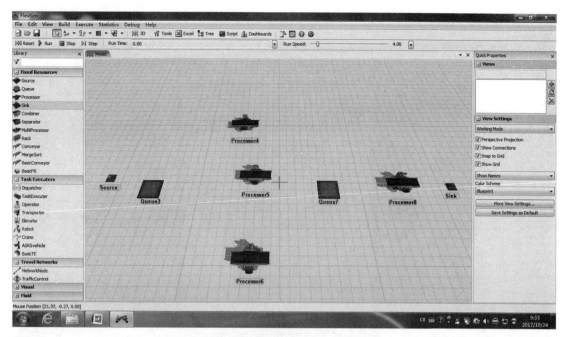

图 9-2　FlexSim 的基本界面

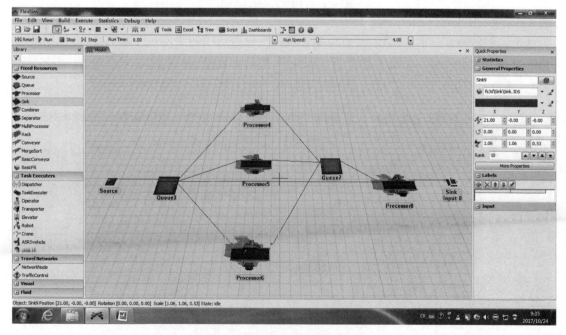

图 9-3　连接对象

（4）设置产品到达时间间隔。现在设置产品到达时间间隔，它服从均值为 5s 的指数分布，右击创建产品的 Source 对象，在弹出的属性窗体中设置 Inter Arrival Time（产品到达时间间隔）为 exponential（0,5,0），如图 9-4 所示。指数分布函数 exponential（0,5,0）的第一个参数是位置参数，第二个参数是均值（尺度）参数，第三个参数指定使用哪个随机数流（这里使用默认的 0 号流）。

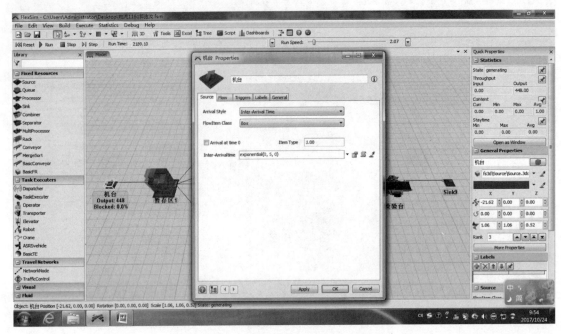

图 9-4　设置到达时间间隔

（5）设置停止时间，重置和运行模型。现在可以运行模型了，先设置仿真运行停止时间（Run Time）为 50 000，单击工具栏中"Reset"按钮重置模型，然后单击"Run"按钮运行模型，观察系统运行状况，可在右边的属性窗体查看输出结果，如图 9-5 所示。

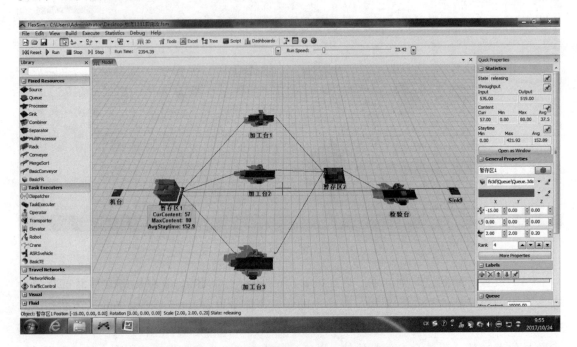

图 9-5　从快速属性窗体查看输出数据

在目标完成时间为 50 000s 的情况下，暂存区 2 内的货物堆积较多，出现瓶颈，如图 9-6 所示。

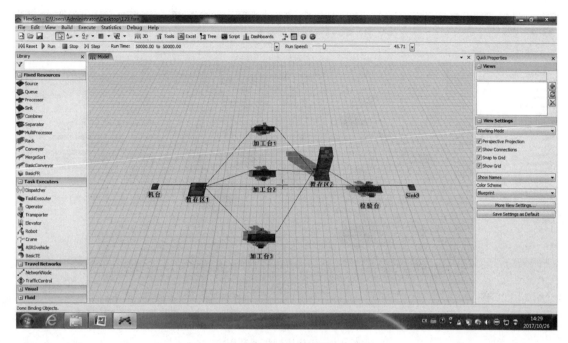

图 9-6　运行结果

（6）优化。针对瓶颈，通过增加检验设备，提高设备的运行效率，使模型得以优化，如图 9-7 所示。

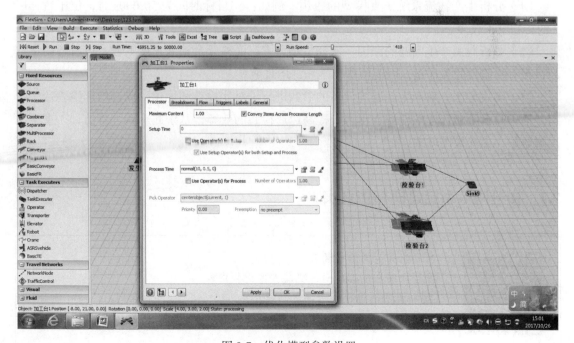

图 9-7　优化模型参数设置

通过查看加工台和检验台的数据，发现各设施与设备运作正常，参数也都在正常范围内，如图 9-8 所示。

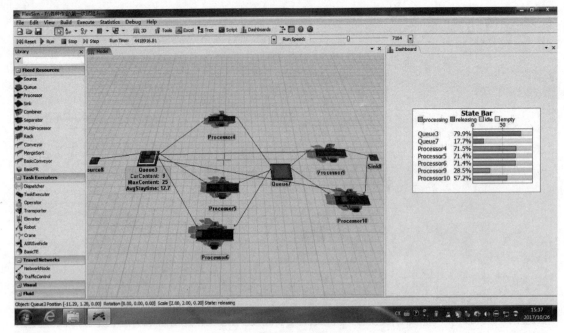

图 9-8   优化模型机器利用率

3. 实验结果分析

（1）分析生产物流系统仿真模型的瓶颈。例如：在目标时间为 50 000s 时，位于暂存区 2 的货物堆积较多。

（2）分析瓶颈产生问题的原因。例如货物太多，而检验台检验速度太慢，或者货物量远超过现有检验台的工作量，因此使货物堆积，出现瓶颈。

（3）解决方法。对产生问题的设备的参数进行了对比检查和优化，或者增加检验台，分担之前检验台不能完成的任务与压力，提高运送检验的效率，基于此重新进行仿真，直至不出现瓶颈，寻求最优方案。

9.3   物料搬运系统建模与仿真实验

学习指引：操作视频 2
推荐扫描左边二维码，观看具体视频内容。
（特别说明：该视频由编者制作）

1. 案例背景

物料搬运系统建模：在生产物流建模与仿真实验（简称实验一）的基础上增加两个操作员（Operator），一个叉车运输机（Transporter），三个输送设备（Conveyor），三个货架（Rack）（可自选），具体参数为：输送设备的速度为 1m/s，每个加工检验台操作人员的预置工作时间为 10s。

2. 实验步骤

（1）从对象库拖放一个分配器（Dispatcher）、两个操作员、三个输送设备到对象模型中，并进行端口连接，更改设置相关参数，操作步骤同实验一，如图 9-9 所示。

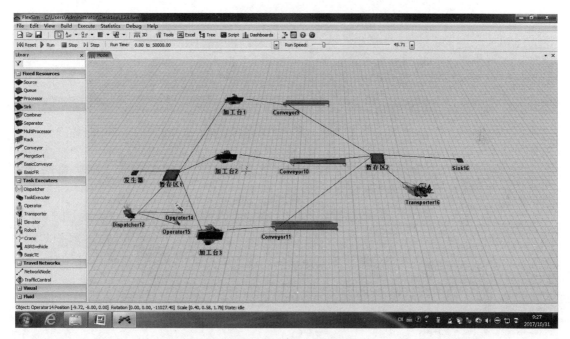

图 9-9　FlexSim 基本界面

（2）设置停止时间，重置和运行模型。现在可以运行模型了，先设置仿真运行停止时间为 50 000（在 Run Time 后输入 50 000），单击工具栏中"Reset"按钮重置模型，然后单击"Run"按钮运行模型，观察系统运行状况，如图 9-10 所示。

（3）添加三个货架，如图 9-11 所示，对暂存区参数进行修改，使到达货架货物按颜色分类，操作同实验一，输出路径选择规则：实体类型（Case）1 到货架 1，实体类型 2 到货架 2，实体类型 3 到货架 3，如图 9-12 所示。

（4）检测器的预置时间：常数值 10s[让操作员在检验台执行产品预置（Setup）操作]。产品搬运：操作员从起始处的队列搬运产品到检验台。叉车从输送机末端的队列运输产品到吸收器。输送机尾端队列：容量 =10。使用 Dashboard 查看对象的更多性能统计结果和统计图，如图 9-13 所示。

模型运行后，在暂存区 1 的货物堆积严重，出现瓶颈，如图 9-14 所示。

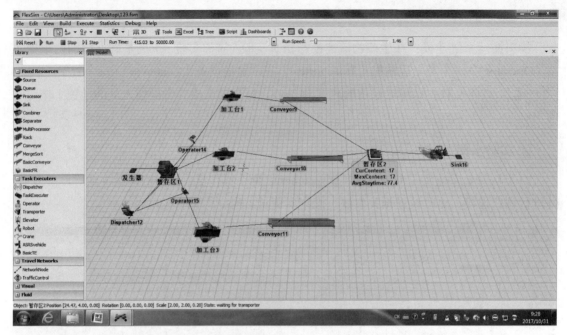

图 9-10　FlexSim 模型运行

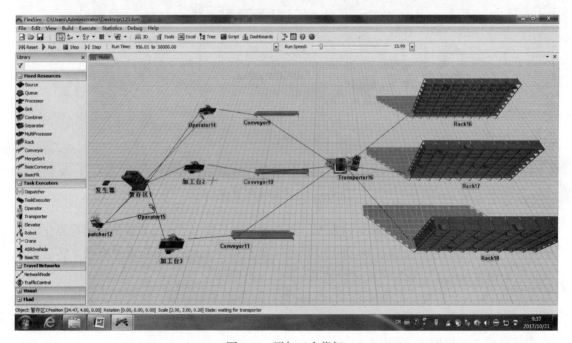

图 9-11　添加三个货架

3. 实验结果

（1）分析生产物流系统仿真模型的瓶颈。将接收器更换成货架，发现到达每个货架的货物的颜色混乱。

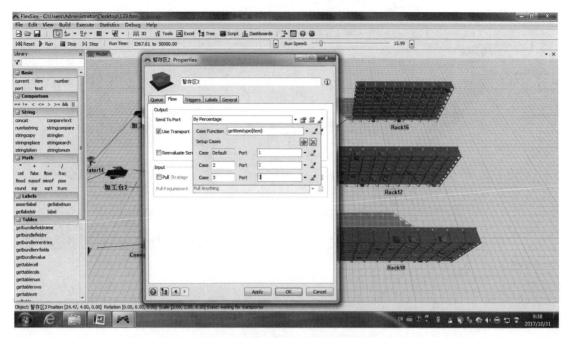

图 9-12　设置输出路径选择规则

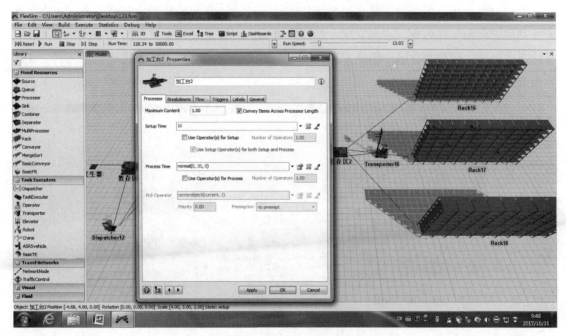

图 9-13　设置处理器的参数

随着模型运行时间增加，暂存区 1 的货物越堆越高。后续暂存区 2 的货物也开始堆积。

（2）分析瓶颈产生的原因。工作人员和加工台的速度较慢，导致货物没有及时地发出去，堆积在暂存区。暂存区 2 的货物堆积是由于在工作人员与加工台的速度加快后，不能适应之前设施与设备的运作节奏，效率开始变慢。

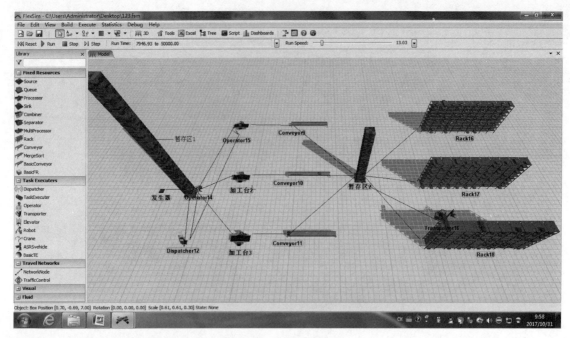

图 9-14　模型运行结果

（3）解决方法。对暂存区颜色参数进行调整，使到达货架的货物按颜色分类；提高工作人员和加工台的工作效率，令暂存区 1 的货物不再大规模地堆积起来；增加 3 辆叉车，将叉车的速度提高，调整暂存区 2 的叉车运送速度参数，使仓库物料搬运系统平稳地运行。优化后模型仿真结果如图 9-15 所示。

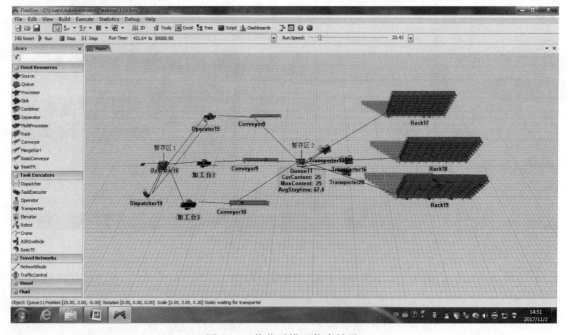

图 9-15　优化后模型仿真结果

部分复习题参考答案

第1章　部分课后习题答案

一、选择题（包括单选与多选）

1. ABC　2. ABC　3. D　4. D　5. D　6. ABCD　7. ABCD　8. ABC　9. ABC

二、判断正误题

1. 对　2. 错　3. 对　4. 对　5. 对

第2章　部分课后习题答案

二、选择题（包括单选与多选）

1. A　2. A　3. B　4. B　5. A　6. A　7. A　8. D　9. ABD　10. ACD　11. C　12. B

13. ACD　14. BCD　15. ABC　16. AB　17. ABCD　18. AB

第3章　部分课后习题答案

一、选择题（包括单选与多选）

1. ABC　2. ABC　3. ABCDE　4. ABCDE　5. A　6. A　7. ABC　8. ABCD　9. ABC

10. B　11. AB　12. C　13. A　14. ABCD　15. ABCD　16. B　17. B　18. D

二、判断正误题

1. 对　2. 错　3. 错　4. 对　5. 对　6. 对　7. 对　8. 对　9. 对　10. 对

第4章　部分课后习题答案

一、填空题

1. 存放支承状态、空间位置、垂直位移、水平位移

2. 搬移、升降、装卸和短距离输送

3. 堆码取拆作业、挪动移位作业、分拣集货作业

4. 平衡重式叉车、前移式叉车、侧面式叉车

5. 起重输送和搬运、装卸、堆码、拆垛、运输、起重输送和搬运

6. 起重机械、连续运输机械、装卸搬运车辆、专用装卸搬运机械

7. 适应性强、设备能力强、机动性较差

8. 轻小型起重设备、桥式起重机、臂架式起重机

9. 吊挂（或抓取）、运移、卸载、间歇

10. 起升、旋转、变幅、运行

11. 装卸桥

12. 起升、旋转、变幅、运行、圆柱形、减小

13. 前后两片门框、拉杆、平行、门架、桥架上的

14. 连续、均匀、货物、成件包装

15. 运输机械、转载设备、取堆设备

16. 工作构件的机械、有挠性牵引构件、无挠性牵引构件

17. 粒度和颗粒组成、堆积密度、湿度、堆积角、外摩擦系数

18. 牵引构件、承载构件、生产率高、输送距离长、结构简单、工作平稳、无噪声、使用方便、能量消耗小

19. 胶带热接法、胶带冷接法、胶带机械

20. 平托盘、柱式托盘、箱式托盘、轮式托盘、特种专用托盘

21. 正面式叉车、侧面式叉车、多面式叉车

22. 工作装置、底盘和动力装置、装卸性能、行驶性能、总体性能

23. 发动机、底盘、工作装置、行驶系、传动系、转向系、制动系

24. 起升油缸、链轮、链条、滑架

二、选择题（包括单选与多选）

1. C   2. A   3. ABC   4. BCD   5. A   6. B   7. B   8. C   9. A   10. B   11. C

12. D   13. C   14. A   15. D   16. ABCDE   17. ABC   18. ABC   19. ABCDE

第5章 部分课后习题答案

一、选择题（包括单选与多选）

1. B   2. B   3. ABCDE   4. ABC

二、判断正误题

1. 对   2. 错   3. 对   4. 对   5. 对   6. 对

第6章 部分课后习题答案

二、选择题（包括单选与多选）

6. D   7. B

第7章 部分课后习题答案

一、填空题

1. 通用集装箱、专用集装箱

2. 装卸单元合理化、集装合理化、集装箱运输和保管规模化

二、选择题（包括单选与多选）

1. B　2. A　3. B　4. CD　5. ABCD　6. BCD　7. ABC　8. AC　9. BCE　10. ABCE

11. A　12. D　13. C

第8章　部分课后习题答案

二、选择题（包括单选与多选）

1. C　2. C　3. ABCD　4. B　5. A　6. ABCDE　7. ABC　8. ABCDE　9. ABCD

10. ABCDEF　11. ABC　12. ABCDEF

三、判断正误题

1. 对　2. 对　3. 对　4. 错　5. 对　6. 对　7. 对　8. 对

参 考 文 献

[1] 中国商务新闻网. 物流装备行业前景预测：2023 年市场规模将超过 2100 亿元 [EB/OL]. （2018-03-14）
[2023-08-22]. http://tech.comnews.cn/ns/d/d/20180314/29835.html.

[2] 傅莉萍. 物流技术与装备 [M]. 北京：清华大学出版社，2016.

[3] 王海文，矫威，刘华. 新编物流设施与设备 [M]. 北京：清华大学出版社，2015.

[4] 中国物流与采购联合会. 物流运输交通运输部：推动大宗货物运输"公转铁""公转水" [EB/OL].
（2017-07-03）[2023-08-23]. https://mp.wei in.qq.com/s/aS1xT88OWv6FczlXrZLR6Q.

[5] 范钦满. 物流设施与设备 [M]. 南京：东南大学出版社，2008.

[6] 汪时珍，张爱国. 现代物流运输管理 [M]. 合肥：安徽大学出版社，2009.

[7] 王桂娇. 物流技术与装备 [M]. 北京：中国财政经济出版社，2007.

[8] 王丰元. 公路运输与安全 [M]. 北京：机械工业出版社，2001.

[9] 陈子侠，彭建良. 物流技术与物流装备 [M]. 北京：中国人民大学出版社，2010.

[10] 蒋祖星，孟初阳. 物流设施与设备 [M]. 2 版. 北京：机械工业出版社，2004.

[11] 中华人民共和国国务院新闻办公室. 中国交通运输发展白皮书 [R/OL]. （2016-12-29）[2023-08-23].
http://www.xinhuanet.com/politics/2016-12/29/c_1120210887.htm.

[12] 蒋祖星，孟初阳. 物流设施与设备 [M]. 3 版. 北京：机械工业出版社，2009.

[13] 张弦，沈雁，朱丹. 物流设施与设备 [M]. 上海：复旦大学出版社，2006.

[14] 物流沙龙. 和 kiva 一样的神奇的无人驾驶搬运设备 [EB/OL]. （2015-11-25）[2023-08-20]. https://
mp.weixin.qq.com/s/mAf6NSC8xige40cRVYDHPw.

[15] 纪寿文，缪立新，李克强. 现代物流装备与技术实务 [M]. 深圳：海天出版社，2004.

[16] 周全申. 现代物流技术与装备实务 [M]. 北京：中国物资出版社，2002.

[17] 真虹，朱云仙. 物流装卸与搬运 [M]. 北京：中国物资出版社，2004.

[18] 陈军. 物流自动化设备 [M]. 徐州：中国矿业大学出版社，2009.

[19] 罗毅，王清娟. 物流装卸搬运设备与技术 [M]. 北京：机械工业出版社，2008.

[20] 莎拉. 中国快递企业雇机器人分拣包裹，省一半人工 [EB/OL]. （2017-04-12）[2023-07-20]. http://
oversea.huanqiu.com/article/2017-04/10460666.html.

[21] 张弦. 物流设施设备应用与管理 [M]. 武汉：华中科技大学出版社，2009.

[22] 肖生苓.现代物流装备 [M].北京:科学出版社,2009.

[23] 唐四元,马静.现代物流技术与装备 [M].3 版.北京:清华大学出版社,2018.

[24] 赵刚,周鑫,刘伟.物流管理教程 [M].上海:上海人民出版社,2008.

[25] 张理.物流包装作业与管理 [M].北京:中国水利水电出版社,2007.

[26] 李玉民,等.物流技术与装备 [M].上海:上海财经大学出版社,2008.

[27] 潘安定.物流技术与设备 [M].广州:华南理工大学出版社,2005.

[28] 张书源,张文杰.物流学概论 [M].上海:复旦大学出版社,2011.

[29] 黎青松.现代物流设备 [M].重庆:重庆大学出版社,2009.

[30] 高连周,程晓栋,赵连明,等.物流信息技术应用 [M].北京:清华大学出版社,2016.

[31] 方庆琯,李锐.物流系统设施与设备 [M].北京:清华大学出版社,2009.

[32] 秦天保,周向阳.实用系统仿真建模与分析:使用 Flexsim[M].2 版.北京:清华大学出版社,2016.

[33] 程国全.物流技术与装备 [M].2 版.北京:高等教育出版社,2013.

[34] 李文斐,张娟,朱文利.现代物流装备与技术实务 [M].北京:人民邮电出版社,2006.

[35] 罗毅,王清娟.物流装卸搬运设备与技术 [M].北京:机械工业出版社,2008.

[36] 黎红.物流设施与装备 [M].广州:广东高等教育出版社,2008.

[37] 李晓霞,杨京帅,王生昌.物流技术与装备 [M].北京:人民交通出版社,2022.

[38] 中华人民共和国国务院新闻办公室《中国交通的可持续发展》白皮书 [R/OL].(2020-12-22)[2023-11-10].
http://www.scio.gov.cn/gxzt/dtzt/2020/zgjtdkcxfzbps/zw_21147/202208/t20220802_289954.html.

[39] 刘红,郑剑.船舶原理 [M].2 版.上海:上海交通大学出版社,2020.

[40] 余春.极地船舶:船舶大家庭里的新宠儿 [M].上海:上海交通大学出版社,2022.

[41] 孙凤勤.冲压与塑压设备 [M].2 版.北京:机械工业出版社,2010.

[42] 李振凯,潘运清.机械木工 [M].2 版.北京:中国建筑工业出版社,1991.

[43] 李建红.中国集装箱大全 [M].北京:中国物资出版社,2003.

推荐阅读

中文书名	作者	书号	定价
供应链管理（第6版）	马士华 等	978-7-111-65749-1	45.00
供应链管理（第2版修订版）	王叶峰	978-7-111-66934-0	45.00
供应链物流管理（原书第5版）	唐纳德·J. 鲍尔索克斯 等	978-7-111-69028-3	79.00
供应链物流管理（英文版·原书第5版）	唐纳德·J. 鲍尔索克斯 等	978-7-111-69934-7	79.00
物流学（第2版）	舒辉	978-7-111-72602-9	49.00
物流管理概论（第2版）	王勇	978-7-111-72711-8	49.00
现代物流管理概论	胡海清	978-7-111-58576-3	39.00
物流经济学（第3版）	舒辉	978-7-111-63152-1	49.00
采购与供应链管理（原书第9版）	肯尼斯·莱桑斯 等	978-7-111-59951-7	89.00
采购与供应管理（原书第15版）	P.弗雷泽·约翰逊 等	978-7-111-63694-6	99.00
物流系统规划与设计（第2版）	陈德良	978-7-111-73667-7	49.00
物流系统规划与设计：理论与方法（第2版）	王术峰	978-7-111-71265-7	49.00
运输管理（第2版）	王术峰	978-7-111-73188-7	45.00
电子商务物流	刘常宝	978-7-111-60671-0	40.00
电子商务物流管理（第2版）	杨路明	978-7-111-44294-3	39.00
社交商务：营销、技术与管理	埃弗雷姆·特班 等	978-7-111-59548-9	89.00
电子商务安全与电子支付（第4版）	杨立钒 等	978-7-111-64655-6	49.00
网上支付与电子银行（第2版）	帅青红 等	978-7-111-50024-7	35.00
区块链技术与应用	朱建明	978-7-111-58429-2	49.00
企业资源计划（ERP）原理与实践（第3版）	张涛 等	978-7-111-64718-8	45.00
ERP原理与实训：基于金蝶K/3 WISE平台的应用	王平	978-7-111-59114-6	49.00
SAP ERP原理与实训教程	李沁芳	978-7-111-51488-6	39.00
企业资源计划（ERP）原理与沙盘模拟：基于中小企业与ITMC软件	刘常宝	978-7-111-52423-6	35.00
商业数据分析（原书第3版）	杰弗里·D. 坎姆 等	978-7-111-71179-7	129.00
新媒体营销：网络营销新视角	戴鑫	978-7-111-58304-2	55.00
网络营销（第2版）	杨路明	978-7-111-55575-9	45.00
网络营销	乔辉	978-7-111-50453-5	35.00
网络营销：战略、实施与实践（原书第5版）	戴夫·查菲 等	978-7-111-51732-0	80.00
生产运作管理（第6版）	陈荣秋 等	978-7-111-70357-0	59.00
生产与运作管理（第3版）	陈志祥	978-7-111-74293-7	59.00
运营管理（第6版）（"十二五"普通高等教育本科国家级规划教材）	马风才	978-7-111-68568-5	55.00
运营管理（原书第13版）	威廉·J. 史蒂文森 等	978-7-111-62316-8	79.00
运营管理（英文版·原书第13版）	威廉·J. 史蒂文森 等	978-7-111-63594-9	109.00
运营管理（原书第15版）	F.罗伯特·雅各布斯 等	978-7-111-63049-4	99.00
运营管理基础（原书第5版）	马克·M. 戴维 等	978-7-111-46650-5	59.00